THÉORIE

DES

LOIS CRIMINELLES.

Paris — Imprimerie et Fonderie de Fresoux, rue des Francs-Bourgeois-Saint-Michel, 8.

THÉORIE

DES

LOIS CRIMINELLES,

PAR BRISSOT DE WARVILLE.

Nouvelle Édition

REVUE, RECTIFIÉE ET AMÉLIORÉE
D'APRÈS LES TRAVAUX SUBSÉQUENTS DE L'AUTEUR,
AUGMENTÉE DE NOTES, DE REMARQUES, D'APPENDICES, ETC.

PRÉCÉDÉE D'UNE LETTRE SUR L'OUVRAGE

PAR LE PRÉSIDENT DUPATY,

ET SUIVIE

DU SANG INNOCENT VENGÉ,

OU

DISCOURS SUR LES RÉPARATIONS DUES AUX ACCUSÉS INNOCENTS.

O great design! if executed well,
With patient care, and wisdom-temper'd zeal.
Thomson's *Winter.*

TOME SECOND.

PARIS,

A LA LIBRAIRIE DIPLOMATIQUE, FRANÇAISE ET ÉTRANGÈRE,

DE J. P. AILLAUD.

QUAI VOLTAIRE, 11.

1836

THÉORIE

DES

LOIS CRIMINELLES.

TABLEAU DES CRIMES RELIGIEUX ET DES PEINES QUI DOIVENT ÊTRE INFLIGÉES.

PRINCIPE GÉNÉRAL.

TOLÉRANCE UNIVERSELLE, RELIGIEUSE.

TROIS ESPÈCES DE CRIMES.

	Peines.
1° *Crimes contre la foi, le dogme ou les opinions.*	
Persécution politique pour les opinions, atrocité.	Persécuteur renfermé, lié, banni, amendé.
Persécution religieuse, impiété.	
2° *Contre la discipline.*	
1" Intérieure. . . . . . . Blasphème simple. . . . . Jurements. . . . . Péchés.	Peines religieuses secrètes.
Sacrilége caché, comme simonie, concubinage de prêtres, séduction de pénitentes.	Dieu seul vengeur.
2° Blasphème médité, pu-	Réparation publique, au-

Crimes.   *Peines.*

Crimes.	Peines.
blic, violation volontaire des cérémonies extérieures, sacriléges évidents.	mône envers les pauvres.
Refus de sacrements, de sépulture, de la part d'un prêtre.	Contraint par saisie de ses biens, par suspension de ses fonctions.
Rapt d'une religieuse par un prêtre.	Crime ordinaire, peine du rapt par un laïque. (*Voyez* les crimes contre l'honneur.)
Injures dites à un prêtre.	

3° *Contre la propriété.*

Vols de biens d'église, de vases, incendies d'églises, etc.	Vols ordinaires, peines ordinaires.

SUITE DE LA TROISIÈME SECTION.

Crimes contre la religion.

Si nous avons placé cette espèce de crimes dans la dernière section, contre l'antique coutume, si nous avons dérogé à la vieille méthode des criminalistes, c'est que nous sommes persuadés que c'est l'espèce de crime la moins préjudiciable à l'ordre social. Si les siècles passés eussent été bien pénétrés de cette maxime sensée, on n'aurait pas vu dans tous les pays des citoyens armés contre des citoyens faire couler des flots de sang en criant tous à l'hérésie. Il

faut encore répéter ici, pour prévenir les in-
culpations fausses dont les gens à parti ne man-
queront pas de m'accabler, que je ne parle des
crimes religieux *qu'en tant qu'ils blessent l'ordre
social*. Je profite de la terrible leçon qu'a reçue
le profond auteur du livre de *l'Esprit*, et je ne
veux pas être réduit au triste sort du naturaliste
français[1], d'être obligé d'affaiblir l'énergie de
mes opinions trop véridiques[2]. Je répèterai à
mes lecteurs ce que disait l'auteur du *Traité des
délits et des peines :* « Ce serait une erreur que
« d'attribuer des principes contraires à la loi na-
« turelle ou révélée, à l'auteur qui ne traite que
« des conventions sociales et de leurs conséquen-
« ces. » Je parle ici pour toutes les religions politiquement vues. Elles se ressemblent toutes à
peu près dans leur histoire et dans leur système.
Dans presque toutes, en effet, il y a des mystères,

---

[1] Buffon.

[2] Pour avoir démontré que l'unique manière de
rendre les hommes vertueux et heureux était d'accorder l'intérêt particulier avec l'intérêt général, Helvétius
fut traité comme Galilée le fut pour avoir démontré le
mouvement de la terre. Galilée après avoir demandé
pardon à genoux, dit en se relevant : *« E però si muovo. »*
La postérité a été de son avis; et plus elle s'éclairera,
et plus elle pensera sur bien des choses comme Helvétius. Saint-Lambert, *Essai sur la vie et les ouvrages
d'Helvétius.*   *Note de l'Édit.*

des dogmes de discipline, des lois de propriété et des droits ecclésiastiques. Dans toutes
il y a donc ce qu'on appelle, 1° crime contre la
foi; 2° contre la discipline; 3° contre les droits
des ecclésiastiques.

1° *Crimes contre la foi ou hérésie.*

On peut définir l'hérésie, dit Voltaire, *une
opinion différente du dogme reçu dans un pays.*
Il résulte de cette définition que si le luthéra-
nisme est hérésie à Rome, la croyance catholique
est hérésie à Londres et à Constantinople. Si le
fameux Omar n'est qu'un hérétique à Ispahan,
Ali en est un à Constantinople : d'où l'on peut
conclure que pour chaque peuple il n'y a qu'une
religion de vraie, et c'est la sienne, et que les
autres sont des hérésies.

> Solos populus nam credit habendos
> Esse deos quos ipse colit.

De cette vérité politique que résulte-t-il ?
Que tous les peuples doivent tolérer la diversité
des opinions religieuses; qu'une nation ne peut
pas être persécutée par une autre sous prétexte
d'hérésie, sans s'exposer au même traitement.
Si Calvin faisait brûler Servet à Genève, c'était
par représailles des cruautés que l'on exerçait

contre ses partisans. Ces représailles étaient
atroces, mais elles étaient fondées sur le droit
des gens d'alors. Le bien-être général des hommes nous ramène donc à une tolérance universelle d'opinions ; qu'on écrive, qu'on dispute
dans les écoles, qu'on prosélytise ; mais plus de
cachots, plus de gibets, plus d'*auto-da-fé*. Les
esprits ne s'éclairent point, a-t-on dit, avec la
flamme des bûchers, et il ne peut pas y avoir
de crime à ne pas croire ce qu'on ne conçoit
pas. Le grand intérêt d'un monarque et d'une
république est d'avoir de fidèles citoyens, de
braves soldats ; or, pour avoir une opinion différente de son roi ou de sa nation, en doit-on
moins posséder ces qualités ? Dioclétien avait-il
dans ses armées de meilleurs soldats que les
chrétiens ? Les protestants n'étaient-ils pas en
France, sous Louis XIV, des sujets soumis, des
manufacturiers industrieux, des commerçants
habiles, des soldats valeureux ? L'Angleterre,
depuis que la philosophie a éclairé les esprits,
depuis l'expulsion de ces jésuites qui fomen-
taient le trouble partout, a-t-elle à se plaindre
des catholiques qu'elle tolère dans son sein ?
On les tourmentait et ils payaient exactement le
double de taxe; on les avilissait et ils ne se plai-
gnaient pas; on les dégradait, on leur ôtait le

titre de citoyen, et ils servaient la patrie avec plus de courage, plus de patriotisme que les autres sujets. Cette disparité dans le sort des citoyens n'existe plus ; la nation. d'une voix unanime, a effacé cette tache [1] qui ternissait sa gloire ; elle a déchiré ces lois sanguinaires que le fanatisme avait dictées dans des temps de malheur et d'ignorance. Puisse cet exemple avoir des imitateurs partout! Puissent tous les hommes, devenus frères, ne former plus qu'une même famille, abjurer ces fatales dissensions causées par la diversité des opinions et concourir malgré elles à la paix générale! Je ne retracerai point ici, pour les persuader à embrasser cette tolérance, l'histoire des barbaries que nous offrent les guerres religieuses. Je ne retracerai point les combats scandaleux des Athanasiens et des Ariens, des Donatistes et des Augustins, ni les croisades abominables prêchées contre des gens qui étaient assez malheureux pour porter

[1] Le serment exigé à cette occasion des non-conformistes a essuyé une vive critique de la part de l'auteur des annales du dix-huitième siècle *, dont l'esprit ulcéré paraissait accoutumé à voir tout en noir. C'était une suite de ses opinions contre la tolérance, peut-être raisonnable à quelque égard. (Voyez ses *Annales*, tom. II, p. 114, tom. IV, n° 27.)

* Linguet.

un turban et non pas un chapeau, et pour se faire circoncire pour leur commodité. Je ne retracerai point le tableau des guerres des Vaudois, des Albigeois, des Luthériens, des Calvinistes, des Arminiens, des Trinitaires, les Dragonades [1], les persécutions de la Chine, du Japon, les querelles sanglantes des sectateurs

[1] Le projet le plus fou que conçut Louvois avec le père Lachaise, fut celui de convertir avec deux régiments de dragons deux millions de calvinistes. Et l'atrocité la plus grande fut celle qu'on exerça contre les relaps, et ceux qui persistaient dans la religion de leurs pères. Tous les châtiments furent employés pour faire de ces calvinistes autant de parjures. On démolit leurs temples; on interdit toute assemblée sous peine de mort; on leur ôta le port d'armes; on les força, le pistolet sur la gorge, d'aller à la messe, et ce qu'il y eut de plus atroce, c'est qu'on enlevait les enfants à leurs père et mère pour les instruire dans la religion, c'est qu'on les forçait de payer leur pension. Rien ne témoigne mieux l'incertitude des jésuites directeurs que les contradictions dans les opérations du gouvernement; un arrêt bannissait les hérétiques du royaume, un autre arrêt les forçait de rester. Un missionnaire leur présentait d'une main de l'argent pour les faire convertir, un dragon leur montrait son glaive de l'autre. Les ministres furent surtout maltraités. *Audoyer* et *Homet*, deux fameux prédicants, furent roués. Les Cévennes virent couler des flots de sang sur les échafauds. Ce qu'il y eut de bizarre dans cette barbarie, c'est que le duc de Noailles, chargé du gouvernement du Languedoc, écrivait à la cour que l'édit qui révoquait celui de

d'Omar et d'Ali, de Foé et de Laokium; non, je
ne veux pas répéter ces horreurs qui salissent
l'histoire de toutes les religions depuis leur berceau jusqu'au temps où l'humanité et la raison
ont pu faire entendre leurs voix pacifiques. Que
verrait-on dans ces tableaux ? Toujours la répé-
tition des mêmes barbaries; des villes brûlées,
des pays dévastés, des millions d'hommes assas-
sinés, des femmes violées, des bûchers allumés,
des *Te Deum*, des cantiques de joie chantés dans
des ruisseaux de sang en l'honneur d'un Dieu de
paix. Ah! détournons les yeux de ce spectacle dé-
goûtant! Oublions que nos pères ont été des force-
nés, séduits par des monstres, égarés par un faux
zèle, et n'écoutons plus aujourd'hui que la raison.

L'hérésie ne peut être un crime social, car
tous les hommes seraient respectivement hérétiques et punissables. Le trouble dans l'ordre
social est la seule mesure du crime; or, quel
trouble apporte l'hérésie ou la diversité d'opinions ? Qu'importait à la France d'avoir deux
millions d'hommes qui n'allaient point à la

Nantes était trop doux, et qu'il allait faire une infinité
de relaps. Ce gouverneur, trop prôné par son apologiste l'abbé Millot, s'imaginait qu'avec une épée on per-
suadait les cœurs.—Voyez à la letre A de l'*Appendice* de
ce volume, une lettre inédite d'une victime de ces temps
de persécutions religieuses.

messe, si ces deux millions d'hommes payaient bien les impôts, faisaient fleurir le commerce et avaient de bonnes mœurs? Qu'importe à l'Angleterre d'avoir des presbytériens, des épiscopaux, des quakers, des herrnuters, des juifs, des catholiques, si tous ces différens sectaires contribuent à la gloire de la nation et à étendre sa puissance? Les nouveaux États-Unis en sont-ils moins heureux, moins puissants, pour rassembler dans leur sein des hommes de toutes les religions? Eh! mes amis, mes frères, servons tous la patrie, aimons-nous, et que chacun adore le ciel comme il l'entendra. L'impie n'est pas, disait un philosophe, celui qui n'ira pas à la messe, mais celui qui fera banqueroute, qui trahira son ami. J'aimerais mieux cent fois un athée bon citoyen qu'un scélérat priant Dieu.

Concluons enfin, car si l'on écrivait tout ce que le cœur dicte sur cette matière, on ne finirait pas, et disons que l'intolérantisme politique est une absurdité politique, que l'intolérantisme religieux est une impiété, qu'enfin il est contraire à l'ordre et à la divinité même de poursuivre ceux qu'on appelle hérétiques, tant qu'ils ne troublent point l'ordre social. Montesquieu me fournit ma dernière preuve : « Dans « les choses qui troublent la tranquillité ou la

« sûreté de l'État, les actions cachées sont du
« ressort de la justice humaine; mais dans celles
« qui blessent la Divinité, là où il n'y a point
« d'action publique, il n'y a point de matière de
« crime : tout s'y passe entre l'homme et Dieu qui
« sait la mesure et le temps de ses vengeances.

« Le mal est venu de cette idée qu'il faut venger
« la Divinité. Mais il faut faire honorer la Divinité
« et ne la venger jamais. En effet, si l'on se con-
« duisait par cette dernière idée, quelle serait la
« fin des supplices? Si les lois des hommes ont
« à venger un Être infini, elles se règleront sur
« son infinité, et non pas sur les faiblesses, sur
« les ignorances, sur les caprices de la nature
« humaine [1]. »

Magie.

Parlerons-nous de ces prétendus crimes de
magie, de sortilége? Les annales des siècles
passés n'ont-elles donc à nous fournir que des
horreurs commises sous le voile sacré de la religion, des lois barbares sollicitées par elle pour
la destruction des gens éclairés ou des imbéciles qu'on intitulait nécromanciens? Tout le
monde sait l'histoire des diables de Loudun, de
Gaufrédi, de Grandier, de la Chaudron. Depuis

[1] *Esprit des Lois*, l. XII, ch. IV.

Grégoire-le-Grand, qui le premier livra judi-
ciairement les sorciers aux flammes, on a brûlé
en Europe plus de cent mille sorciers. Plus on
en brûlait, plus il en renaissait : c'est l'effet de
la persécution. Les Bodius, les Delrio écri-
vaient contre les magiciens; les parlements les
condamnaient au feu, et dans ce tissu d'atrocités il n'y avait d'extraordinaire que l'ignorance
des juges et l'imbécillité de ces sorciers. On aurait dû, a dit un sage (Voltaire), discuter cette
affaire aux Petites-Maisons et on l'examinait
dans les cachots. Enfin on a cessé de brûler les
sorciers, et ils ont disparu de la terre. Il est
donc presque inutile de dire qu'il faut proscrire
la loi *de sicariis* [1] contre les nécromanciens,
l'ordonnance de Charles VIII qui les condamne
à mort. Montesquieu n'avait fait que la moitié
du chemin quand il disait [2] qu'il fallait être très

[1] La loi *Cornelia de sicariis* porte peine de mort contre
les nécromanciens. L'ordonnance de Charles VIII, de
1490, porte qu'ils soient poursuivis et renfermés. L'article 39 de l'ordonnance de 1579 ordonne punition corporelle, même contre les faiseurs d'almanachs.

[2] « Maxime importante, dit Montesquieu : il faut
être très circonspect dans la poursuite de la magie et
de l'hérésie. L'accusation de ces deux crimes peut extrêmement choquer la liberté, et être la source d'une
infinité de tyrannies, si le législateur ne sait la borner.
Car, comme elle ne porte pas directement sur les actions

circonspect dans la poursuite du crime de magie. Le crime est une chimère, les imbéciles
sont ceux qui y croient, les criminels sont ceux
qui font brûler les sorciers.

En proscrivant les accusations d'hérésie et de
magie, je n'entends pas tolérer les factions, ni
même le simple trouble civil qu'un scandale re-

d'un citoyen, mais plutôt sur l'idée qu'on s'est faite de
son caractère, elle devient dangereuse à proportion de
l'ignorance du peuple ; et, pour lors, un citoyen est toujours en danger, parce que la meilleure conduite, la
morale la plus pure, la pratique de tous les devoirs, ne
sont pas des garants contre les soupçons de ces crimes. »

(L'histoire de France et celle de toutes les nations
chrétiennes offrent mille exemples de ces accusations ;
on pourrait en citer une infinité tant pour l'hérésie que
pour la magie.)

« L'empereur Théodose Lascaris attribuait sa maladie
à la magie. Ceux qui en étaient accusés n'avaient
d'autre ressource que de manier un fer chaud sans se
brûler. Il aurait été bon, chez les Grecs, d'être magicien,
pour se justifier de la magie. Tel était l'excès de leur
idiotisme, qu'au crime du monde le plus incertain ils
joignaient les preuves les plus incertaines [*]. »

Une loi des empereurs Gratien et Valentinien pour-
suivait comme sacriléges ceux qui mettaient en question le jugement du prince et doutaient du mérite de
ceux qu'il avait choisis pour quelque emploi. Quel gouvernement que celui où des ministres croyaient la Divinité outragée quand on doutait de leur mérite !

______

[*] *Esprit des Lois,* l. xii. ch. v.

ligieux peut quelquefois apporter à l'ordre.
Quand il y a une religion dominante dans une
contrée, les autres partis doivent la respecter,
et elle leur doit le même retour. Mais si quelque
citoyen ose outrager publiquement la croyance
différente d'un autre citoyen, s'il viole les cérémonies dans le temple même où elles se font,
alors il mérite d'être puni; il a violé le pacte
d'amitié, de tolérantisme; il a violé l'asile de
la paix. Juifs, si le chrétien ne peut porter un
œil curieux ou indiscret dans vos synagogues,
respectez à votre tour son église, respectez son
culte. La tolérance d'opinion est une convention
amicale dictée par la raison, et la raison dit
d'en punir les infracteurs. Quant aux factions,
on ne doit pas les craindre sous un gouvernement tolérant et modéré; jamais secte n'a
changé le gouvernement que quand le désespoir
lui a fourni des armes. Mahomet dut sa grandeur à la persécution.

Non pas cependant que je veuille renouveler
ici, pour punir ces scandales, ces affreux *auto-
da-fé* qui déshonorent encore l'Espagne : non pas
que je dise d'allumer les bûchers pour châtier
l'imprudence d'un jeune homme qui, emporté
par une imagination fougueuse ou une ardeur
pour ce qu'il croit la vérité, aura blessé les idées

sur la religion dominante! A Dieu ne plaise que ma plume serve jamais à tracer de pareilles horreurs! Je ne croirais pas tout mon sang suffisant pour expier un jugement aussi barbare. Mais une injonction, de la part du magistrat civil, d'être plus circonspect, la privation de la liberté pendant quelques mois, une amende pécuniaire applicable au parti offensé; voilà les moyens plus que suffisants que la raison suggère, que ne suivit pas malheureusement ce prélat peut-être estimable d'ailleurs, qui dans un délire religieux, envisageant un écart de jeunesse comme le crime d'une impiété raisonnée, fit traîner au supplice un jeune homme pour une chanson libre chantée dans un cabaret! Que ne lisait-il le bon Salvien [1], il aurait été plus circonspect dans la poursuite de ce crime imaginaire? Mais tel est l'*esprit* anti-social *des*

---

[1] Tout le monde connaît le fameux procès des malheureux jeunes gens d'Abbeville. Les juges doivent toujours être circonspects dans la poursuite des hérétiques. Salvien, le bon prêtre Salvien disait : Le Juge souverain de l'univers sait seul comment ils seront punis de leurs erreurs au jour du jugement. Cependant il les supporte patiemment, parce qu'il voit que s'ils sont dans l'erreur, ils errent par un motif de piété. (Salv., *de Gust.*, liv. 1, p. 150.)

Augustin tenait le même langage aux manichéens.

sectes dominantes dans toutes les contrées. qu'elles croient leur trône ébranlé s'il n'est pas sans cesse entouré de gibets et de feux. Ainsi un prédicant calviniste, qui vient prêcher secrètement ses ouailles dans certains États, est puni de mort s'il est découvert; et ceux qui lui ont donné à souper et à coucher sont envoyés aux galères perpétuelles. Dans d'autres pays un jésuite qui vient prêcher est pendu. Et c'est au nom du même Dieu que cette atrocité se commet!

Tirons le rideau sur ces exécutions qui déshonorent les siècles passés, oublions les affreux supplices des Dubourg, des Servet, des Gentilis, des Antoine, des Morin, etc. Laissons les ministres de chaque religion prêcher secrètement ses partisans. Que dans l'enceinte d'une même ville le juif, le catholique, le protestant. le turc chantent les louanges de l'Être suprême. Qu'ils vivent en paix, et tout législateur leur laissera la permission de se damner réciproquement[1].

Dans les gouvernements même où il y a une religion dominante. on doit tolérer les prédica-

[1] Du temps de Léopold, c'était un proverbe reçu en Toscane, on disait qu'il vaudrait mieux battre le grand-duc qu'un juif. Heureuses les contrées où l'on peut tenir le même langage sur toutes les religions! La tolérance y règne, et le fanatisme en est disparu.

tions secrètes; et si les prédicants, poussant trop loin leur zèle, offensaient les lois du pays en prêchant ouvertement une religion différente, renfermez-les, bannissez-les, mais ne les brûlez pas. Si la justice doit s'armer de sévérité, ce n'est pas contre les hérétiques, mais contre leurs persécuteurs.

Voilà les vrais hérétiques sociaux, les vrais criminels dont il faut réprimer les excès en leur liant les mains et en les privant d'une liberté dangereuse.

2° Crimes contre la discipline religieuse.

Cette discipline peut être envisagée sous deux points de vue, ou comme *intérieure*, ou comme *extérieure*; c'est-à-dire que, dans l'une c'est l'homme purement religieux qui est gouverné; dans l'autre, c'est le *citoyen* religieux. Dans la dernière, ses priviléges, ses droits de citoyen sont intéressés; dans l'autre, il n'est question que des délits et des peines canoniques. Parcourons légèrement les principaux délits de l'une et de l'autre classe, qui ne méritent pas aujourd'hui d'être fort approfondis. Ils peuvent être enveloppés sous le nom générique de *blasphèmes*, mot terrible autrefois dans la bouche des fanatiques, et qui servit plus d'une fois de signal pour faire répandre le sang innocent. Aucun État ne peut subsister sans religion, cela est évident; c'est donc troubler l'État que d'attaquer la religion par des blasphèmes. Nous ne donnerons pas à ce mot l'extension rigoureuse que le scrupuleux saint Louis lui donnait, et nous ne conseillerons pas de faire perforer la langue d'un homme *machine* qui très *machinalement* prononce un jurement. Ce sont les circonstances qui fixent la nature de ce crime, et qui doivent décider de la peine qu'il mérite. Il est clair qu'un jurement blasphématoire prononcé par un homme du peuple n'est pas si grave qu'un blasphème prononcé avec réflexion par un homme instruit, etc.

Pie V. dans sa constitution *Cum primum apostolatus* , prononce une peine pécuniaire contre les riches blasphémateurs, et une peine corporelle contre le pauvre qui blasphème. Cette distinction est abominable sous tous les points de vue. Dans l'église, tous les hommes sont égaux, riches et pauvres, et pour le même crime tous doivent être sujets à la même peine. C'est d'ailleurs assurer une impunité dangereuse aux blasphémateurs riches que de les condamner à une peine pécuniaire. Pie voulait tirer de l'argent, c'était là son but. La déclaration de 1266,

qui détermine les peines méritées par les blasphémateurs, n'est point exécutée. Elle était trop
rigoureuse ; on n'aurait plus vu que des hommes
sans lèvres, si l'on coupait exactement les lèvres
à tous ceux qui blasphèment. L'inquisition peut
punir rigoureusement ce crime, elle s'y enri-
chit ; mais dans tout État policé, lorsque le blasphème ne trouble pas notoirement l'ordre, on
doit en laisser le châtiment à Dieu.

Tel est le principe qui doit constamment
guider le juge dans l'examen des infractions
faites à la discipline intérieure et extérieure des
religions.

CRIMES CONTRE LA DISCIPLINE INTÉRIEURE.

1. *Blasphème simple.*

Souvenons-nous du principe que nous avons
posé pour les peines. « Pour que la peine des sacriléges simples, dit Montesquieu, soit tirée de
la nature de la chose, elle doit consister dans
la privation de tous les avantages que donne la
religion : l'expulsion hors des temples ; la privation de la société des fidèles, pour un temps ou
pour toujours, la fuite de leur présence, etc [1]. »
Cependant il faut être extrêmement circons-

[1] *Esprit des Lois,* l. XII, ch. IV.

pect à étendre à l'extérieur ces peines religieuses.
Si elles n'influaient pas sur l'existence civile du
coupable ; si pour être excommunié un homme
n'en était pas moins honoré, respecté, je laisse-
rais les prêtres de toutes les religions seuls
juges, seuls maîtres de distribuer ces peines.
Mais il n'en est pas ainsi : quoi qu'on fasse, la
religion et les mœurs ne seront toujours dans
l'esprit du peuple qu'un seul tissu, et la première maîtrisera toujours son opinion. Le
paysan qui verra excommunier son voisin avec
les exécrations qui accompagnent cette cérémonie lugubre, le verra par la suite avec une espèce de répugnance et d'aversion. Il aura de la
peine à s'imaginer qu'un prédestiné à la dam-
nation puisse être un honnête homme. Je ne
voudrais donc point admettre entièrement ces
peines canoniques avec leur extension. Qu'un
curé ne donne pas l'absolution, qu'il prive des
avantages spirituels un blasphémateur, ces peines
sont secrètes ; ce sont les seules qui doivent être
permises.

Quant aux blasphèmes ou jurements, ils ne
doivent pas être punis corporellement. L'*œdepol*
des Latins, le *goddam* des Anglais, le *cuerpo de*
dios des Espagnols ne sont que des termes vagues
qu'une sorte d'instinct fait prononcer au peuple.

2.

2. *Sacrilége caché.*

Un crime caché qui blesse la Divinité, s'il ne trouble point l'ordre de l'État, ne doit point être puni, parce qu'il n'est pas un crime. Si malgré ce principe le magistrat recherche le sacrilége caché, il porte une inquisition sur un genre d'actions où elle n'est point nécessaire. Il détruit la liberté des citoyens en armant contre eux le zèle des consciences timides et celui des consciences hardies. Le crime de simonie, par exemple, se trame toujours dans l'obscurité ; il ne sera donc point poursuivi, et la vengeance en sera réservée à l'Être suprême [1].

3. *Concubinage des prêtres.*

La cohabitation des prêtres avec des femmes est criminelle en France, et vertueuse au-delà de la Manche. Chez les catholiques le concubinage des prêtres ne doit être puni que par des peines

---

[1] Le crime de simonie est regardé comme un parjure en Angleterre, et le coupable paie deux fois la valeur du revenu actuel du bénéfice. L'amende ordinaire de ceux qui vendent l'ordination est de quarante livres, et la loi les rend inhabiles pendant sept ans à posséder des bénéfices. Cette peine est équitable ; mais pour découvrir des simoniaques, la loi autorise les trahisons et la fausseté. Et voilà l'abus.

canoniques. Ce n'est point un crime social : bien au contraire, un prêtre, en violant le vœu qu'il a fait, concourt à la population de l'État, et conséquemment à son bonheur. Ce n'est qu'un délit *religieux*, punissable par les seules peines religieuses secrètes.

4. *Rapt de religieuse par un prêtre.*

L'institution des couvents, regardée comme divine chez nous, n'est qu'une absurdité suivant les autres peuples. Là, si l'on consulte les idées de la saine politique, les couvents sont dans un État des gouffres qui absorbent des citoyens utiles. A partir de ce principe, le rapt d'une religieuse est un acte de civisme; et loin de mériter la corde, le ravisseur devrait avoir, comme chez les Romains, une couronne de feuilles de chêne. La législation dans les pays catholiques ne suivra pas ces principes. Cependant, si elle ne récompense pas le rapt d'une religieuse, elle ne doit pas le punir. La violation du vœu de virginité n'est qu'un crime religieux et non social. Un prêtre qui commet un double crime religieux en enlevant une religieuse, n'en commet qu'un social : et s'il doit être puni par la société, ce n'est que comme simple ravisseur. (Voyez l'article du *Rapt*.

CRIMES CONTRE LA DISCIPLINE EXTÉRIEURE.

1. *Refus de sacrements, blasphème médité, violation de cérémonies extérieures, profanation de
choses sacrées.*

Ces crimes sont commis contre une religion.
ou par des gens qui en font profession, ou par
des étrangers.

Dans le premier cas, on doit se servir des
peines canoniques que nous avons indiquées.

Dans le second, nous renvoyons à ce que nous
avons dit ci-dessus.

C'est un grand crime en Angleterre de jouer.
de danser, de chanter les jours de dimanche;
c'est-à-dire qu'on s'y voue au plus profond ennui pour honorer la Divinité. Il n'est pas jusqu'aux papiers publics qui ne soient suspendus
ce jour-là. Les confessions des criminels exécutés à mort débutent toujours par cet article de
la violation des dimanches. Cette austérité née
du puritanisme, méritait bien d'être conservée
par ce peuple singulier, qui au sein de l'Europe policée se pique encore d'être sauvage et
qui laisse apercevoir à l'étranger observateur
un reste de ferment de fanatisme. Dans tous
les pays on doit observer les fêtes de religion;

le besoin peut les faire violer, le mépris ne
doit jamais les violer impunément ; mais des
corrections de police, des amendes, la privation des avantages religieux seront les seuls
châtiments.

2. Refus de sacrements.

C'est un crime bizarre né dans ces temps de
querelles théologiques où des fanatiques qu'on
appelait molinistes ou jansénistes s'anathémati-
saient réciproquement. Les uns ne voulaient
pas accorder les avantages spirituels à ceux
qu'ils soupçonnaient n'être pas de leur parti.
Le parlement de Paris fut obligé d'intervenir
pour pacifier ces débats. Il prit un sage tempé-
rament, ce fut de saisir le temporel des mutins.

Nous félicitons les autres nations de ne pas
eprouver ces convulsions de frénésie pieuse,
dont la vraie religion a gémi.

Le refus de sépulture de la part d'un prêtre
est un délit civil que le législateur doit s'attacher à réprimer, parce que c'est un acte de despotisme théocratique, dont il faut arracher jusqu'à la dernière racine ; tant qu'un citoyen n'est
pas légalement séparé du corps religieux où il a
été admis, il a droit de réclamer ses priviléges.
Ainsi le déiste, le matérialiste secrets, qui n'ont

point été juridiquement excommuniés par l'é-
glise, ne peuvent être privés de la sépulture
ecclésiastique. Que dira donc la postérité, lorsqu'elle apprendra que dans le siècle de Louis XIV
on a, sous le prétexte d'une excommunication
qui n'a jamais été prononcée par les canons, refusé les honneurs de l'inhumation au génie qui
avait créé la comédie et immortalisé son ingrate
patrie; lorsqu'on saura qu'un roi qui a poussé
bien plus loin que tous ses prédécesseurs les
bornes de la monarchie, eut recours à une plai-
santerie pour sauver l'outrage fait aux mânes
de Molière [1]? Que dira la postérité lorsqu'elle
apprendra que les ennemis du grand homme
qui a porté le siècle suivant bien au-dessus de
tous les autres, qui a étendu l'empire de la raison et de l'humanité d'un pôle à l'autre, s'a-
charnant jusque sur ses cendres, ont voulu les
déshonorer en lui refusant les honneurs funè-
bres; lorsqu'on saura que, pour ne pas les irriter, des amis furent forcés d'enlever furtivement

[1] L'archevêque de Paris ne voulant pas permettre
qu'on enterrât Molière en terre sainte, Louis XIV lui
demanda jusqu'où s'étendait cette terre sainte? L'archevêque lui répondit, jusqu'à vingt pieds. Eh bien,
lui dit le monarque, qu'on creuse une fosse de trente
pieds. — Voyez sur la mort de Molière la lettre B de
l'*Appendice* de ce volume.

ses restes précieux, et d'escamoter, pour ainsi dire, cinq pieds de terre à celui qui avait éclairé l'univers; lorsqu'on saura que le fanatisme....... Je m'arrête. Grand homme! si tu daignes jeter un coup d'œil sur ce misérable globe, dont tu as dissipé quelques brouillards, ne vois que les expiations, les larmes sincères que les vrais philosophes, les amis de l'humanité ont versées sur ta tombe, et ne laisse échapper qu'un sourire de pitié sur ces êtres vils qui veulent te déchirer après ta mort. Le tombeau du génie est dans le cœur de ses admirateurs. C'est là que ton éloge est gravé en caractères ineffaçables : que t'importe où reposent les restes de ce corps que tu animas? Tu vivras toujours dans tes ouvrages, et tes ouvrages auront toujours des admirateurs [1].

On mettait dans les siècles d'ignorance, au

[1] Par une singulière contradiction, tandis qu'on refusait d'enterrer Voltaire, sous le prétexte de son impiété, le muphti défendait à Constantinople ses livres comme catholiques, et conséquemment dangereux. C'est le plus bel éloge de Voltaire que les despotes interdisent la lecture de ses ouvrages. Les enfants des ténèbres n'aiment pas la lumière. Ce qui a mis le comble à la gloire de ce grand homme, c'est que son éloge a été fait par l'un des plus dignes monarques que la terre ait produits. — Voyez, au sujet de son inhumation la lettre B de l'*Appendice*.

rang des crimes de lèse-majesté les injures dites
à un prêtre, les outrages commis en sa personne.
Dans presque toutes les religions, les prêtres ont
enseigné que ces actes étaient autant de sacriléges qui blessaient la Divinité même. Dans le
royaume de Siam, on punit par le feu un malheureux qui bat un talapoin ou qui le vole.

Si les prêtres aux yeux de la Divinité sont plus
que des hommes ordinaires, s'ils sont ses représentants, si véritablement on la blesse en les of-
fensant, laissons-lui le soin de venger les outrages de ses ministres, et ne vengeons dans
l'affront fait à un prêtre que l'injure du simple
citoyen.

3. *Crimes contre les droits des églises.*

Les droits des églises étaient autrefois immenses. Sans cesse occupés à arracher des souverains des priviléges, des exemptions, les ecclésiastiques étaient parvenus à se rendre redoutables
aux rois et aux peuples. Violait-on un de leurs
droits, il y avait aussitôt une sédition religieuse.
Les temples étaient fermés, le ministère refusait
d'ouvrir la bouche, on criait à l'anathème, le
peuple murmurait; et, cédant trop facilement au
murmure, le faible monarque encourageait l'audace impunie de ses rivaux. Toute atteinte por-

lée à leurs priviléges était un sacrilége ; un attentat à leur personne, un crime de lèse-majesté
divine ; un vol dans une église, un forfait irré-
missible. Ils pouvaient être criminels impunément, et on ne l'était jamais médiocrement envers eux [1]. Telle est l'histoire des entreprises de
tous les prêtres depuis le brame antique jusqu'au catholique ; c'est partout même esprit de
corps, mêmes immunités, même joug théocratique.

Mais aujourd'hui qu'on a apprécié dans la balance de la raison la validité de ces titres, que
dans ce creuset incorruptible ont paru comme
des scories les droits usurpés de clergie, d'asile,
les noms de sacriléges, de lèse-majesté divine ;
aujourd'hui que les prêtres ne sont que de simples citoyens dans les États protestants, et peut-
être moins que citoyens dans les autres États où
ils sont célibataires, on doit regarder les usurpations de leurs biens, les vols de leurs effets,
comme des vols ordinaires, sujets aux lois ordinaires. Le fétiche d'un marabout, le manteau d'un
derviche n'ont point de rapport à la Divinité : il
n'y a donc point de crime de lèse-majesté divine
dans le vol de ces effets.

[1] On n'admettait point pour la violence commise
contre un prêtre le privilége de clergie.

J'aurais pu faire un très long chapitre sur les différentes profanations des sacrements reçus par les différentes branches du christianisme; j'aurais pu m'étendre sur les peines canoniques dont on peut lire le mortel détail dans ces glosses volumineuses des Isidor, des Gratien, d'Yves de Chartres, dont les noms sont à peine connus : j'aurais pu faire une excursion sur l'abus si fréquent des censures, des excommunications; mais tout ce scientifique farrago ne serait ici qu'un hors-d'œuvre. Tout ce qu'on peut dire dans un code criminel sur la religion se réduit à deux mots. Dans tout pays, la religion, envisagée politiquement, est subordonnée à l'état civil, et n'est, comme l'a dit un célèbre écrivain, qu'une affaire de police; elle ne peut donc créer ni des lois ni des délits particuliers; je regrette même d'avoir fait un article si long sur cette partie. Il révoltera peut-être certains enthousiastes toujours prêts à sonner le tocsin lorsqu'on peint les abus qui ont, dans les siècles passés, fait gémir notre auguste religion; qui la croient attaquée dans ses fondements lorsqu'on attaque les usurpations de ses ministres. Méprise dangereuse, erreur funeste, qui a causé bien des malheurs au genre humain, mais que le clergé de nos jours cherche à faire oublier. Je ne dirai plus qu'un mot à ces enthousiastes, et je le prends dans saint Augustin; il doit diriger leur conduite :

Servum autem Domini non oportet litigare, sed mitem esse ad omnes, docilem, patientem, in modestiâ corripientem diversa sentientes.

Je passe au détail des crimes particuliers.

TABLEAU DES CRIMES CONTRE LA SANTÉ DES CITOYENS.

Crimes.	*Peines.*
Violences légères, comme soufflets, coups de canne dont les suites sont peu dangereuses.	La loi du talion mise en vigueur. Le coupable remis aux mains de l'outragé qui peut user de représailles.
Violences plus graves, dont les suites entraînent une maladie, perte de quelque membre, mettant obstacle à l'exercice d'état.	1° Réparations pécuniaires pour dédommager le blessé, proportionnées au préjudice qu'il reçoit. 2° Le coupable remis à l'outragé qui pourra le punir publiquement par quelques coups de bâton ou autre châtiment plus humiliant que cruel. 3° Prison et travail forcé, mais limité.
Violences mortelles ou meurtre, homicide simple.	Silence pour l'intérêt de Dieu, esclavage et travail perpétuel pour l'État, peines pécuniaires

Crimes.	*Peines.*
	pour la famille du mort.
Projeté et non exécuté.	Prison limitée.
Empoisonnement.	Ajoutez aux peines de l'homicide, et condamnez les empoisonneurs à un travail plus dur, plus dangereux, plus dégoûtant.
Parricide.	Flétri par une marque sur le front, exposé pendant un mois à la vue du peuple à des peines corporelles, enterré ensuite à jamais dans des mines avec des chaînes.
Infanticide commis par misère.	Nul, lorsqu'il y aura institution d'hôpitaux d'enfants trouvés.
Par la crainte du déshonneur.	Institution de maison secrète d'accouchement pour les filles enceintes.
Homicide commis par ignorance par un chirurgien.	Peines pécuniaires envers la famille, interdiction d'état.
Commis par un animal.	Nulle peine pour l'animal. Le maître condamné en des dédommagements.
Involontaire.	Idem.
Commis pour la défense.	Nul crime, nulle peine, aucun besoin de rémission.
Permis dans certaines con-	Peines de l'homicide sim-

Crimes.	*Peines.*
trées, comme d'un père envers sa fille qu'il trouve en flagrant délit.	ple. Le remords doublera le supplice de la vie.

Par une singulière contrariété qui naît de nos institutions civiles, la sûreté des citoyens n'est exposée que dans les campagnes désertes et les endroits bien peuplés. Les villes destinées à protéger la sûreté du citoyen fourmillent en proportion de leur population, de bandits et de scélérats qui, sous le masque de l'incognito, cherchent à se dérober au supplice qui les attend. Prévenir ces délits, procurer le repos et la tranquillité des citoyens, est en France l'objet spécial du tribunal de la police qui, envisagé sous ce rapport, est un chef-d'œuvre de législation que Madrid, Londres [1] et toutes les grandes villes où les vols sont une espèce d'impôts, devraient s'empresser d'imiter pour détruire ces bandits dont elles sont infectées. L'œil vigilant du magistrat embrasse la vaste étendue de Paris; à ses regards se joint un essaim d'espions distribués dans tous les quartiers. Il voit

[1] On y a proposé un pareil établissement; mais les Anglais craignent de payer trop cher la sécurité qu'il leur procurerait, c'est-à-dire, par le sacrifice de leur liberté.

tout, il sait tout; c'est l'Argus de la fable, c'est
le centre où aboutissent tout les rayons, où la
plus légère secousse se fait ressentir. Tranquille
à l'ombre de la loi, le citoyen repose avec sécurité, et le jour éclaire impunément plus d'attentats ailleurs que la nuit n'en cache ici sous son
voile ténébreux.

Violences.

La violence est l'abus de la force. C'est un
crime qui lèse le citoyen offensé dans sa personne; il mérite donc une peine corporelle, si
l'on ne veut pas s'écarter du principe que nous
avons posé, de faire dériver les peines de la
nature des crimes. Rien de plus dangereux pour
la société que d'intervertir cet ordre, et de fixer
des peines pécuniaires pour des délits corporels.
«Il n'y a plus de liberté, dit Beccaria [1], toutes
les fois que les lois permettent que, dans quelques circonstances, l'homme cesse d'être *une
personne* et devient une *chose.*» Cette loi est le secret magique qui change les citoyens en autant
de bêtes de somme; c'est elle qui, dans la main
du fort, est la chaine dont il lie les actions des
imprudents et des faibles.

[1] *Traité des Délits et des Peines,* § xx, de la traduction
de CHAILLOU DE LISY.

Il ne faut donc point admettre de distinction
pour la punition des violences; à raison de la différence des personnes, il faut que le législateur
prenne pour devise ce vers :

Plebs patriciusve fuat, nullo discrimine habeto.

Si l'on pouvait à prix d'argent faire des violences, le riche ne mettrait point de bornes à
son insolence; le fardeau de la législation criminelle tomberait sur le seul pauvre. Qu'on se
rappelle le trait de ce Romain qui se plaisait à
donner des soufflets en payant le prix fixé par
la loi. C'était donc un inconvénient terrible de
la législation des Francs et des Germains de
mettre à prix d'argent les violences, et de mesurer le dédommagement pécuniaire uniquc-
ment sur la grandeur de la plaie [1].

Il y a différentes espèces de violences; elles
sont plus ou moins graves, plus ou moins nui-
sibles à la société; il doit donc y avoir différentes espèces de peines corporelles. Entrer
dans un détail exact, serait une entreprise aussi

[1] A Neuchatel en Suisse, on conservait encore dans
le siecle dernier, ce tarif dans la punition des violences.
Gustave III, roi de Suède, abolit en partie ce tarif
des punitions pécuniaires, enraciné surtout dans le
nord.

fastidieuse qu'inutile. Il suffit que le juge suive
ce grand principe de législation, de proportionner, le plus qu'il est possible, la gravité de la
peine au tort que fait le délit à l'outragé.

Dans les violences qui outragent un citoyen
sans le blesser grièvement, sans nuire à sa santé,
on pourrait admettre une espèce de talion. Si un
citoyen donne ou un soufflet ou des coups de
canne, ou commet telle autre action qui soit au
fond plus insultante que dangereuse, il faut publiquement le soumettre à la même peine, le
livrer au citoyen qu'il a outragé, et permettre à
ce dernier de se venger ou de pardonner. N'étendons pas ce talion trop loin, et n'imitons pas ce
peuple barbare qui demandait une once de chair
pour une once de chair. Ce calcul est aussi ridicule qu'atroce. Lorsqu'un citoyen accablé par la
force est excédé de coups ou blessé dangereusement, il serait absurde de réduire l'agresseur au
même état. Si ce talion est dans la nature, il est
contre l'intérêt social; la société aurait deux
membres inutiles au lieu d'un. Le coupable mérite deux espèces de peines, mais il faut qu'elles
soient utiles. Il faut le condamner à une peine
pécuniaire pour dédommager celui qu'il a blessé,
des frais de sa guérison; il faut ensuite le priver
de sa liberté, l'occuper dans une maison de force.

ou ailleurs, à des travaux publics. Le terme de son châtiment sera proportionné à la gravité du délit, comme la grandeur de la peine pécuniaire, à la grandeur du dommage, et ce dommage se calcule par les circonstances [1].

Parmi les lois des Juifs, on en remarque une bien juste. Si un maître crève un œil ou arrache une dent à son esclave, celui-ci est libre [2]. Il faudrait étendre cette loi aux nègres, et leurs maîtres respecteraient bien plus l'humanité dans leurs personnes.

Je ne me lasserai point de répéter que ne pouvant entrer dans des détails ennuyeux, c'est aux juges seuls à apprécier par la gravité des circonstances la grandeur du crime: ainsi, des excès commis par un commissaire dans ses fonctions, par des soldats recrutants, par un geôlier envers ses prisonniers, méritent une peine plus

---

[1] Quoique la différence du rang doive mettre de la différence dans la peine, cependant il ne faut pas, à raison d'une infériorité réelle ou conventionnelle, anéantir les droits de l'homme. On lit dans un certain code pénal : celui qui frappe son esclave, *criminis reus erit, si moriatur in manibus;* mais s'il survit un jour ou deux, il n'y a point de crime, *quia pecunia illius erit.* Il y a dans cette décision une inconséquence et une inhumanité.

[2] *Exode,* XXI. 26. 27.

grande que des excès ordinaires ; ainsi, des excès,
des effractions commis par des prisonniers pour
s'échapper seraient presque excusables, si des
délits pouvaient l'être. Je fixe quelques degrés
de l'échelle des crimes et des peines ; c'est au
juge à partir de ces données pour connaître la
latitude des autres délits.

Lorsqu'il s'élève quelque rixe et que la scène
est ensanglantée, les juges condamnent celui qui
a blessé à payer les frais de la maladie du patient ; ce qui n'est pas toujours juste, puisque
celui-ci peut avoir été l'agresseur. Mais on examine d'ailleurs si la blessure est mortelle ou ne
l'est pas. Parce que les médecins sont divisés
sur les signes d'une blessure mortelle, les jurisconsultes ont fixé un temps, les uns de neuf
jours, les autres de quarante ; si dans ce délai le
blessé meurt, ils jugent que la blessure était
mortelle, et que l'accusé est homicide : s'il vit
un jour après ce délai, elle ne l'était pas. L'absurdité de cette décision saute aux yeux.

Un de mes compatriotes, médecin éclairé, que
j'aurai encore occasion de citer, dans une thèse
soutenue en 1778, défendait avec raison cette
opinion, *à primariâ vulnerum conditione ipso-
rummet lethalitas apud judices repetenda.* C'est,
suivant lui, l'état de la blessure au moment qui

suit le combat, qui doit décider le chirurgien et
le juge, parce que des circonstances particulières produites, soit par la saison, soit par la
maladie, soit par la maladresse du chirurgien,
peuvent rendre mortelle une blessure qui ne l'é-
tait pas. Les signes de cette première sont très
difficiles à reconnaître, et voilà pourquoi le docteur Doublet recommande aux experts de ne
point prononcer lorsque la vérité ne leur paraît
pas plus claire que le jour. *A pronuntiando igitur
abstineat ille cui veritas non affulget meridianâ
luce clarior.*

Indépendamment de ces raisons, je crois que
dans les suites de ces rixes il faut plutôt considérer l'intention de l'accusé que le coup malheureux qu'il a porté. Il est rare qu'un des deux
combattants ait un objet déterminé d'ôter la vie
à son adversaire. C'est son injure qu'il veut venger. Peut-être demande-t-il du sang. Mais cette
vengeance même est bornée, et s'il en passe les
limites, c'est plutôt le hasard qu'il en faut accuser que son intention : dans ce cas, il est clair
qu'il ne doit pas être puni aussi rigoureusement
que l'assassin.

Lorsque de sages règlements auront détruit
presque entièrement la mendicité, cause ordinaire des vols, lorsque les voleurs ne seront plus

forcés par la rigueur imprudente des lois, à massacrer les citoyens qu'ils arrêtent, pour diminuer le nombre des témoins de leurs crimes, alors il y aura peu d'assassinats. L'intérêt personnel est le mobile de toutes les actions humaines ; et lorsqu'il n'y en aura plus à sortir de la sphère tracée par les lois, croit-on que beaucoup de citoyens s'en écartent ? C'est l'indigence désespérée qui crée tant d'assassins. Il est rare que des motifs de vengeance personnelle arment des citoyens les uns contre les autres, surtout quand les tribunaux sont prompts à venger la société des affronts faits à ses membres, et à accueillir indistinctement toutes les plaintes. La guerre n'est point notre état naturel, malgré les sophismes du philosophe de Mamelsbury [1]. Ce n'est toujours qu'avec une répugnance naturelle que l'homme verse le sang de l'homme. Interrogez les Mandrin, les Cartouche, ils vous diront qu'ils ont frémi en égorgeant leur première victime. L'œil se familiarise ensuite avec le sang, et l'habitude rend cruels ces êtres à qui la nature avait imprimé son caractère philanthropique.

En un mot, si l'assassin fait le mal de la société, c'est qu'il n'y trouve pas son bien-être.

[1] Hobbes.

Que les gouvernements rendent donc les hommes heureux, et il n'y aura plus de meurtriers qui déshonorent notre espèce. Or, les gouvernements ont mille ressorts pour parvenir à ce but. Remarquez qu'il s'agit bien plus de prévenir les crimes que de les punir ; l'éducation, le travail, la religion, le bien-être, les châtiments modérés, voilà les principaux mobiles qu'on peut employer avec succès, et que nous avons ci-devant développés.

La servitude perpétuelle, un travail pénible, l'infamie, voilà les peines que nous réservons aux meurtriers. Nous en avons donné des raisons dans les principes généraux sur les peines. Mais le degré de la longueur, de la force de ces peines, variera en raison de la grandeur du meurtre. Il est impossible de fixer une échelle générale de circonstances plus ou moins aggravantes. C'est un détail où la loi peut entrer, parce qu'en déterminant des punitions pour certains cas, elle risquerait d'égarer les juges dans bien d'autres cas qu'elle n'aurait point spécifiés : la loi doit déterminer les principes généraux; c'est aux juges à les appliquer. Leur bon sens, aidé des principes, doit leur servir de boussole. Voici les principaux rapports sous lesquels on pourra considérer un meurtre.

1. Dans quel motif.
2. Avec quelles armes.
3. Dans quel lieu.
4. Dans quel temps.
5. Dans quel cas.
6. Par qui.
7. Envers qui.

Il est clair, par exemple, que le meurtre d'un père par son fils est un bien plus grand crime qu'un homicide ordinaire.

Le poison est un crime encore plus grave que l'assassinat, etc., etc. Encore une fois, magistrats, consultez votre cœur et votre bon sens : ils vous dirigeront mieux que les gloses énormes des Cujas et des Farinacius.

Sans entrer ici dans un détail des différentes espèces de meurtres, qui serait plus profond qu'utile, plus dangereux que nécessaire, je me borne à parler de quelques meurtres singuliers.

Homicide simple.

L'homicide simple, dit un jurisconsulte[1],

---

[1] D'où naissent deux vengeances, celle de l'État et celle des particuliers.

Il y a différentes espèces d'homicides. Les complices doivent être punis du même supplice que l'auteur. *Idem* de celui qui l'a commandé.

blesse 1º Dieu, 2º l'État, 3º celui qui meurt, 4º sa famille.

La vengeance des intérêts célestes ne regarde point les hommes; il faut donc se borner à venger ceux de l'État et des citoyens.

Silence sur les intérêts divins, esclavage et travail perpétuel pour l'État, peines pécuniaires pour la famille du mort.

Je croirais même très salutaire d'introduire la coutume des Persans sur la punition des meurtres. En Perse, dit Chardin, l'homicide est remis par le juge aux parents du mort, qui sont en droit de lui faire souffrir tous les supplices possibles. Le juge leur dit : Il vous est permis suivant la loi de répandre son sang, mais ressouvenez-vous que Dieu est miséricordieux. Comme dans la nature un fils a le droit de venger son père, droit que la société n'a pu lui ôter, il paraîtrait

Le jurisconsulte Lebrun, le même qui disait que le *souverain Recteur du ciel avait emperlé les lambris de la voûte céleste, et rempli l'air de différents escadrons volants des oiseaux,* écrivait que celui qui par sortiléges magiques, au moyen de l'accointance qu'il a avec les diables pour se venger, fait mourir une personne, doit expier son crime par le feu; et de même sont punissables ceux qui par nouement d'aiguillettes ou autrement, empêchent la consommation du mariage.

Cet homme assurément n'avait pas lu *Montaigne.*

assez naturel de lui remettre le coupable entre
les mains : le meurtre lui a donné sur lui un
droit imprescriptible, lui seul peut pardonner.
Cependant, comme nous ne sommes pas dans
l'état naturel, comme l'esprit de vengeance
pourrait coûter bien des criminels à l'État, nous
proscrirons à regret cette coutume, quoique
Chardin atteste que, pendant quinze ans qu'il
a vécu en Orient, il n'ait vu qu'une seule exécution [1].

En admettant les peines pécuniaires contre le
meurtre, nous ne prétendons pas ressusciter
cette atroce coutume qui régnait chez les Germains et les anciens Francs, de mettre la vie
des hommes à prix. Un malheureux serf ne va-

---

[1] Chez les Tartares, ceux qui assassinent ou qui
font quelques violences sont livrés aux parents de celui qui a reçu l'outrage. Ainsi, lorsqu'un homme est
convaincu d'avoir tué un autre homme, le juge le livre
aux parents du mort. Mais, de leur côté, les parents du
coupable accourent, s'empressent, sollicitent et presque toujours obtiennent à certaines conditions, comme
d'une somme d'argent ou d'une servitude de quelques années, la grâce du coupable ; et l'expérience a
convaincu ceux qui ont demeuré parmi les Tartares,
que, quoique l'assassinat y soit rarement puni de mort,
cette sorte de crime y est cependant plus rare qu'ailleurs. (Voyez la *Géographie* de Mentelle, partie de la
Turquie européenne.)

lait alors que trente livres tournois[1], et quiconque avait quatre cents écus à dépenser, pouvait
s'amuser à tuer un évèque. C'était autoriser ouvertement les assassinats.

Les Grecs et les Romains les autorisaient aussi
à leur manière [2]. Le meurtre était à la vérité
puni du dernier supplice ; mais on donnait au
coupable le temps de se sauver : on mettait sa
tête à prix, et on confisquait ensuite ses biens.
Il y avait par ce calcul perte évidente pour
l'État, d'un sujet qu'on aurait pu rendre utile ;
mais on en empoisonnait en même temps un
autre coin de l'univers.

Homicide projeté et non exécuté.

Si la mesure du crime est celle du dommage fait
à l'État ou aux particuliers, il est clair qu'un homicide projeté et non exécuté ne mériterait pas
de châtiment, si la société n'avait en même temps
intérêt de prévenir les attentats à naître. En ôtant
la liberté au citoyen qui a conçu le projet d'un
homicide, qui en est convaincu, la justice doit

[1] C'était à peu près le tarif des lois judaïques : trente
sicles d'argent pour un esclave.
[2] Les lois des Douze Tables introduisirent le talion
Si membrum rumpsit, nec cum eo pacit, talio esto.

moins songer à le punir d'un délit qui n'existe
point, qu'à lui lier les mains pour l'empêcher de
le commettre. C'est un fou dont le délire est à
craindre ; il faut l'enchaîner.

Poison.

Lorsque nos monarques s'allièrent aux Italien-
nes, on vit accourir de Florence des aventuriers
qui, corrompant l'esprit de franchise nationale,
nous apportèrent l'art dangereux d'employer le
poison à la vengeance. Tout le monde connaît
l'histoire de la Brinvilliers, et des autres empoi-
sonneuses. Ces tristes scènes occasionnèrent l'édit
du mois de juillet 1682, sur le poison. Il porte
la peine de mort contre ceux qui auront empoi-
sonné, et défend de vendre les matières véné-
neuses à d'autres qu'à des personnes connues.
Cet édit, où il y a tant de bon sens, est pourtant
posé sur la base ridicule de l'existence des sorciers.
On y remarque encore une autre défense faite à
d'autres personnes qu'aux médecins et chirurgiens, d'employer aucuns crapauds, vipères, sous
prétexte de faire des expériences, d'avoir des la-
boratoires de chimie sans avoir obtenu permission. Si cet édit eût été exécuté, la chimie ne
serait pas si avancée qu'elle l'est, et ce siècle
peut-être ne se serait pas vanté d'avoir pro-

duit les Macquer, les Sage, les Buquet [1], etc.

Je crois que ce crime doit être puni plus sévèrement que les autres assassinats, 1° parce qu'il est secret; 2° parce qu'il laisse rarement des traces; 3° parce qu'il est bien plus dangereux; 4° parce qu'il est plus facile à commettre.

Cependant il est une observation nécessaire à faire dans ce siècle où l'on attribue trop légèrement au poison toutes les morts subites. La plupart des poisons laissent en général peu de traces bien marquées; les signes mêmes auxquels on peut en reconnaître les vestiges, ne sont pas encore invariablement fixés; en sorte qu'il faut juger avec beaucoup de circonspection des accusations de poison.

Parricide.

On ne se doutait pas chez les Romains qu'il y aurait un jour des parricides. Numa Pompilius donnait ce nom aux simples homicides d'hommes libres : *Si quis hominem liberum morti dat, parricida esto.* Le vrai parricide fut ignoré à Rome pendant six cents ans. Lucius Ortius fut le premier qui en donna l'exemple. Les Romains condamnèrent depuis ce temps les parricides à être

[1] Les Baumé, les Guyton-Morveau, les Lavoisier, les Fourcroy, les Berthollet, les Chaptal et tant d'autres

fustigés, puis enfermés dans un sac avec un chat
et un chien, ensuite jetés dans la mer. L'ancienne
jurisprudence française condamnait les parricides
à être tenaillés.

Le parricide en Égypte était puni cruellement.
On perçait le corps du coupable avec des roseaux,
on le brûlait dans des épines. A la Chine on dé-
coupe le coupable en dix mille morceaux ; cette
peine n'est pas facile à concilier avec la modéra-
tion qui, dit-on, fait la base du gouvernement
de la Chine ; et il paraîtra étrange que des hommes
dont on vante tant l'amour filial, aient besoin d'un
supplice si atroce pour ne pas égorger leurs pères.

Le parricide est en Europe un crime assez rare.
La mort me paraît trop douce pour un monstre
qui s'en rend coupable : comme c'est le dernier
degré de scélératesse où il puisse monter, il
faut pour lui épuiser tous les degrés des supplices
terribles et en même temps utiles à l'État.

Parricide fictif.

Elle était sage, cette loi romaine qui ordonna
que l'esclave qui verrait son maître en danger
et ne le secourrait pas, serait puni comme son

illustrations que le dix-huitième peut justement s'enor-
gueillir d'avoir produites, et dont la mémoire vivra long-
temps dans les fastes de la postérité.   (N. de l'Éd.)

assassin, comme parricide. Elle était encore plus
sage cette loi pompéienne qui étendit la même
peine au fils, son père étant en pareil cas. Mais
que penser des mœurs d'une nation où l'on force
les enfants à défendre la vie de leurs pères? Monarchies. centre de l'égoïsme, hâtez-vous d'adopter cette loi !

Il fallait que les premiers empereurs romains
fussent bien persuadés de l'illégitimité de leur
titre, et tremblassent fortement pour leurs jours,
puisque ne trouvant pas de termes assez forts pour
caractériser l'atteinte qu'on pouvait leur donner,
ils l'appelaient un parricide : comme si l'on pouvait intervertir l'ordre naturel des rapports!

Infanticide.

Il est des crimes si horribles, si contraires à
la nature, qu'un législateur ne devrait jamais supposer leur existence pour les défendre. On ne
parlerait donc pas des peines qu'on doit prononcer contre le parricide et l'infanticide, s'ils n'é-
taient communs dans certains pays, comme à
Madagascar et à la Chine [1]. La religion, l'édu-

---

[1] En Égypte, un père qui tuait son enfant devait tenir son corps entre ses bras pendant trois jours en présence du peuple. Dans ces lois, l'enfant était compté
pour rien, le père était tout. Cette barbarie des pères
dérive de la trop grande étendue du pouvoir paternel.

cation semblent les y autoriser. Le châtiment n'y
empêcherait pas l'infanticide; ils seraient secrets
au lieu d'être publics. Le mal est général, il est
dans les mœurs; il faut donc un remède général.
Que le peuple soit heureux, qu'il puisse vivre,
qu'il puisse nourrir ses enfants, et alors il ne les
tuera pas. Ce n'est donc pas sur l'échafaud qu'il
faut conduire le père infanticide; c'est du pain,
du riz, qu'il faut lui donner; c'est l'exemption
des impôts qu'il ne peut pas payer, qu'il faut lui
accorder.

Il est une autre espèce d'infanticide assez ordinaire en France parmi ces infortunées qui ont
cédé à leur propre faiblesse. N'envisageant d'un
côté que le déshonneur, si l'œil du public perce
le voile dont ils l'ont couverte, et ne voyant dans
l'infanticide que la destruction d'un être insus-
ceptible encore de sentiment, elles étouffent le cri
de la nature pour se débarrasser d'un fardeau
qui les marquerait du sceau de l'opprobre. C'est
un de ces crimes secrets que, vu la bizarrerie
de l'opinion publique, il est presque impossible
de prévenir, qu'il est atroce de punir par la mort.
Le législateur doit partir de ce principe, qu'il

Les Romains autrefois, les Chinois aujourd'hui, ont
regardé que les enfants ne devaient pas être censés
hommes, dès qu'ils n'avaient pas tété.

existe une attraction irrésistible entre les deux sexes. Que la société consacre ou ne consacre pas ce lien, le résultat est toujours le même; ce n'est donc pas à empêcher l'union des deux sexes qu'on doit s'attacher, c'est à dérober à la honte les malheureuses victimes de l'amour. Qu'on érige, comme nous l'avons déjà dit, des maisons où elles puissent donner impunément le jour aux fruits d'un amour clandestin; que le secret soit l'âme de cette institution; que la patrie se charge de l'éducation de ces enfants que la mère ne peut avouer; qu'on ne les couvre point d'opprobre; qu'ils participent en tout aux priviléges des citoyens, alors on verra moins d'infanticides. Mais encore une fois, il est absurde de punir par la mort un délit né de la gène des institutions sociales et de la tyrannie de l'opinion publique, qui veut contrarier la nature.

Tout le monde connaît le fameux édit de Henri II qui ordonne qu'on punisse de mort toute femme ou fille qui, ayant celé sa grossesse, accouche d'un enfant trouvé mort sans avoir été baptisé. Quel bien a produit cet édit, lu en grande cérémonie deux ou trois fois par an dans les prônes des églises paroissiales? Les filles n'en ont pas conclu qu'elles devaient fuir l'amour, mais bien qu'elles devaient tromper le but de la nature et frustrer la société. Elles ont mis tout en œuvre ; et lorsque le hasard les a trahies, on a eu recours à des remèdes violents pour procurer l'avortement. Voilà la malheureuse histoire de presque tous les jeunes gens. Enfin, lorsque le fœtus tenace a résisté à toutes les drogues mortifères, on ne l'a pas tué, mais on l'a exposé secrètement. Que les législateurs se persuadent donc que, par leurs lois meurtrières, ils créent plus d'infanticides qu'ils n'en préviennent; qu'ils assurent une ressource à quiconque sera tenté de mal faire, et il y aura moins à punir.

Les Anglais en ont offert une d'une espèce bien singulière aux malheureuses victimes de l'amour. Leur loi ordonne que la mère ne pourra être condamnée si elle trouve un seul témoin qui dépose qu'elle est accouchée d'un enfant mort. C'est ordonner aux mères de suborner un témoin pour s'épargner un meurtre légal. L'institution de la maison d'accouchement que je propose n'est point impossible à réaliser. Le roi de Prusse l'a déjà exécutée dans ses États. Ce prince, persuadé que la population est la vraie richesse d'un État, veut que toute grossesse soit respectable, n'importe quelle en soit la source. Par cette loi, une fille grosse est garantie de tout reproche de la part de ses parents : elle va trouver le magistrat qui fixe l'endroit où elle doit faire ses couches. Les habitants sont obligés d'en payer les frais, si elle ne peut y subvenir. Il n'y a point d'infanticide dans les États du roi de Prusse [1].

Homicide d'ignorance.

Si l'on condamnait à la chaîne tous les médecins qui tuent leurs malades, les écoles d'Hippocrate seraient bientôt désertes. Cependant il est des assassinats de cette espèce si évidents, qu'ils méritent un châtiment. Tel est le crime de cet accoucheur qui, prenant la matrice d'une femme pour un corps étranger, lui en arracha une partie et la fit périr. Une interdiction d'état, une peine pécuniaire paraissent suffisants pour ce délit.

Homicide commis par une bête.

On pendit sérieusement sous Louis IX, roi

[1] On commence à sentir, dans les États où l'on s'occupe de la réforme de la législation, la cruauté des peines décernées contre les filles qui détruisent leurs fruits. Dans la diète de 1778, le sage monarque de la Suède a proposé de procurer l'adoucissement de la peine décernée contre ces malheureuses, lorsque le crime se trouvera accompagné de certaines circonstances, et qu'il ne pourra être clairement prouvé qu'elles auraient commis ce crime de dessein prémédité.

de France, un cochon qui avait tué un enfant. C'était avilir la peine, sans faire ressusciter l'enfant ni venger l'humanité. Croyait-on qu'un cochon pendu eût détourné un autre cochon de l'imiter dans pareille occasion? Retenez les animaux furieux; mais lorsqu'ils s'échappent, punissez le maître de sa négligence, et conservez la vie à l'animal qui n'a point fait de marché avec la société. Une loi très connue ordonne qu'on lapide le bœuf qui aura tué l'enfant, et défend de manger de sa chair. Je ne vois pas comment la chair d'un bœuf pourrait m'empoisonner parce que ses cornes auraient crevé l'ilium ou le duodénum d'un enfant.

Homicide involontaire.

Quoique l'homicide involontaire soit, à parler strictement, un délit social, puisqu'il enlève un citoyen à l'État, cependant le défaut d'intention criminelle innocente le citoyen dont le hasard a dirigé le coup malheureux. Il ne doit donc aucune réparation à la société; mais il en doit aux enfants, à la famille de celui qu'il a tué involontairement. Les circonstances détermineront la grandeur du dédommagement. Pour se laver de cette espèce de délit, le citoyen n'a pas besoin de lettres du prince, il suffit qu'il prouve son innocence [1].

Homicide commis pour la défense.

La loi romaine est formelle sur cette action, qui n'a jamais dû être rangée dans le nombre des crimes, et que la nature elle-même dirige. *Defenso, propriæ salutis in nullo peccasse videtur* [2].

Il est en Europe des États policés où l'on a des usages singuliers pour cette espèce d'homicide, qui révoltent l'humanité et le bon sens. On y croit que l'homicide dans ce cas est obligé d'avoir recours à des lettres de grâce pour être lavé. S'il est innocent, il n'en a pas besoin : là où il n'y a point de tache, il n'y a rien à effacer. La nature ordonne à l'homme de défendre sa vie quand elle est attaquée. A-t-on besoin d'une ordonnance du prince pour confirmer ce droit éternel, pour justifier l'exécution de ce droit? S'il n'y a point de crime, il n'y a point de coupable, il ne doit point y avoir de grâce.

Cependant. le croira-t-on? des jurisconsultes français pensent qu'on ne peut relaxer un homicide involontaire, s'il n'a pas le moyen d'ob-

[1] L'homicide involontaire était puni à Athènes par un an d'exil. Peine qui n'était utile à personne.

[2] Loi 3, au code *ad legem. com. de sicariis.*

tenir ces très inutiles lettres rémissoires. Il faut que le malheureux boive jusqu'à la lie la coupe amère de l'infortune; et ces criminalistes inhumains, sans cesse occupés de tortures, ne craignent point de faire pâtir la vertu déjà assez affligée d'avoir pu être salie du masque du crime, et d'en avoir enduré les peines préliminaires [1].

Il n'y a pas même besoin d'absolution de la part du juge : de quoi l'absoudrait-il? d'un crime qui n'a pas été commis. On ne peut délier ce qui n'est pas lié.

Il faut ici donner le nœud de ces ordonnances sur les lettres de grâce. Ce sont des édits bursaux. Les rois accordent à leurs chanceliers le droit de pressurer les malheureux poursuivis par la calomnie et de leur ôter pour de l'argent des taches qu'ils n'ont pas.

Si l'homicide est permis pour sa propre défense, il l'est encore pour celle de ses parents et de ses amis. Prouver cette vérité serait insulter à mon siècle; il n'a été permis qu'à un siècle ignorant de faire une distinction de ces deux actions [2].

---

[1] Voyez SERPILLON, tom. I. *Cod. crim.*, pag. 756. JOUSSE, *Traité de la justice criminelle,* tom. III, pag. 503.

[2] Une contradiction singulière dans le droit canonique, c'est que l'homicide forcé, commis pour sa propre

Les lois romaines et judaïques, par l'accord qui règne souvent entre elles, paraissent être calquées les unes sur les autres. La loi des Juifs porte que si un voleur fait effraction de jour, celui qui le tuera est homicide : c'est la disposition d'une loi des Douze Tables. C'était encourager les voleurs à dérober de jour, ôter les armes de la main du citoyen, et lui ordonner de se laisser voler tranquillement. Je crois qu'il faut distinguer ici. Sans doute qu'un citoyen qui tuerait sans nécessité et lorsqu'il peut faire autrement, un voleur de jour, est presque coupable d'un meurtre, et qu'alors il doit une espèce de réparation pécuniaire à l'État. Mais s'il prouve que sa sûreté, sa vie étaient intéressées, qu'il n'a pu les sauver autrement, n'est-il pas innocent?

Homicide bizarre permis.

Une loi parfaitement gothique, reçue dans un royaume policé, porte que le père peut tuer sa fille et son amant, pourvu qu'il les tue tous les deux.

Je ne vois pas d'abord par quel calcul légal

défense, ne rend point irrégulier, tandis que l'homicide commis pour sauver la vie d'un autre rend irrégulier; et cette décision a été donnée par les ministres d'une religion qui recommande l'amour du prochain comme la première vertu.

un meurtre qui seul serait criminel, devient permis lorsqu'il est géminé; je conçois encore moins comment une loi sociale peut être assez barbare pour armer la main d'un père contre la vie sacrée de son enfant qui suit l'impulsion de la nature. Je pense que ce meurtre est doublement punissable par les raisons contraires.

Je crois devoir borner ici l'examen des différents attentats contre la sûreté des citoyens. Il en est certainement une bien plus grande quantité, parce que la diversité des circonstances les nuance à l'infini. C'est aux juges à mettre de la différence dans les peines en raison de la différence des suites de ce délit.

TABLEAU DES CRIMES CONTRE LA PROPRIÉTÉ.

Crimes.	*Peines.*
Vol. Le degré de ce délit varie suivant les circonstances.	La peine varie en conséquence.
Différentes espèces de vols.	
Vol simple dicté par le besoin.	Servitude courte. Point d'infamie.
Vol avec effraction.	*Idem.* (Voy. l'*Introduction.*)
Vol avec violence.	Esclavage. Peines corpoles, exposition au carcan.
Vol domestique considérable.	*Idem.*

Crimes.	*Peines.*
Vol de choses confiées à la foi publique.	*Idem.*
Vol dans une église d'un vase saint.	Comme au premier article.
Dans une maison royale.	*Idem.*
D'un meuble royal.	*Idem.*
Vol sur les grands chemins.	*Idem.* Le temps de la servitude varie en raison de l'objet du vol.
Vol aux poids, aunes, mesures.	Restitution du triple, amende proportionnée à la fréquence du délit, à l'importance du vol. Peines infamantes.
Filouterie.	Restitution. Filou attaché au carcan, promené avec un écriteau.
Braconnage.	Point de peine.
Vol de troupeaux, de meubles.	1° Restitution du double, 2° du quadruple.
Incendiaire.	Esclavage, peines corporelles, travaux.
Banqueroute frauduleuse.	Restitution si elle est possible, peines infamantes.
De bonne foi.	Admis à se justifier, plaint et non puni.
Billets faux, supposition d'actes.	Restitution du triple, s'il est possible, peines infamantes, faussaire exposé à l'ignominie aux lieux publics, avec écriteaux, condamné à l'esclavage, aux travaux.

Crimes.	*Peines.*
Vol d'enfants, rare, presque inconnu.	Restitution, esclavage, travaux.
Vol de nom.	Peines infamantes.
Vol d'ouvrages.	Non recherché.

CRIMES CONTRE LA PROPRIÉTÉ.

Point de mendiants, point de voleurs.

Le vol est un crime de société ; car la nature, qui circonscrit dans des bornes très étroites le droit de propriété, admet peu ou point de vols. L'homme n'est propriétaire qu'en raison de ses besoins, et ses besoins réels sont si peu considérables ! Plus de besoins, plus de propriété. Le vol du superflu, fait par un individu qui a besoin, n'est donc point dans la nature un crime, mais un droit qu'elle lui accorde. Il en est autrement dans la société ; on y a confondu toutes les idées sur la propriété ; on a étendu ce droit terrible bien au-delà de ses limites, et l'on a rompu l'équilibre que la nature avait mis entre tous les êtres, en leur donnant à peu près les mêmes besoins. L'égalité bannie, on a vu paraître ces distinctions odieuses de riches et de pauvres. La société a été partagée en deux classes : la première, de citoyens propriétaires qui vivaient

dans l'abondance et l'inaction ; la seconde bien
plus nombreuse, composée du peuple à qui l'on
a vendu chèrement le droit d'exister, qu'on a
avili, qu'on a condamné à un travail perpétuel.
Pour affermir ce droit de propriété qui n'est
fondé sur aucun titre, on a prononcé les peines
les plus cruelles contre ceux qui troubleraient
ce droit, et sans examiner si l'équation d'une
somme d'argent avec la vie d'un homme n'était
pas une absurdité, sans examiner si on avait le
droit d'ôter la vie à son semblable, parce que,
pour la conserver, le désespoir l'avait poussé au
vol, sans examiner si la trop cruelle peine de
mort ne multipliait pas les voleurs au lieu de les
diminuer; on a traîné cruellement à la potence
le malheureux qui avait ravi le pain nécessaire
pour sa subsistance. Bannissons ces lois atroces
dictées par l'esprit trop prédominant de la propriété. Substituons-leur les lois judaïques plus
douces sur cet article [1]. En soutenant ce droit,

[1] On punissait chez les Hébreux le vol par la restitution. Pour un bœuf le voleur en rendait cinq, pour
une chèvre, quatre. S'il n'avait pas de quoi restituer,
il pouvait être vendu ou réduit en esclavage. On pouvait tuer le voleur de nuit; mais celui de jour devait
être traduit devant le juge.

En parcourant le code des Gentoux, j'ai trouvé une
singulière analogie entre le code pénal des Hébreux

ne faisons point outrage à la nature, et par un
juste accord sachons proportionner ici la peine
à ce délit social.

Comme le larcin, la filouterie sont ordinairement le crime des pauvres, comme les vols sont
pour les trois quarts occasionnés par la misère,
on doit donc commencer par essayer de la détruire, au lieu d'en livrer perpétuellement les
victimes aux mains sanglantes des bourreaux.
Dans toutes les contrées de la terre on a besoin
de mains. Sous un bon gouvernement, il n'y en
aura jamais d'inutiles : la terre et le commerce,
voilà les fonds inépuisables où on doit les employer. Dans ces moments terribles, où la dis-
corde menace l'Europe d'un bouleversement
général, où la France et l'Angleterre couvrent
les mers de leurs flottes, j'entends crier partout
la disette de soldats, de matelots. Législateurs,
ouvrez vos prisons, et vos vaisseaux, vos camps
ne seront plus déserts. Quand la guerre aura
dévasté vos États, que de vides à remplir! Otez
donc le couteau fatal des mains de vos bourreaux, employez utilement les mendiants, et il
n'y aura plus de voleurs. S'il arrivait qu'une

et celui des Indiens, relatif au vol et à l'assassinat;
ce qui prouverait une source commune aux lois de ces
deux nations.

contrée regorgeât d'une population trop étendue, ce qui était possible chez les peuples pasteurs et agriculteurs, ce qui est impossible chez
des peuples commerçants, où il y a toujours
moins que plus, je dirais : envoyons ce superflu
de population dans les déserts de l'Amérique,
cultiver les Apalaches.

Si, malgré les précautions prises par les gouvernements pour extirper la mendicité, la cause
ordinaire des vols ; si, dis-je, il s'en commet encore, il faudra infliger aux voleurs une peine
utile à l'État. Puisque le crime doit se mesurer sur
le dommage, le vol n'étant que d'une somme pécuniaire, ne doit mériter qu'une peine pécuniaire, lorsque le voleur est lui-même propriétaire ; il faut donc alors le condamner à la
restitution ; mais le vol n'est, pour l'ordinaire,
que le crime de l'indigence désespérée. La peine
pécuniaire n'est alors qu'une chimère, la peine
de mort est trop violente [1]. Le véritable châti-

[1] Est-ce pour réparer le tort fait au roi, dit Voltaire, qu'on pend un voleur de maison royale ? Il est
certainement l'homme du royaume qu'on appauvrit le
moins en le volant. Est-ce parce qu'on regarde le
délinquant comme un fils qui a volé son père ? Un
père pardonnerait. Est-ce parce que l'esclave a volé son
maître ? Je n'ai plus qu'à me taire, j'aurais trop à dire.

Un vol considérable s'est fait, en 1779, dans une

ment sera donc de condamner le voleur pour un temps à la servitude, de manière que sa personne et son travail appartenant absolument à la société, cette dépendance parfaite la dédommage de l'infraction qu'il a donnée au contrat social ; les circonstances qui accompagneront le vol serviront de mesure pour prolonger ou diminuer la durée de l'esclavage. Pour fixer le genre du travail public auquel le voleur doit être condamné, les juges observeront donc par qui, dans quel temps, en quel lieu, envers qui, de quelle somme, par quel motif le vol a été commis. Confondre indistinctement tous les vols et ne leur infliger que la même peine, ce serait encourager les plus grands délits, et rompre la proportion pénale que nous voulons établir [1].

église de Portugal ; les vases furent enlevés, les hosties renversées à terre. La reine, pour expier ce crime, fait prendre le deuil dans tous les états pendant neuf jours, et le signifie aux ambassadeurs étrangers qui s'y conforment. Que signifie cette précaution? La gloire du Très-Haut était-elle souillée de cet attentat, et ne suffisait-il pas de travailler à arrêter les voleurs, sans imaginer expier ce vol par un changement d'habits? Cette cérémonie prouve encore la superstition du pays où ce fait s'est passé.

[1] Je n'avais pas lu la *Théorie des lois civiles,* de Linguet, lorsque j'ai traité cette matière ; j'y ai vu avec plaisir

Incendiaires.

Dans les temps d'ignorance, où l'on appréciait la vie des hommes comme un meuble, on s'avisa de punir par le feu les incendiaires. On crut trouver une espèce de justice à punir le cou-

que mes idées sur la propriété s'accordaient entièrement avec les siennes.

«Ce n'est certainement pas, dit-il (tome I, p. 228), la nature qui a placé des bornes entre deux champs. Elle semblait avoir livré la terre sans partage à tous les animaux qu'elle destinait à y vivre et à l'embellir. Mais les hommes ont voulu posséder exclusivement ce qu'ils avaient reçu pour en jouir en commun; il a bien fallu dès lors que l'art inventât des limites, et que la justice les rendît sacrées. Voilà le vrai fondement de la société, et l'objet comme la source de toutes les lois.

«Elles furent rigoureuses, cruelles même dans l'origine; la force seule les ayant dictées, se chargea de les maintenir. Chez les brigands vainqueurs (p. 313) la force était le seul moyen qu'on pût employer pour réprimer les vols, puisque c'était le seul dont ils connussent l'importance. Il les fallait épouvanter avant que de les éclairer.»

Ne peut-on pas ajouter comme une conséquence de ces excellentes réflexions, que les peuples étant aujourd'hui éclairés, il serait absurde de conserver ces lois premières : qu'il vaut mieux leur préférer dans notre société perfectionnée mille expédients qui préviennent les fautes, ou qui servent de mesure pour ne pas excéder la proportion quand on les punit?

pable par l'instrument même de son crime ; et
par une triste fatalité, dans le siècle où l'on ne
suivait de proportion en rien, on en suivit une
absurde et cruelle pour un seul cas. Comme jamais la perte d'une grange ou d'une maison
brûlée et un homme brûlé ne sont qu'un monceau de cendres très inutile pour l'État et le
malheureux qui souffre, il faut avoir recours à
un autre châtiment. Écoutons un philosophe :
« Un homme qui aurait brûlé la grange de son
voisin ne sera point brûlé en cérémonie, parce
qu'un peu de foin et de paille n'équivaut pas à
la vie d'un homme qui meurt par un si cruel
supplice. Mais après avoir aidé à rebâtir la
grange, il veillerait toute sa vie, chargé de
chaînes et de coups de fouet, à la sûreté de toutes
les granges du voisinage [1]. »

Vol d'effets naufragés.

L'usage de piller les effets naufragés fut suivi
en France jusqu'au règne de Louis XIV ; il le
supprima par l'ordonnance de 1681. Thomasius,
professeur à Halle, a justifié cet abus. « Les prières,
dit-il dans une dissertation faite à ce sujet, adres-
sées publiquement par les pasteurs de quelques
endroits de l'Allemagne, pour qu'il se fasse bien

[1] VOLTAIRE, *Prix de la justice et de l'humanité.*

des naufrages sur leurs côtes, ne sont ni déraisonnables, ni incompatibles avec les règles de la charité et de la justice. » Heureusement le système de Thomasius est resté ignoré, et ce vol d'effets naufragés n'est plus qu'un crime de barbares et de sauvages.

Braconnage.

Ce délit est né dans les forêts de la Germanie. Dans le temps où nos pères barbares méprisant l'agriculture, et ne soupçonnant pas même le commerce, ne respiraient que la guerre; la chasse, qui leur retraçait l'image des exercices militaires. était leur unique propriété. Elle fut long-temps un besoin pour eux, elle devint ensuite un plaisir exclusif lorsqu'ils se civilisèrent : de là les parcs, les réserves, les haies, les fossés. Le peuple, de serf militaire devenu *serf agriculteur,* fut forcé, par ses tyrans, de souffrir paisiblement les bêtes fauves ravageant les possessions, les jardins. Un lièvre fut un animal sacré, le roturier devint criminel en le tuant. La mort, et dans les contrées les plus douces un esclavage perpétuel, furent les peines imposées à un téméraire qui osa défendre le fruit de sa sueur de la dent de l'animal vorace. Malgré les cris de l'humanité, ces lois sanguinaires, fondées sur une absurdité, subsistent encore même chez les nations qui se piquent d'avoir dissipé la rouille gothique qui les enveloppait. Consultez le *Code des chasses* de la France [1], vous y verrez le législateur versant l'ignominie, dirigeant le glaive de la justice sur le malheureux qui, privé de toute propriété, attend sa subsistance de la destruction des animaux réservés pour le plaisir des usurpateurs. Ouvrez celui des Anglais, le même esprit de férocité a présidé à sa rédaction. Croirait-on que tandis que ces deux nations se vantent d'avoir éclairé l'Europe, tandis qu'elles ne regardent que dédaigneusement l'Italie, qu'elles intitulent le *centre de l'ignorance et de la superstition,* croirait-on que cette même Italie leur donne les leçons les plus frappantes d'une sage législation? Oui, c'est à l'école de l'auguste prince de Toscane [2] qu'elles doivent apprendre que tous les hommes ont un égal droit aux productions de la terre, que le droit de chasse n'est qu'une violation du droit de la nature, que le braconnage n'est qu'un droit naturel travesti en crime, que la punition n'est qu'une injuste atrocité; c'est à cette école enfin qu'elles apprendraient à respecter la propriété inaliénable de tous les hommes, à

[1] Antérieur à la Révolution.
[2] Le grand-duc Léopold.

fouler aux pieds ces limites injustes qu'avait posées la tyrannie, à apprécier enfin à sa vraie valeur la vie et la liberté des hommes.

Je conviens qu'en donnant à tous les paysans la permission de chasser, le gibier sera moins commun, que la table des Apicius sera moins abondamment servie. Mais qu'importe, si les moissons en sont plus abondantes, le paysan plus heureux, les galères moins surchargées d'innocents [1] ?

Faux.

Le faux est un délit qu'on doit punir strictement, parce qu'il relâche les liens du commerce en en bannissant la bonne foi. En Angleterre on le punit par la mort. Tout le monde connaît le

[1] En France, on condamnait autrefois à mort, et plus tard aux galères, celui qui avait tué un chevreuil. Pauw dit que cette barbarie vint d'un peuple qui vivait jadis en grande partie de gibier, et qui aurait dû réformer sa jurisprudence, lorsqu'il commença à cultiver régulièrement la terre.

Ce n'est pas la nécessité de vivre de gibier, mais le démon de la propriété exclusive, qui avait dicté de pareilles lois.

Les lois qui chez les anciens peuples condamnaient à mort ceux qui volontairement tuaient des animaux sacrés, étaient fondées en une certaine raison. Les ibis et les vautours étaient plus nécessaires à l'Égypte que tous les quadrupèdes.

malheureux sort du fameux prédicateur Dodd, condamné pour un faux à être pendu. La loi était précise [1]; mais il est certain, a dit un philosophe, que son châtiment eût été plus exemplaire, plus utile, si on l'avait vu pendant une ou deux années une chaîne au cou nettoyer de ses mains sacerdotales le milieu très sale des rues de Londres, et si on l'eût envoyé ensuite préparer la morue dans l'île de Terre-Neuve qui a besoin de manœuvres. Il aurait prêché à son aise les dévotes de ces quartiers, il y aurait civilisé les mercenaires de l'île et les sauvages, il s'y serait marié, il aurait eu des enfants qu'il aurait élevés dans la crainte de Dieu et dans l'amour du prochain.

[1] L'énormité des crimes varie suivant les gouvernements et l'influence qu'ils ont dans la société. En Angleterre, il n'y a point de grâce pour un coupable de faux; et c'est l'intérêt du commerce qui a fait naître cette rigueur. Tous les négociants de Londres contractent sur la bonne foi de ceux qui leur présentent des billets ou lettres de change. Il se fait ainsi tous les jours des affaires pour des millions. On ne vérifie point, comme en France, la signature; le commerce serait trop ralenti. Voilà pourquoi le docteur Dodd, condamné à mort, en 1777, pour crime de faux (il avait fabriqué sous le nom du jeune lord Chesterfield une obligation de quatre mille guinées), subit la peine, quoique la moitié de Londres demandât sa grâce.

Le faux doit donc être puni comme les autres vols. Afin d'inspirer une horreur plus grande pour ce délit de commerce, afin d'abreuver d'ignominie le coupable, il faudra l'exposer dans le lieu public du commerce, comme à la Bourse, aux marchés, avec une inscription flétrissante [1].

Banqueroute.

Il faut distinguer des banqueroutiers frauduleux, le banqueroutier de bonne foi, que l'infidélité de ses correspondants, ses pertes, ou des événements que la prudence humaine ne saurait parer, ont dépouillé de tout ce qu'il possédait. « Quels barbares motifs, s'écrie Beccaria, le feront traîner dans les prisons, pour y partager le sort et le désespoir des criminels ? Comment osera-t-on le priver du seul bien qui lui reste, la liberté ? Eh ! pourquoi forcer peut-être un homme vertueux qu'on opprime, à se repentir de n'avoir pas été coupable, à regretter l'innocence paisible qui le soumettait aux lois,

[1] Dans les siècles d'ignorance on brûlait les faussaires. Ainsi, dans le fameux procès de Robert, comte d'Artois, la femme qui lui avait fabriqué des titres fut condamnée à être brûlée. Ce supplice trop cruel n'arrêta pas le brigandage des moines, qui dans ce siècle et les suivants forgèrent tant de chartres

à l'abri desquelles il vivait tranquille? S'il les a violées, c'est qu'il n'était pas en son pouvoir de s'y conformer [1]. » Une banqueroute de cette espèce n'est point un délit, mais un malheur; et ce que la justice la plus rigoureuse peut exiger du citoyen qui se trouve avili pour être infortuné, c'est qu'il prouve ces pertes, ces accidents inopinés qui ont renversé ses espérances.

Ce siècle et le précédent ont vu se multiplier avec une rapidité incroyable des banqueroutes d'une autre espèce, qui enrichissaient le commerçant de mauvaise foi, en ruinant ses correspondants. L'insatiable cupidité, la fureur du luxe, l'ambition irrassasiable, la facilité de se jouer des engagements les plus sacrés, l'espoir de l'impunité, ont précipité dans le crime une foule de citoyens, et ont fait du commerce, dont la bonne foi devrait être la base, l'asile de la scélératesse et de la friponnerie. Le désordre a partout augmenté en raison de la négligence des gouvernements à punir ces délits, d'autant plus dangereux qu'ils arrêtent la circulation du commerce, qu'ils jettent de la défiance dans les esprits, et que la crainte de perdre empêche beaucoup de citoyens de risquer

---

[1] *Traité des Délits et des Peines,* § XXXIV.

leurs fonds dans des spéculations avantageuses.

Nos pères n'entendaient pas le commerce, mais ils le protégeaient mieux que nous. Voyez les lois sévères qu'ils prononcèrent contre les banqueroutiers frauduleux. Il a paru trop cruel dans notre siècle de les renouveler, d'obliger ces fripons de se présenter à une audience publique dans une posture humiliante, d'y entendre l'arrêt de leur déshonneur prononcé avec une solennité infamante. Rien de plus propre cependant à arrêter l'esprit de fraude qui gagne le commerce, que ces spectacles d'ignominie, effrayants pour ceux qui seraient tentés d'imiter les coupables.

J'aperçois dans la banqueroute frauduleuse un double crime : d'abord, le vol fait aux particuliers d'effets qu'ils ont confiés, ensuite une lâche et infâme violation d'un contrat d'autant plus respectable qu'il n'est fondé que sur la bonne foi. On devrait donc prononcer une double peine contre le coupable, peine pécuniaire et peine infamante. Mais comment exécuter le premier châtiment? Le banqueroutier a peu d'argent, ou grand soin de le dérober aux yeux du public. Cette peine devant être en proportion du dommage qu'il cause à ses correspondants, il est évident qu'il devrait être condamné à la restitution de tout ce qu'il emporte. Mais encore une fois, cette peine devient nulle par l'impossibilité où l'on est presque toujours de la mettre à exécution. Réduira-t-on ce fourbe en esclavage, et le forcera-t-on de travailler pour le compte de ses créanciers, comme l'ont proposé quelques jurisconsultes? Mais *cui bono?* Comment le garder en esclavage, si on ne le confine dans des maisons de force, ou dans les colonies? et alors quel fruit tirer de cet esclave? Si ce banqueroutier fait perdre à différents commerçants trente ou quarante mille livres ou plus, son travail manuel, le seul véritablement exigible, équivaudra-t-il jamais à cette somme? Comment partager les médiocres fruits de ce travail? L'utilité de cette servitude pour les créanciers est donc une chimère. Ne pourrait-on pas échanger la peine pécuniaire contre les peines corporelles? Mais cet échange renverserait le principe que nous avons posé de ne jamais faire sortir les peines de la sphère, de la nature des crimes. Qu'on franchisse cette limite invariable pour un seul crime, et bientôt le code criminel retombera dans l'arbitraire. Et encore une fois, *cui bono* pour les créanciers?

Reste donc la peine infamante. C'est elle seule qui peut réprimer la fraude et l'esprit de

banqueroute. Qu'on multiplie donc les marques
de l'ignominie, qu'on en accable le coupable;
alors en horreur à ses concitoyens, il sera mé-
prisé, banni, rejeté partout. Qu'il paraisse en
public, dans les audiences, dans les marchés,
avec les signes lisibles de la friponnerie. Qu'on
répète plusieurs fois cet utile spectacle, qu'on
le bannisse ensuite de la ville, et l'art de faire
des banqueroutes lucratives disparaîtra insensiblement. Qu'on le bannisse! Mais le scélérat ira
porter ailleurs son art funeste, et, n'ayant que
son âme de boue pour seul témoin de son infamie, il recommencera à tisser la trame odieuse
de ses manœuvres, il séduira par le masque de
la bonne foi, il captera ses nouveaux correspondants, il sera peut-être plus adroit et moins malheureux. Combien de fois n'a-t-on pas vu se renouveler ces scènes dans les états peuplés et
étendus, où, quoique sous la même loi, sous le
même gouvernement, les villes sont étrangères
aux villes, les hommes aux hommes! Bannir alors
un scélérat d'une ville, c'est en infecter une autre. Comment prévenir cet inconvénient? En
privant le coupable de sa liberté, en l'envoyant
travailler dans des mines ou dans les colonies
au compte de l'État. La grandeur de la banqueroute, les circonstances qui l'accompagnent, ser

viront de mesure pour la durée de son esclavage.

A Dieu ne plaise que nous étendions ces lois sévères aux commerçants malheureux que des pertes successives et considérables forcent à rompre leurs engagements. La loi ne doit punir que le crime, et l'industrie malheureuse a droit à l'indulgence du public et de ses créanciers. L'intérèt porte ces derniers à accorder du temps à leur débiteur pour se relever de sa chute. L'humanité les engagera à lui faire des remises.

Cependant la loi de Genève, qui exclut des magistratures et même de l'entrée dans le grand conseil les enfants de ceux qui sont morts insolvables, à moins qu'ils n'acquittent les dettes de leurs pères, est très bonne. Elle a cet effet, qu'elle donne de la confiance pour les négociants; elle en donne pour les magistrats, elle en donne pour la cité même. La foi particulière y a encore la force de la foi publique [1].

---

[1] Une question très délicate se présente ici naturellement. Il s'agit de savoir si l'on doit emprisonner pour dettes.

Linguet (dans ses *Annales politiques,* tom. I, p. 80) prétend que la loi qui permet l'emprisonnement pour dettes, est absurde, parce qu'en privant l'État de ses sujets, elle ne facilite pas le paiement du créancier; qu'elle est barbare en ce qu'elle met le débiteur dans l'impuissance de s'acquitter en raison de ce qu'il a été

Plagiat.

Le plagiat des enfants est un délit presque inconnu dans l'Europe. On en a quelquefois ac-

plus scrupuleux avant que de laisser éclater sa dé-
tresse; qu'elle est injuste en ce qu'il n'y a aucune proportion entre l'objet que répète le créancier et le
dédommagement qu'elle lui assigne. La somme dont il
poursuit le paiement n'est qu'une partie de son superflu, puisqu'il a pu s'en priver pour le prêter; mais il
ôte tout à son débiteur quand il se saisit de sa personne; il lui cause un tort bien plus grand que celui
qu'il souffre lui-même; ce qu'il risque de perdre par
une trop longue patience ne peut jamais entrer en compensation avec la liberté qu'il enlève à ce malheureux
par une violence prématurée.

Voilà, ajoute-t-il, un des abus dont il serait bien à
souhaiter que la douceur ou plutôt la mollesse de nos
mœurs opérât la réforme.

Dans tous les pays on a senti la force de ces raisons,
et on a cherché à adoucir le sort du malheureux débiteur emprisonné.

Ainsi, l'amour de l'humanité dirigé par une politique
éclairée a, depuis Charles II, établi en Angleterre un
expédient dont la loi judaïque a donné la première
idée. Cet expédient rend au commerce des bras utiles.
Le roi envoie tous les sept ans au parlement un édit
portant amnistie générale pour tous les débiteurs insolvables. Quelquefois on accorde de pareils édits à
l'occasion de la naissance d'un prince. Il est des années
où l'on délivre ainsi plus de quinze mille débiteurs insolvables.

Par l'acte des lords passé sous la trente-deuxième

cusé ces malheureux qui font de pauvreté *métier et marchandise*. Le plagiat d'auteurs ne mérite pas d'être poursuivi, par une raison contraire ; c'est qu'il est trop commun.

Les Juifs punissaient de mort celui qui volait un homme et qui le vendait. Il fallait abolir la

année du règne du roi George II, il a été arrêté que tout citoyen emprisonné pour dettes devait demander sa relaxation pour faire un abandon à ses créanciers. Après avoir produit son état actif et passif, ses créanciers ne pouvaient exiger sur ce qui restait de clair et de net, que ce qui leur revenait en proportion de leurs créances ; mais ces créanciers avaient le choix ou d'accepter cette portion qui leur revenait dans le partage, ou de faire reconstituer leur débiteur en prison. Dans ce dernier cas, ils sont obligés de fournir au prisonnier deux schellings et quatre pains par semaine pour sa nourriture. Auparavant cet acte, il suffisait que le créancier nourrît son débiteur, à la dose seulement qui l'empêchât de mourir de faim.

On a observé que jamais il n'y eut tant de prisonniers pour dettes, à Londres, que pendant la guerre d'Amérique. Le lord qui demandait, en 1780, l'extension de l'acte dont nous avons parlé aux prisonniers à qui l'on ne donnait qu'un penny, aurait dû plutôt en demander la réforme en entier. Car, suivant lui, l'inaction à laquelle les prisonniers étaient condamnés en prison, privait en même temps les citoyens des moyens de gagner leur vie, et l'État supportait la perte de ce travail utile. Pour remédier à cet abus, il fallait aller à la source du mal et abolir l'emprisonnement pour dettes.

loi de l'esclavage, et il n'y aurait point eu de
vol et de vente aussi bizarres.

Si j'avais à donner un code aux Nègres d'An-
gola et aux Européens qui en font commerce, je
proscrirais l'esclavage, et l'on ne verrait plus des
pères, abjurant tous les sentiments de la nature,
vendre leurs enfants pour de l'eau-de-vie. Notre
cupidité a fait naître des besoins à ces sauvages
et leur a ouvert le chemin du crime.

Vol de nom.

L'histoire fourmille d'impostures de cette espèce. On sait l'aventure du faux Agrippa, sous
Tibère, du fameux Perkins, sous Henri VII, roi
d'Angleterre, et des Jeannes d'Arc si multipliées.
On connaît l'imposture plus hardie de ce soldat
qui, abusant de sa ressemblance avec un de ses
camarades, lui vola son nom, sa femme, ses enfants, etc [1].

La honte, l'ignominie doivent être les seules
peines, à moins que ce vol de nom n'ait entraîné le coupable dans d'autres crimes.

[1] Voyez les *Causes célèbres.*

TABLEAU DES CRIMES CONTRE L'HONNEUR.

Crimes.	Peines.
Injures verbales.	Réparation d'honneur publique, blâme public.
Libelles, diffamation.	Amende au profit des pauvres.
Viol (difficile à prouver).	Prouvé. Dédommagement envers la personne violée, flétri par le carcan, écriteau, prison.
Rapt de vierge, involontaire.	*Idem.*
Adultère ne déshonore point le mari.	Divorce.

Principes sur les injures verbales, par écrit, sur les calomnies, etc.

L'honneur dans un sens strict est la conscience d'une bonne action. Socrate dans la prison jouit de la pureté de son âme, il s'honore lui-même ; que lui importent la réputation que lui prête le public, les hurlements des *Anitus ?* Dans la société l'on confond ce mot avec celui de réputation. L'homme honnête est celui qui le paraît. Cette honnêteté apparente est une lettre de crédit, en échange de laquelle la société vous prodigue les égards, l'estime que les bonnes mœurs méritent. Attaquer la réputation d'un citoyen, c'est donc détruire son existence morale, c'est lui faire un tort d'autant plus grand que l'honneur

est inappréciable. L'homme vertueux bâtit lentement l'édifice de sa réputation, le souffle d'un
méchant renverse quelquefois en un instant
l'ouvrage de plusieurs années. Il doit donc être
d'autant plus puni que ces coups sont plus ai-
sés, plus dangereux, que les suites en sont plus
funestes. Tantôt c'est la calomnie qui altère des
faits, fabrique des anecdotes; tantôt c'est la mé-
disance qui distille son poison, que rend encore
plus pernicieux l'air de candeur qui l'accom-
pagne. Les traits sont quelquefois lancés dans
l'obscurité; l'art, devenu funeste, de l'imprimerie sert à les retracer dans des écrits anonymes,
dans des libelles diffamatoires. Que de nuances
différentes dans la calomnie, et combien elles
doivent faire varier les peines!

Il y a une infinité de rangs et de classes dans
la société, et l'honneur varie en raison de l'élé-
vation de chaque classe. Telle injure qui serait
grave pour un seigneur, mérite à peine ce nom
dans les derniers rangs. L'honneur est en raison
inverse de la graduation du mercure dans les baro-
mètres : dans les vallées il se réduit presqu'à zéro.

C'est donc à toutes ces circonstances que les
magistrats doivent s'attacher pour juger un coupable. Ils doivent peser exactement la qualité
des personnes, le genre d'injures, le lieu où

elles sont prononcées, etc. C'est sur le tort que ces injures, ces calomnies font à la personne outragée, qu'ils doivent mesurer la peine : règle dont on ne doit jamais s'écarter. Une réparation d'honneur, une amende, le blâme, etc., voilà les peines qu'on peut imposer à ceux qui attaquent l'honneur d'un citoyen.

Au nombre des injures il ne faut pas mettre cet art de ridiculiser les faiblesses, qui est l'âme de ce qu'on appelle *bonne compagnie,* les plaisanteries, les bons mots ; c'est une espèce de censure que les citoyens exercent réciproquement les uns sur les autres, et qui, si elle ne les force pas à avoir de bonnes mœurs, les oblige au moins à paraître en avoir de bonnes.

Viol.

Les femmes ont imaginé une espèce d'honneur qui leur est particulière. Ce qu'elles appellent *honneur physique,* n'est qu'une chimère ; leur *honneur moral* a les mêmes lois, les mêmes variations que celui des hommes. Le viol est un délit contre l'honneur de la première classe.

C'est un crime rare [1], s'il n'est pas même ima-

---

[1] Qu'on juge de la vérité des accusations de viol par le trait suivant. A Cantorbéry, un sergent du régiment royal-iralndais étant dans une auberge, conçut le des-

ginaire, et presque toujours impossible à prouver. Il choque les lois naturelles et sociales ; mais
comme on a remarqué qu'en admettant ces sortes
d'accusations il y avait toujours des femmes violées, il faut être très circonspect à les admettre.
Je ne connais qu'un cas où le viol puisse être
prouvé, c'est lorsqu'il est commis sur une fille
impubère ; alors la perte de la virginité s'annonce
par des marques non équivoques. La qualité du
coupable, la jeunesse de la victime de ses plaisirs, les moyens dont il s'est servi pour parvenir
à ce but, toutes les circonstances doivent servir
d'échelle pour augmenter ou diminuer le degré
du châtiment. Dans ce crime alors il faut distinguer deux intérêts lésés, l'honneur de la fille ou

sein de violer une servante qui, après s'être défendue
de ses mains et de ses pieds, tira un couteau de sa
poche et en blessa le sergent si dangereusement qu'il
en mourut quarante-huit heures après. Les officiers de
justice s'étant transportés sur le lieu du délit, le coupable expirant leur parla ainsi : « Gardez-vous de décou-
rager la vertu, en humiliant ce qui mérite d'être honoré. Cette fille a fait ce qu'elle devait, elle a sauvé
son honneur et le mien ; grâce à son courage, elle est
vierge, et je ne serai pas pendu ; car je meurs à l'instant ; et, en lui rendant justice, je sens qu'il est des
jouissances plus pures que celles que le crime procure. »
O Lucrèce, Lucrèce, que ne tournais-tu donc sur
ton infâme ravisseur le couteau que tu eus le courage
de plonger dans ton sein !

plutôt le droit qu'elle a de ne disposer que volontairement de ses faveurs, et le scandale des mœurs. C'est, encore une fois, à l'opinion publique à venger ce dernier crime. — Mais comment venger l'intérêt de la personne violée? — Condamner le coupable à lui payer une somme considérable? — Y a-t-il de la proportion entre des faveurs extorquées et de l'argent? Puis c'est encourager et non punir le riche vicieux. Condamner à mort pour cette violence? — Ce serait une atrocité.

Le viol est une infraction à la loi qui est la protectrice de la liberté, de la sûreté du citoyen. Les deux lois sont ici enfreintes. Une marque flétrissante, une prison ignominieuse, un dédommagement envers la personne violée, voilà, je crois, les seuls châtiments dont on doive se permettre l'usage.

« Pour les filles ou femmes, dit Voltaire, qui se plaindraient d'avoir été violées, il n'y aurait, ce me semble, qu'à leur conter comment une reine éluda autrefois l'accusation d'une complaignante ; elle prit un fourreau d'épée, et le remuant toujours, elle fit voir à la dame qu'il n'était pas possible de mettre l'épée dans le fourreau [1]. »

---

[1] *Prix de la justice et de l'humanité.*

Cependant il faut dissiper un préjugé que n'a
que trop accrédité l'histoire ou le roman de Lucrèce. Le viol ne peut jamais déshonorer la personne violée, il ne donne atteinte qu'au droit qu'a
cette fille d'accorder ses faveurs à l'objet de son
choix [1].

Adultère.

Les maris, par une étrange bizarrerie, ont de
plus que les autres hommes un honneur particulier qu'il est difficile de définir, mais qu'ils
acquièrent à dater de leur mariage; honneur
que viole l'adultère.

Une opinion singulière, dont l'origine est in-
trouvable, attache une espèce de flétrissure au
mari dont la femme se déshonore. Voilà pourquoi il a le droit de l'accuser en justice.

Donner à un mari, comme certains législateurs

[1] Les circonstances qui accompagnent le viol, doivent servir d'échelle pour augmenter ou diminuer le
degré du châtiment.

Le *Courrier de l'Europe*, du 26 septembre 1777, annonça
l'exécution d'un jeune homme qui, épris pour une de-
moiselle, lui avait donné un filtre de sa composition,
l'avait enivrée, ensuite en avait joui, puis l'avait abandonnée.

Un ministre, à Londres, fut accusé d'avoir voulu
violer à trois différentes fois, trois filles impubères. La
qualité du coupable, la jeunesse des filles rendaient
sans difficulté le crime d'autant plus considérable.

l'ont fait, le droit de tuer sa femme qu'il surprend en adultère, c'est mettre les femmes au rang des esclaves, et peut-être des meubles domestiques. Le mari, dans la nature et dans toute bonne société, ne doit avoir alors que la faculté de faire divorce avec sa femme. Nos aïeux pensaient différemment : ils avaient un tarif pour les violences et les libertés qu'on se permettait avec les femmes. On payait tant pour avoir baisé la main, tant pour avoir levé un jupon jusqu'aux genoux. Avec ce tarif, un vieux satyre, usé de débauche, pouvait, son argent à la main, satisfaire impunément sa lubrique concupiscence [1].

Rapt de vierge.

Si les maris ont puni si cruellement les femmes qui étaient infidèles, les pères ne se sont pas arrogé un pouvoir moins despotique sur les filles qui se dérobaient à leurs chaînes pour se jeter dans les bras de l'amour : ils se sont imaginé que leur cœur ne pouvait s'engager sans leur consentement ; et, comme la nature n'entendait point ce calcul, ils ont voulu violer la nature. Qu'est-il arrivé ? Les filles se sont fait enlever par leurs amants. On les a poursuivis : le despotisme ne lâche point sa proie. On a condamné à mort

[1] Voyez l'article *Adultère*, sect. *des lois morales*.

les ravisseurs pour avoir plu à leurs maitresses et avoir suivi les douces lois de l'amour. En vertu de ce principe, un tribunal déclara nul le mariage d'un ravisseur avec celle qu'il avait enlevée de son consentement. On ne conçoit pas comment, au mépris de la nature, il voulait étendre si loin les bornes de l'autorité paternelle, si peu nécessaires dans les monarchies.

En Angleterre il y a un usage plus humain, quoique plus bizarre; car il est singulier que, pour retrouver la nature, on ait recours à une absurdité. Le ravisseur n'est point pendu lorsque la fille mène le cheval ou la voiture qui l'enlève : on se doute bien que tous les ravisseurs vont en croupe. N'ayons point recours à un stratagème si puéril pour éluder une loi cruelle ; abolissons-la, et que l'accord parfait de deux cœurs ne soit plus un crime, nous rentrerons dans la sphère de la nature.

On sera sans doute étonné de voir une liste si courte des crimes contre l'honneur, de cet honneur que l'auteur de l'*Esprit des Lois* a donné pour base au gouvernement monarchique ; mais cet être idéal est si difficile à saisir, c'est un Protée qui éprouve tant de métamorphoses, qu'il est presque impossible de l'astreindre à une forme et à des lois particulières. Les juges seuls

dans un cas donné peuvent estimer par les circonstances, tant générales qu'accidentelles, ce
qui est déshonorant; mais comme les idées sur
l'honneur varient de nation à nation, de province à province, de ville à ville, de sexe à sexe,
de compagnie à compagnie, d'homme à homme,
un code pénal universel sur l'honneur, qui ras-
semblerait toutes ces phases, sera toujours une
chimère. Je ne désespère pas cependant qu'un
jurisconsulte allemand ou français, qu'un homme
à système n'entreprenne de l'établir. Le fameux
économiste Quesnay, si estimable à tant d'égards,
crut bien avoir trouvé la trisection de l'angle et
la quadrature du cercle.

CHAPITRE III.

DES PREUVES JUDICIAIRES.

*Satius est impunitum relinqui facinus nocentis quam
innocentem damnare.* L. V, de Pœnis.

Dans toutes les accusations criminelles, deux
questions se présentent toujours à discuter : il
s'agit d'abord de constater si le crime a été commis et qui l'a commis. Lorsque la preuve de ces
deux faits est acquise, le magistrat prononce
son jugement, absout ou condamne l'accusé.

Nous ne suivrons point les criminalistes dans le dédale immense des rapports sous lesquels ils ont envisagé les preuves qui peuvent faire condamner un homme. Nous ne copierons point les divisions et sous-divisions infinies où l'esprit humain s'égare. Pourquoi toujours généraliser ? Pourquoi appliquer à la connaissance des crimes les termes, si alambiqués de la scolastique, de preuves affirmatives et négatives? Pourquoi transférer dans un Code criminel les termes consacrés aux mathématiques, de mixte, d'oblique, directe, etc.? Pourquoi diviser une preuve par parties [1], comme une livre de sucre, distinguer une moitié, un quart de preuve? comme si toute preuve étant une affirmation n'était pas indivisible. Enfin pourquoi faire dépendre de mots et de calculs la liberté, la vie des hommes?

Sans imiter cette méthode de généraliser qui s'est introduite dans les choses même qui en sont susceptibles, méthode qui a séduit jusqu'à des philosophes même [1], nous discuterons, sans les classer, les différentes preuves qui peuvent

---

[1] Rabener disait plaisamment qu'un panier d'écrevisses que présente un paysan à son juge, n'est que *probatio semiplena*, tandis que l'or répandu par le financier ou le seigneur est *probatio plena*.

servir à la découverte du crime et du coupable.

Une découverte utile pour le genre humain, et qui épargnerait bien des atrocités judiciaires aux tribunaux, serait l'art de fixer le degré de certitude de chaque preuve, d'en faire une échelle invariable; mais ce thermomètre judiciaire est une chimère aussi impraticable que le *projet de paix perpétuelle* de l'abbé de Saint-Pierre. Le nombre des crimes est si considérable, les circonstances qui les accompagnent peuvent produire tant de milliards de combinaisons différentes, qu'il est impossible d'estimer le degré de certitude que peut donner la réunion de ces circonstances, même dans des cas donnés.

[1] En lisant les *Essais sur l'Entendement humain* de Leibnitz, j'ai été surpris de voir ce savant, qui le premier connut et enseigna la véritable philosophie, admirer la chaîne des preuves présentées par les jurisconsultes dans les matières criminelles. Mille exemples d'innocents martyrisés en vertu de ces preuves et demi-preuves, en ont démontré la fausseté. Cependant Leibnitz passe en revue avec une espèce d'admiration les preuves *pleines, plus que pleines, demi-pleines;* il n'oublie pas même l'indice nécessaire *ad torturam,* et il regarde la forme affreuse de ces procédures comme une logique presque infaillible, appliquée aux questions de droit. Leibnitz qui se consacra, suivant la coutume des Allemands, à l'étude de la jurisprudence, respecta trop ses décisions barbares, et ne fut que savant où il fallait être philosophe.

Ne cherchons donc point l'art d'estimer les
preuves. C'est la pierre philosophale de la jurisprudence criminelle. Il est impossible de les réduire à un genre déterminé, d'établir des règles
fixes et certaines pour distinguer une preuve complète d'une incomplète, les indices vraisembla-
bles des incertains. Le flambeau de la raison, le
calcul du moraliste, la voix de l'humanité, sont
les seuls guides que le juge doit suivre dans ce
labyrinthe ténébreux[1]. Loin de lui surtout la triste
manie accréditée par l'indolence, de recourir,
pour avoir des principes sûrs, à ces commentaires sur les Codes criminels, qui sont parsemés
d'erreurs cruelles, de maximes dangereuses, où
l'art de tourmenter le genre humain est réduit

[1] L'empereur Adrien, disait dans un rescrit à V. Ve-
rus : «Il est impossible de déterminer, au juste, quelles
preuves suffisent à chaque genre de choses : ainsi il arrive souvent, quoique pas toujours, que l'on découvre
la vérité d'un fait, sans le constater par des monuments
publics. Tantôt c'est le nombre des témoins qui en fait
la preuve ; tantôt, c'est la dignité et l'autorité de ceux qui
témoignent ; en d'autres cas c'est la voix publique qui
doit constater le fait qu'on recherche. Tout ce que donc
je puis vous dire en bref pour votre règle, *c'est que
vous ne devez pas vous en tenir à un seul genre de preuve
pour fonder votre sentence : mais consulter intérieurement
votre conscience, pour déterminer ce que vous croyez bien
ou mal prouvé.* » (L. III. ff. de Testibus.)

en système. Magistrat dépositaire de la vie de
tes semblables, descends dans ton cœur, entends
le langage de la raison, pèse les circonstances,
compare les faits, les dépositions. Que t'importe
ce qu'ont pensé les Clarus, les Dhamonder? Ils
posent des principes; mais peut-il en exister de
généraux dans une matière où il n'y a ni genre,
ni espèce, ni classe, où tout fait est isolé et n'a
point de rapport à un autre fait, où les circonstances changent presqu'à chaque moment de
valeur, de degré [1]?

[1] On n'imaginera pas qu'un criminaliste français[*], du
dernier siècle, tout en déclamant contre la chimère de
l'estimation morale des preuves, en ait donné une méthode. Aussi, que d'erreurs dans ces principes qui
d'ailleurs sont trop vagues pour être jamais applicables
à quelques cas! Citons-en quelques-unes.

Maxime III. «Une preuve est regardée comme complète, lorsqu'elle est fondée sur la confession pure et
simple d'un accusé.» Maxime fausse et dangereuse,
comme on le prouvera.

Maxime VI. «Si la preuve est considérable sans être
complète, il faut condamner l'accusé à la question.»
Maxime abominable et plus digne d'un Sarmate que
d'un criminaliste français.

Maxime VII. «Pour condamner à la question, il n'est
pas nécessaire d'avoir des preuves convaincantes.«Pour
établir cette maxime, on cite l'ordonnance de 1670.
Mais il n'était pas réservé à Louis XIV d'extirper tous

[*] Jousse, *Traité de la Justice criminelle*, t. I, p. 664-666.

En blâmant l'erreur des jurisconsultes qui ont
donné des méthodes d'estimation de preuves,
nous nous garderons bien de suivre leur plan.
Nous indiquerons plutôt les preuves qui doivent
être rejetées que celles qui doivent être admises.
Nous élèverons plutôt des doutes sur la valeur
des preuves, que nous ne donnerons des principes pour en reconnaître la bonté ; nous dirons
plutôt ce qu'il faut pour absoudre que ce qu'il
faut pour condamner. Nous remplirons enfin
notre but d'élever un autel à l'humanité : les jurisconsultes n'ont tracé des Codes que pour la
barbarie. L'erreur sera quelquefois peut-être
notre partage ; mais au moins elle ne fera point
verser de sang, et nous n'aurons pas à répan-

les préjugés, tous les abus ; et celui qui tourmenta et
bannit des hommes qui n'allaient point à la messe,
parce qu'un jésuite lui affirmait qu'ils étaient indignes
de vivre, pouvait bien laisser subsister l'usage de la
torture.

« Lorsque plusieurs preuves *imparfaites* tendent toutes
à une même fin, il faut les joindre ensemble pour en
former une preuve complète. »

Qu'est-ce que des preuves *imparfaites* ? N'est-ce pas
une contradiction dans les termes ? Une preuve imparfaite n'est qu'une présomption, et jamais des présomptions ne peuvent faire une preuve. Il n'en est pas de
l'évidence comme d'un meuble ; on ne l'acquiert pas
par livres, sous et deniers.

dre des larmes inutiles sur les cendres d'innocents condamnés suivant nos principes.

Nous poserons d'abord pour premier principe qu'on ne peut condamner aucun homme sans avoir une certitude entière qu'il est coupable du crime dont on l'accuse [1]. Cette certitude, il faut l'avouer, est bien difficile à obtenir; voilà la raison qui m'engage à supprimer la peine de mort [1]. Il est important de fixer ici nos idées sur la certitude.

[1] On ne croira jamais qu'il ait existé un tribunal en Europe, qui, sans aucune forme, condamnait en secret un accusé, sans le citer, sans l'entendre, sans le convaincre. Tel était cependant le fameux tribunal secret de Westphalie. (*Judicium occultum Westphalicum.*) Pfeffinger en attribue la création à Charlemagne qui, dit-il, ne connut pas de plus fort moyen pour contenir les Saxons. Ce tribunal étrange existait encore du temps d'Æneas Silvius, depuis pape sous le nom de Pie II. Voici ce qu'il en dit : *Secretos habent ritus et arcana quædam instituta, quibus malefactores judicent, et nondum repertus est qui vel pretio vel metu revelaverit. Ipsorum quoque scabinorum major pars occulta est, qui per provincias discurrentes, criminosos notant et inferentes judicio accusant probantque ut eis mos est. Damnati libro inscribuntur, et junioribus scabinis committitur executio.* Ainsi un homme absent était illégalement pendu et assassiné, sans qu'on connût le motif de sa mort, ni ceux qui en étaient les auteurs. Cette juridiction barbare, si contraire à la raison, à l'humanité, subsista en Allemagne pendant plusieurs siècles, et ne fut enfin abolie que par l'empereur Maximilien Ier, en 1512. — Voyez l'*Appendice,* lettre C.

La certitude se prend en différents sens relativement aux personnes : c'est une qualité du jugement qui emporte l'adhésion forte et invincible de notre esprit à la proposition que nous affirmons. Ce mot s'applique quelquefois à la vérité ou à la proposition même à laquelle l'esprit adhère [2].

Nous n'entrerons point dans les discussions des philosophes, des géomètres et des théologiens sur l'évidence et la certitude. Nous nous bornerons à observer qu'on s'accorde à reconnaître trois espèces de certitudes :

1° La certitude métaphysique. C'est celle qui vient de l'évidence métaphysique ; telle est celle qu'un géomètre a de cette proposition, que les trois angles d'un triangle sont égaux à deux angles droits, parce qu'il est métaphysiquement impossible que cela ne soit pas.

2° La certitude physique est celle qui vient de l'évidence physique. Telle est celle qu'a une personne qu'il y a du feu sur sa main quand elle le voit et qu'elle se sent brûler, parce qu'il est physiquement impossible que cela ne soit pas, quoi-

---

[1] Il a été un temps en France, où l'on condamnait les juifs à mort sans les entendre. Charles V y mit fin.

[2] *Dictionn. Encyclop.*, art. *Certitude*.

que absolument et rigoureusement parlant, cela pût ne pas être.

3° La certitude morale est celle qui est fondée sur l'évidence morale. Telle est celle qu'on a d'un fait que plusieurs personnes attestent.

De ces trois certitudes il n'y en a peut-être aucune qui soit absolument infaillible ; car la pemière à qui l'on donne ce titre est trop du ressort de la métaphysique, science pleine d'incertitudes, pour être regardée comme infaillible [1]. On se contente dans les tribunaux criminels de la certitude morale.

Différents auteurs ont voulu calculer algébriquement les différents degrés de cette certitude. Mais ces calculs, comme tous ceux que la géométrie a voulu appliquer au cours ordinaire de la vie et aux objets politiques, moraux, économiques, tombent toujours à faux. Il serait même dangereux de les suivre pour juger de la fausseté ou de la vérité d'une accusation.

On a été embarrassé jusqu'à ce jour pour fixer les limites qui séparent la certitude métaphysique,

[1] Ce n'est pas ici le lieu de prouver la vérité de cette opinion qui paraîtra paradoxale à ceux qui jugent superficiellement et sur parole, mais qui ne le paraîtra point à ceux qui réfléchiront sur la liaison de la géométrie avec la métaphysique.

la certitude morale, et la probabilité d'un fait. Voici les caractères distinctifs de chacune, et il n'est pas possible de s'y méprendre.

Le caractère de la certitude métaphysique, *s'il existe*, est d'exclure irrévocablement et infailliblement la possibilité du contraire du fait ou de l'opinion qu'on affirme;

La certitude morale n'exclut que, moralement parlant, la possibilité de ce contraire;

Enfin la probabilité d'un fait ou d'une opinion admet à égal degré la possibilité de l'existence ou de la vérité du contraire.

Or, la loi ne doit punir du dernier supplice, dit un philosophe, que ceux contre lesquels les preuves sont parfaites, c'est-à-dire celles qui excluent la possibilité de l'innocence de l'accusé.

On ne doit donc punir que lorsqu'on a une certitude morale de la réalité d'un crime. On doit suspendre tout jugement lorsque la somme totale des probabilités n'équivaut qu'à deux tiers de la certitude, s'il est possible de l'apprécier. Enfin on doit absoudre lorsque cette somme ne fait qu'un demi de la certitude, parce qu'alors l'humanité doit faire pencher la balance du côté de l'accusé.

Mais quelles sont les sources de la certitude morale? Les preuves; et ces preuves sont de différents genres.

Le témoignage des sens est, pour ceux qui sont témoins du crime, la première source de la certitude morale; pour ceux qui sont éloignés, il n'existe que le témoignags de ces premiers. Pour obtenir donc la certitude d'un fait, il faut savoir apprécier la force de l'un et l'autre témoignage.

Il est très bien démontré, malgré tous les arguments scolastiques, que nos sens sont sujets à l'erreur. Mais comme ce *medium*, tout incertain qu'il est, est le seul que le ciel nous ait accordé, il faut s'y borner; car autrement on resterait dans une éternelle incertitude.

Même vice pour le témoignage des hommes; ou plutôt celui-ci en a un double, puisque d'abord il dépend du premier qui n'est pas certain, et qu'à cette incertitude il faut ajouter celle qu'il tire de son propre fonds. Les ténèbres se multiplient donc ici en avançant.

Cependant on a fixé des caractères, au moyen desquels on pouvait s'appuyer sur ce témoignage. Quand ils sont marqués au coin de l'évidence morale, il en résulte un corps de preuves complet. De là naît la certitude morale, c'est-à-dire, ce jugement qui entraîne l'adhésion invincible au fait que l'on a découvert.

Les auteurs qui ont écrit sur la certitude morale, en ont distingué différentes sources, le témoignage des sens, la tradition orale, l'histoire, les monuments. Mais dans les faits criminels on en distingue cinq :

1° La confession de l'accusé.

2° Preuve testimoniale.

3° Preuve littérale ou par écrit.

4° Rapport d'experts, inspection de juges.

5° Vraisemblances et probabilités tirées d'un corps d'indices.

J'entre dans le détail.

SECTION PREMIÈRE.

Confession de l'accusé.

Il existe un grand problème encore à résoudre parmi les criminalistes; savoir, si la confession de l'accusé peut servir de preuve pour sa condamnation. Pour décider cette question importante, il faut distinguer trois cas différents : 1° lorsque la confession est volontaire; 2° lorsqu'elle est forcée; 3° lorsqu'elle est appuyée d'autres indices ou preuves.

PREMIÈRE QUESTION.

Une foule d'anciens jurisconsultes [1] ont cru que la confession volontaire de l'accusé formait une preuve complète. Le flambeau seul de la rai-

[1] Voyez la nombreuse citation faite par Jousse (*Traité*

son, qui a dissipé les ténèbres de l'Europe, a pu faire disparaître cette opinion enfantée par un siècle barbare.

« Si je ne me trompe grossièrement, dit un jurisconsulte qui a plaidé fortement la cause de l'humanité (Paul Risi [1]), la seule confession du Rée devrait être à peine reçue dans la procédure criminelle. Dans les causes civiles, c'est à l'acteur à prouver sa thèse. N'est-ce pas à plus forte raison à l'accusateur d'un crime à prouver ce qu'il avance ? Le Rée [2] s'accusera-t-il lui-même ? Fournira-t-il les indices de son crime, ceux, par exemple, d'un homicide ? Montrera-t-il le glaive sanglant ? En produira-t-il les témoins ? Ira-t-il de bon gré à l'échafaud, ou se mettra-t-il volontairement la corde au cou ? La loi ne dit point au larron : tu as commis un vol, marche de toi-même à la potence ; mais elle dit au magistrat :

de la justice criminelle de France), tome I, p. 671. Il suit leur sentiment à cause de leur nombre et de leur antiquité. Quand on lui oppose des raisons solides qui les combattent, il s'écrie : «Mais *Farinacius,* mais *Dhamonderius,* mais *Émerick.....*» — La *raison numérique* est en effet une *raison très philosophique.*

[1] *Observations sur des matières de Jurisprudence criminelle.* Traduites du latin, par S. D. C. (SEIGNEUX DE CORREVON) 1776, in-12.   (*Note de l'Édit.*)

[2] Nous n'avons pas en français de mot pour rendre le *reus in reatu* des Latins.

vous avez convaincu le voleur, faites-le punir
de la peine que dicte la loi. Quelle loi en effet
commande à l'homme de courir à sa perte, et
de braver une mort certaine? A moins qu'ils ne
soient hébétés et insensibles, ils entendront la
voix de la nature qui ne leur permettra jamais
de négliger leur conservation. La loi est ici
d'accord avec elle, puisqu'elle défend de recevoir le témoignage de quelqu'un dans sa propre
cause [1]. Et quel malheur ne serait-ce pas pour
l'homme, si son témoignage n'avait de valeur au-
près des juges que lorsqu'il le porte contre lui-
même ? Quelle fureur et quelle maxime plus tyrannique que celle qui établirait que ceux-là sont
seuls à croire, qui se chargent et s'accusent par
leur propre témoignage, et non ceux qui s'excu-
sent et qui se défendent ? »

D'après ces principes que dictaient la raison et
l'humanité, ne doit-il pas paraître affreux d'exiger d'un accusé le serment de dire la vérité contre
lui-même ? N'était-ce pas vouloir étouffer le cri de
la nature qui nous ordonne de veiller à notre
conservation ? La loi a voulu être plus forte que
la nature, et prévenir le mensonge en exigeant
un serment. N'était-ce pas avilir le serment en for-

____

[1] Voyez PUFFENDORFF, *Droit de la Nature et des Gens,*
liv. VIII, cap. III, § 4.   *Note de l'Édit.*

çant l'accusé à être parjure, ou violer la nature
en le forçant à s'étrangler de ses propres mains ?
Aussi cette institution est-elle née dans le sein
du tribunal horrible de l'inquisition.

Les adversaires de l'humanité, qui soutiennent
que la confession d'un accusé peut faire une preuve
complète, partent de ce principe moral, que nul
homme ne cherche sa destruction, et que de sang-
froid on ne s'accuse point d'un crime qu'on n'a
pas commis; que de sang-froid on ne provoque
point sa condamnation.

Mais n'est-il pas une infinité de circonstances
où l'homme accablé du fardeau de son existence,
cherche à s'en débarrasser ? Si même au sein de
la liberté il y a des êtres assez mal organisés pour
détester la lumière et soupirer après le néant,
combien ne s'en trouvera-t-il pas dans ce séjour
d'horreur, où le malheureux est tourmenté par
la faim, les maladies, les geôliers, le mépris,
qui demandent à grands cris à reposer leur tête
sur l'échafaud [1]! Le scélérat qui dénonça Cartouche à la justice, demanda pour récompense

[1] *Ea natura est omnis confessionis ut possit videri demens
qui confitetur de se. Hic furore impulsus est, alius ebrie-
tate, alius errore, alius dolore, quidam quæstione. Nemo
contra se dicit, nisi aliquo cogente.* (Quintil. *decl.* 314.)

*Tormentis gubernat dolor, moderatur naturam cujusque,
et animi, tum corporis, regit quæsitor, flectit libido, cor-*

la vie; on la lui accorda. Le malheureux! il souf-
frit dans un cachot pendant trente ans les horreurs de la mort. Cartouche ne les éprouva que
pendant un court intervalle. N'aurait-il pas fait
cent aveux contre lui-même pour être arraché
au supplice lent du cachot? Doit-il donc paraître
étonnant que des hommes ennuyés de languir
dans les prisons, hâtent eux-mêmes leur supplice en fournissant à leur juge de fausses lumières sur un crime qu'ils n'ont pas commis?
Un particulier accusé d'avoir tué sa femme,
l'avoua; il fut puni de mort: elle reparut. Combien d'autres accusés n'ont pas par désespoir
éprouvé le même sort [1].

DEUXIÈME QUESTION.

Confession forcée.

On conçoit que dans des siècles d'ignorance,
pour arracher des aveux importants de ceux
qu'on regardait comme criminels, on ait eu recours à des épreuves cruelles, telles que des
lames rougies au feu, des charbons ardents, des

rumpit spes, infirmat metus, ut in tot rerum angustiis nil
veritati loci relinquatur. (Cic.)

[1] Un homme accusé d'avoir tué sa femme l'avoue
dans le tourment qu'on lui fait subir; il allait être
conduit au supplice, lorsque la femme reparut. (Voyez
Causes célèbres, de Pitaval.)

eaux bouillantes, etc. Mais que dans des siècles
éclairés, chez une nation douce et humaine, on ait
conservé cet usage révoltant, malgré les cris de
la nature et de la religion, malgré les cris de la
philosophie, c'est ce qui paraît étrange. Heureux les peuples où l'on ne fait pas dépendre
le crime ou l'innocence de la force des muscles[1] !

Mais puisqu'il est encore, dit Voltaire, des ju-

[1] La question ou torture s'est introduite avec le droit
romain parmi les nations issues des anciens Germains.
Les anciennes lois féodales en ignoraient l'usage.
Comme le droit romain n'a jamais été reçu en Angleterre, la question n'y a jamais eu lieu. Les lois des Anglais en sont si éloignées qu'un accusé retenu en prison
ne doit être chargé de fers qu'autant qu'il en faut pour
empêcher qu'il ne s'échappe. Et même dans les anciens
temps il n'était pas permis aux geôliers de mettre des
fers aux prisonniers qu'ils gardaient. Un des plus anciens auteurs de cette nation, Home, dans son *Miroir
des justices*, dit: «Abusion est que le prisonnier soit
chargé de fers ou mis en peine avant que soit atteint ou
convaincu de félonie.» Edmond Coke dit la même
chose; il ajoute que du temps d'Henri VI, le duc d'Ex-
cester, le duc de Suffolk et d'autres, voulant introduire
le droit romain, commencèrent à faire mettre dans la
tour un instrument nommé *rack*, pour donner la question, mais que cela n'eut point de suite; aussi n'eut-
elle jamais lieu.

Il en fut autrement en Écosse, où l'introduction du
droit romain amena l'usage de la question qu'on donnait à l'accusé, en lui mettant les jambes dans des
bottes de fer, et en enfonçant des coins entre ses jam-

risconsultes, des prêtres chrétiens, des moines
chrétiens, qui emploient les tortures pour leur

bes: mais cette question fut abolie dans la septième
année du règne de la reine Anne.

La question ne se donnait chez les Romains qu'à des
esclaves. Raison pourquoi jamais les Anglais n'ont
voulu l'admettre.

On condamnait en France un homme à la question sur
sa simple confession. N'était-ce pas le comble de l'absurdité? S'il avouait volontairement, pourquoi le martyriser encore pour avoir d'autres aveux?

On poussait la barbarie contre les accusés au point
de les mettre à la question sur la déposition de deux
témoins suspects; n'était-ce pas une inconséquence bizarre? Un pareil témoignage n'est pas suffisant pour
faire condamner à des peines capitales; et pour obtenir le droit de prononcer une pareille peine, on com-
mençait par mutiler!

La loi Caroline, plus injuste encore, ne demandait
qu'un seul témoin. *Si id quod in causâ delicti præcipuum
et caput est una exceptione omni majore teste probetur, ea
semiplena a doctoribus practicis appellata probatio suf-
ficiens indicium præbet ad torturam.*

Des indices avaient même paru aux jurisconsultes
français, suffisans pour faire condamner à la question.
Ainsi la mauvaise réputation de l'accusé, sa fuite, les
menaces avaient la force de faire condamner un homme.

Observation de l'Éditeur.

« Il est essentiel de remarquer que, par le titre XIX de
l'ordonnance de Louis XIV, de 1670, on avait prescrit
trois sortes de questions. La première, nommée préparatoire art. 1er, dans le cas de preuve considérable

principal argument, il faut commencer par leur dire que les Caligula, les Néron n'osèrent jamais exercer cette fureur sur un seul citoyen romain. Il faut leur dire que la torture est prohibée avec exécration dans la Russie, la Prusse, l'Angleterre. Il faut leur dire que les Pères de l'église [1],

contre l'accusé d'un crime constant, qui *mérite* peine de mort; mais insuffisante pour l'appliquer. La deuxième (art. 2), celle avec réserve des preuves, qui soumettait l'accusé qui n'avouait rien, à toutes sortes de peines, excepté celle de la mort. Et la troisième, par le jugement de mort, pour avoir révélation des complices (art. 3).

«Lors de la rédaction de cette ordonnance, les commissaires du roi avaient senti que la question préparatoire était inutile, et que si l'on voulait ôter la prévention d'un usage ancien, on trouverait qu'il est rare qu'elle ait tiré la vérité.

«Par sa déclaration du mois d'août 1780, Louis XVI, ayant reconnu qu'en autorisant d'une manière aussi précise l'usage de la question préparatoire, on n'avait cédé alors qu'à une sorte de respect pour son ancienneté, abolit et abrogea cet usage de la question préparatoire, et défendit à ses cours et autres juges de l'ordonner en aucun cas, sous quelques prétextes que ce puisse être, avec ou sous réserves de preuves.»

[1] Nous trouvons là-dessus, dit Paul Risi, dans saint Augustin, des idées bien saines et bien vivement exprimées.

«On met en doute si un tel est coupable, et pour le savoir on le tourmente. S'il est innocent, il subira pour un crime très incertain une peine très certaine; et cela non pour avoir commis le crime même; mais parce qu'on ignore qui l'a commis. Ainsi l'*ignorance du juge sera la*

les jurisconsultes romains [1] et français [2], les

cause du malheur de l'innocence; et ce qui est plus triste
encore, et plus digne de nos larmes, c'est que ce juge
tourmente l'accusé qu'il ne connaît point pour l'innocent, de peur de le faire mourir par erreur; et par une
suite fatale de son ignorance il va donner la mort à
cet innocent déjà tourmenté, lequel il ne tourmentait
que pour ne pas lui donner la mort: vu que si celui
qui est injustement accusé préfère la mort aux souf-
frances, il s'avouera coupable sans l'être, et après son
supplice, le juge ignorera encore s'il a puni un coupable,
ou donné la mort à un innocent.» (*De la Cité de Dieu,*
L. xix, ch. vi.)   (*Note rectifiée.*)

[1] Comparons à cette pratique la façon de penser des
jurisconsultes romains qui, sur des raisons d'un grand
poids, se persuadèrent que des tourments étaient bien
peu convenables à la recherche de la vérité, et bien
peu propres à la faire découvrir. Ulpien nous dit [*] que
«la question est une voie incertaine et périlleuse, et
très incertaine pour la découverte de la vérité; que
plusieurs, par leur dureté ou par leur constance, mé-
prisent les tourments au point qu'il serait impossible
d'en tirer l'aveu; tandis que d'autres sont d'une telle
impatience, et tellement sensibles qu'ils diront les
choses les plus fausses plutôt que de souffrir les tourments: ce qui dans ce cas les jette dans mille variations, cause leur perte, et menace la vie des autres.»
                         (*Note rectifiée.*)

[2] Pothier ne voulut jamais être rapporteur d'un procès criminel, dans la crainte d'être obligé de faire
donner la question à des accusés; il refusa par la
même raison d'assister, en qualité de commissaire, à

[*] L. 1, § 23, ff. de *Quæstion*

savants [1], les philosophes [2], ont, dans tous
les temps et dans tous les coins de la terre,
élevé la voix contre cet usage abominable de
la question. Il faut leur dire que la question
est une invention des siècles d'ignorance pour
sauver le robuste coupable et faire périr l'innocent d'une complexion délicate. Il faut leur dire,
leur répéter ce dilemme inébranlable : si l'accusé
est innocent, quelle indemnité peut compenser
cette mutilation ? S'il est coupable, pourquoi
lui infliger une autre peine que celle que la loi

des procès-verbaux de torture. Il ne pouvait se déterminer à condamner un homme à mort; il poussait les
choses si loin, qu'il tàchait de justifier en quelque sorte
les criminels, en disant qu'un homme coûtait beaucoup
à faire. (Voyez ce qu'ont écrit sur ce sujet Lacroix,
Servan, Le Trosne, etc.)

[1] J. Grævius a fait un traité contre la torture, que
Bayle cite avec éloge dans son Dictionnaire.

[2] On pourrait citer ici mille passages de différents
philosophes modernes, qui sont frappants; Montaigne
en est plein. En voici un de Charron, peu connu : «La
question, dit-il, est plutôt la preuve de la patience que
de la vérité. Ceux qui céderont à ses douleurs la
cacheront également. Pourquoi la douleur ferait-elle
dire plutôt ce qui est, que ce qui n'est pas? Si l'on croit
que l'innocent est assez patient pour supporter les tourments, pourquoi le coupable, qui n'a que ce moyen de
sauver sa vie, le sera-t-il moins? Pour ne pas faire périr
un malheureux innocent, on fait pire que de lui faire
souffrir la mort.» (*Analyse raisonnée de la sagesse*, c. III.)

ordonne ? Si ces raisonnements ne dissipent pas encore leurs préjugés, il faut leur peindre le triste sort de tant d'innocentes victimes de la torture. Pour une âme sensible, l'histoire des Le Brun et des Langlade vaut mille raisonnements.

C'est avec cette dernière preuve qu'on efface à jamais ces maximes de sang, prêchées avec un sang-froid étonnant par quelques criminalistes, qui, sur ce point comme sur mille autres, n'ont pas voulu contredire la doctrine de leurs prédécesseurs [1]. Étrange aveuglement qui a

[1] La section de Jousse sur la torture (tom. I, p. 689') est tout-à-fait étrange, et décèle bien le jurisconsulte qui sait citer, mais qui ne sait pas raisonner; il cite mille autorités pour et contre la question, et finit par se décider pour elle. Muyart de Vouglans, celui-là même qui traita Beccaria d'hérétique et d'imbécile **, pense de même que Jousse à cet égard. Qui a lu un criminaliste français, les a lus tous. Il semble que leurs ouvrages sortent du même moule. Qui croirait que le raisonnement suivant est d'une des lumières du barreau, du chancelier d'Aguesseau!«Ou la preuve du crime est complète, ou elle ne l'est pas; au premier cas, il n'est pas douteux qu'on doive prononcer la peine portée par les ordonnances; mais dans le second cas, il est aussi certain qu'on ne peut ordonner que la question, ou un plus amplement informé. »

* De l'ouvrage déjà cité.

** Dans sa *Réfutation des principes hasardés dans le Traité des Délits et des Peines.*

perpétué l'erreur dans les tribunaux, qui a multiplié ces formes de supplices si variés de question
provisoire, ordinaire et extraordinaire, qui a fait
verser tant de sang à des innocents et tant de
larmes aux juges imprudents !

Il y a un troisième parti de jurisconsultes
mitigés, qui, en rejetant la torture pour les cas
ordinaires, l'admettent pour les crimes extraordinaires, tels que le régicide [1] ; Voltaire pen-
che même pour ce sentiment. J'oserais croire,
dit-il, qu'il n'a été qu'un seul cas où la torture
parut nécessaire : c'est l'assassinat d'Henri IV,

[1] Que le régicide soit le plus grand crime dans les
monarchies ; que pour le prince on déroge aux lois
ordinaires, j'y souscris ; mais dans un Code destiné pour
toutes les nations, il faut écarter ces exceptions : la
torture est une peine, on ne doit jamais infliger de
peines que lorsque la preuve du crime est complète.
Le sort d'un accusé ne doit pas se décider en raison de
l'espèce du crime dont on l'accuse, mais en raison des
preuves. Un innocent, pour être accusé de régicide,
n'en est pas moins innocent ; jamais un intérêt général
ne peut excuser une injustice. L'intérêt de l'État, dit-on,
exige qu'on découvre les complices d'un forfait qui
peut le troubler, et la torture est le seul moyen de les
découvrir ; employez-les contre le coupable, lorsqu'il
est convaincu ; mettez à la torture les Damien, les Ravaillac ; leur crime était prouvé. Mais si le fait n'est pas
constaté, mais s'il n'y a que des indices qui rendent suspect l'accusé, ne l'exposez pas aux horreurs de la torture.

l'ami de votre république, l'ami de l'Europe,
celui du genre humain. Le crime de sa mort perdait la France, exposait nos provinces, troublait
vingt états. L'intérêt de la terre était de connaître les complices de Ravaillac. Il ajoute : mais le
supplice d'être tiré à quatre chevaux, après avoir
reçu du plomb fondu dans ses membres san-
glants, était assez long pour lui donner le temps
de révéler ses associés s'il en avait eu.

Nous ne nous étendrons pas davantage sur
l'usage de la question, que la raison et l'humanité
s'accordent à condamner. Tant de philosophes
ont écrit avec une éloquence si énergique contre
cette barbarie plus digne de cannibales que de
peuples civilisés, qu'il suffit de renvoyer les incrédules à les lire [1].

Soit donc que la confession de l'accusé soit forcée ou volontaire, jamais elle ne doit servir de
base à sa condamnation. En suivant cette méthode, on sauvra peut-être quelques coupables,
mais on ne versera le sang d'aucun innocent. « S'il
importe, dit Heineccius, aux sociétés, que les délits ne restent pas impunis, il importe bien plus
encore que des innocents ne soient pas sacrifiés
par des supplices cruels, et qu'on ne fasse pas des

[1] Voyez la section XVI du *Traité des Délits et des
Peines*, traduction de CHAILLOU DE LISY.

exemples en la personne de ceux qui ne sont exposés à l'animadversion publique, que parce qu'on
admet contre eux les horreurs de la calomnie [1]. »

TROISIÈME QUESTION.

Confession appuyée de preuves.

Si l'on est trop cruel en condamnant un homme
sur son simple aveu, il serait absurde de ne pas
avoir égard à cet aveu, lorsqu'il se joint à d'autres preuves. Alors c'est une forte probabilité
qui peut leur ajouter quelque poids. Mais pour
que cette confession opère cet effet, il faut
qu'elle soit précise, non provoquée, qu'elle n'ait
pas été faite par erreur ou par crainte, que
l'accusé soit dans son bon sens; il faut que le
corps du délit soit bien constaté; il faut enfin
que les dépositions claires et invariables de
plusieurs témoins fournissent une lumière qui
frappe nécessairement les yeux du juge.

SECTION II.

Preuve testimoniale.

De toutes les preuves il n'en est point qui paraisse plus sûre ni plus équitable que l'affirmation de plusieurs témoins. Cependant elle entraîne des inconvénients comme les autres, et
plus d'une fois on a vu sur les échafauds couler

---

[1] *De relig. jud. circa reor. Confess. Exerc.* 18, § 6.

le sang d'accusés innocents, que la vengeance
armée de la calomnie y avait faits monter. Plus
d'une fois on a vu le puissant acharné contre le
plus faible qu'il voulait écraser, arracher au
poids de l'or de fausses dépositions et triompher
par l'art trop connu de nos jours, de la subornation. Plus d'une fois enfin l'erreur des
sens et la précipitation du jugement ont ôté
la vie à des infortunés contre lesquels le hasard
avait réuni les présomptions les plus frappantes.

C'est pour parer à ces tristes inconvénients,
dont les annales de toutes les nations n'offrent
que trop d'exemples, qu'il faut, autant qu'il est
possible, fixer des principes à la lueur desquels
on puisse distinguer aisément les témoignages
faux ou erronés, des témoignages vrais et certains. Pour écarter la confusion de cette matière,
on examinera donc 1° à quels signes on peut
reconnaître les témoins véridiques; 2° quels
témoins peuvent être reçus; 3° en quel nombre
ils doivent être pour que leurs dépositions puissent servir de base à une condamnation.

§ 1er.

Caractère du témoin véridique.

Pour s'appuyer sur le témoignage des hommes,
pour pouvoir prononcer d'après lui, il faut être

certain, 1° que ces témoins ne veulent point en imposer ; 2° qu'ils n'ont pas été trompés eux-mêmes. Ainsi la foi due au témoin doit être mesurée d'abord sur l'intérêt qu'il a de dire ou de ne pas dire la vérité, ensuite sur sa capacité et toutes les circonstances de son organisation.

La preuve de la véridicité du témoin ne peut s'obtenir que par une connaissance approfondie de son caractère. Il faut donc que le juge soit bien versé dans la première de toutes les sciences, dans la morale ; qu'à la lueur de son flambeau il descende dans le cœur des témoins, qu'il y démêle les différentes passions qui l'agitent, qu'il découvre les rapports qu'ils peuvent avoir avec l'accusé, la nature du mobile qui les dirige ; il faut que, remontant à des temps antérieurs, il parcoure le cercle de la vie de ses témoins, qu'il cherche à éclairer le présent par le passé.

Je sais que cet examen est délicat, que quelque adroit que soit le juge criminel, le scélérat familiarisé avec la fourberie saura échapper à la pénétration de ses regards. Je sais que tant qu'un homme est couvert de la frêle enveloppe de l'humanité, quelque véridique qu'il ait été dans tout le cours de sa vie, il est probable qu'il n'en impose point sur le fait qu'il rapporte.

Si cependant, examen fait de tous les témoignages, les mêmes probabilités les caractérisent,
alors on a la certitude morale; et un jugement
fondé sur cette espèce de certitude, quoique la
vérité le désavoue quelquefois, est marqué au
coin de l'équité humaine, qui, comme toutes les
autres vertus, porte toujours l'empreinte de
notre fragilité.

Si je pouvais m'assurer, a dit un écrivain [1],
qu'un témoin a bien vu et qu'il voulût me dire
vrai, son témoignage pour moi deviendrait infaillible : ce n'est qu'à proportion des degrés de cette
dernière assurance que croît ma persuasion. Elle
ne s'élèvera jamais jusqu'à une pleine démonstration, tant que le témoignage sera unique, et
que je considérerai le témoignage en particulier,
parce que, quelque connaissance que j'aie du
cœur humain, je ne le connaîtrai jamais assez
parfaitement pour en deviner les divers caprices
et tous les ressorts mystérieux qui le font mou-
voir; mais ce que je cherche en vain dans un
témoignage, je le trouve dans le concours de
plusieurs témoignages. Je puis, en conséquence
des lois que suivent les esprits, assurer que la
seule vérité a pu réunir tant de personnes dont
les esprits sont si divers et les passions si op-

[1] Voyez article *Certitude* de l'Encyclopédie.

posées. C'est donc dans la connaissance du caractère de chaque témoin, qu'on pourra trouver la preuve de la véridicité : il doit être cru, s'il n'a point d'intérêt à tromper.

C'est dans le rapprochement de ces divers témoignages, qu'on pourra, s'ils sont semblables, ou s'ils peuvent former une chaîne, un système de faits suivis, trouver la vérité du fait que l'on cherche.

§ 2.

Qualité des témoins.

« Je pencherais à croire, a dit le philosophe de Ferney [1], que tout homme, quel qu'il soit, peut être reçu à témoignage. L'imbécillité, la parenté la domesticité, l'infamie même, n'empêchent pas qu'on ait pu bien voir et bien entendre : c'est aux juges à peser la valeur du témoignage et des reproches qu'on doit lui opposer. Les dépositions d'un parent, d'un associé, d'un domestique, d'un enfant, ne doivent décider de rien; mais elles peuvent être entendues, parce qu'elles peuvent donner des lumières. Ce sentiment qui paraîtra nouveau aux modernes jurisconsultes qui ne jurent que par les ordonnances et par le droit romain, nous servira de texte, parce qu'il

[1] VOLTAIRE, *Prix de la justice et de l'humanité.*

est l'expression du droit naturel et de la raison.

Tout homme qui a pu voir le fait qu'on veut constater, doit être entendu. Voilà le principe général; qu'il soit impubère ou noté par la justice, qu'il soit noble ou roturier, prince ou bourreau, il n'en a pas moins vu. Il peut donc éclairer le juge, et c'est se refuser à la lumière que de rejeter sa déposition.

Qu'en l'admettant on ait égard à la flétrissure ignominieuse dont il a été marqué, à l'infamie à laquelle il est voué; qu'on ait égard à la faiblesse d'âge d'un enfant dont les organes trop débiles encore, ou le jugement trop informe n'ont pu saisir la vérité [1]. Que dans la déposition d'un ennemi contre son ennemi on mette à l'écart les traits qui peuvent être envenimés

[1] Il est incroyable qu'on ait voulu fixer un âge commun où les enfants peuvent être criminels, peuvent porter témoignage. Les lois anglaises regardent les enfants de quinze ans comme aussi coupables que des hommes.

Fixer l'âge pour le crime ou pour la validité d'un témoignage, est une absurdité. Il est des enfants qui, avant douze ans, ont assez d'intelligence pour distinguer le bien du mal. Il en est d'autres qui à vingt ans ignorent cette différence. Pour fixer le prix du pain, on prend un terme moyen dans les différents prix des blés. Cette opération est nécessaire; mais je ne vois pas la nécessité d'un tarif d'intelligence en raison de l'âge. Il faut laisser aux juges le soin d'en apprécier la valeur

ou grossis par la vengeance et la partialité; la raison elle-même et l'équité dictent cette méthode judicieuse. Mais pourquoi, comme les jurisconsultes, enfler ici la liste des témoins suspects? Pourquoi dans cette liste mettre les accusés actuellement dans les prisons? Socrate était-il moins Socrate, moins digne de foi, lorsque la calomnie infernale l'eut plongé dans les cachots d'Athènes? Un décret peut-il par provision priver un homme de ses priviléges? Pourquoi ne pas recevoir dans les pays catholiques les témoignages des juifs et des hérétiques? Pour ne pas croire à la messe, en ont-ils moins de probité et d'honneur? La bonne foi est indépendante de toutes les religions, et un Turc doit être admis à déposer à Paris comme un Français à Constantinople.

Les canonistes mettent dans la classe des témoins suspects les excommuniés. On a heureusement oublié cette décision avec les querelles des papes et leurs vieilles prétentions.

Mais ce qu'on ne concevra jamais, c'est que les criminalistes ôtent la faculté de porter témoignage en justice aux mendiants, aux pauvres, aux prisonniers. Mais si le crime a été commis dans les prisons, s'il n'a été commis qu'en présence de ces malheureux que la dureté du gou-

vernement force à mendier leur subsistance;
mais si la justification d'un accusé ne peut sortir
que de la bouche de ces mendiants, étoufferez-
vous leurs cris et laisserez-vous périr l'innocent
sur la déposition de deux témoins subornés,
mais non encore flétris?

S'il est dans la société des êtres que la cruauté
raffinée des hommes ait cherché à avilir, à
anéantir même, s'il eût été possible, ce sont les
esclaves. Les Romains les regardant comme
nuls, comme indignes d'exister, ne leur per-
mirent jamais de pouvoir élever la voix contre
un citoyen romain. C'était peut-être un bien dans
ces temps heureux de la république romaine, où
la politique devait imprimer dans tous les cœurs
une haute idée de la supériorité du nom romain [1].

[1] A Rome les esclaves ne pouvaient déposer contre
leur maître. On ne croyait pas qu'ils eussent une existence civile.

«Auguste établit que les esclaves de ceux qui auraient conspiré contre lui, seraient vendus au public,
afin qu'ils pussent déposer contre leur maître. On ne
doit rien négliger de ce qui mène à la découverte d'un
grand crime. Ainsi, dans un État où il y a des esclaves,
il est naturel qu'ils puissent être indicateurs; mais ils
ne sauraient être témoins.» (MONTESQUIEU, *Esprit des
Lois*, l. XII, ch. XV.)

On ne trouve pas beaucoup de philosophie dans cette
dernière décision.

Mais cet avilissement des esclaves est contre
le droit naturel, et il est inconcevable qu'un
monarque chrétien, que Louis XIV ait, dans son
ordonnance de 1685, défendu de tirer aucune
présomption, ni conjecture, ni adminicule de
preuves, de la déposition d'un nègre. Quoi! parce
que de pauvres Africains ont le malheur d'être
nés avec une couleur noire et de la laine sur la
tête, au lieu d'être blancs et d'avoir des cheveux;
parce que l'avarice européenne les achète comme
des meubles, pour les transplanter dans un autre
climat et les martyriser pour nos plaisirs, ils seront moins hommes, moins bien organisés,
moins probes, moins dignes de foi que les Européens ? S'il fallait rejeter le témoignage de
quelqu'un, je récuserais plutôt celui de ces cruels
Espagnols qui ont fait couler des fleuves de sang
dans le Nouveau-Monde, de ces avares Hollan-
dais qui mutilent, estropient leurs nègres pour
la moindre fantaisie. Entre l'opulent romain qui
faisait jeter ses esclaves dans ses étangs pour la
nourriture de ses poissons, et ces esclaves, je n'aurais jamais balancé. Le Romain n'était qu'un
monstre, et les esclaves étaient des hommes,
coupables sans doute, mais de n'avoir pas fait
servir leur maître même de pâture à la voracité
de ses lamproies.

Ne proscrivons donc point le témoignage des êtres que l'indigence force à nous servir, ou à qui la différence de climat donne une couleur différente. Olivâtres ou non, blancs ou plombés, esclaves ou libres, roturiers ou nobles, tous les hommes peuvent servir de témoins, parce que tous peuvent voir ou entendre, parce qu'entre la couleur et la sincérité il n'y a aucune analogie, parce qu'on n'est pas nécessairement Cartouche ou faux témoin pour être né sous la zone torride plutôt que sous la zone tempérée.

Tous les hommes peuvent déposer, mais leurs dépositions doivent avoir différents degrés d'importance en raison des circonstances. Ainsi, le témoin qu'on soupçonnera d'inimitié ou de partialité, dont la probité a été suspectée dans d'autres occasions, dont l'honneur est flétri, sera sans doute moins cru que l'honnête citoyen qui jouit dans la société d'une bonne réputation.

Rendons aux femmes la justice qu'on leur a pendant si long-temps refusée ; que la faiblesse de leur nervure, que la délicatesse de leur organisation, que mille autres raisons empêchent leur esprit de s'élever dans les sciences à ce haut degré où est parvenu le génie transcendant des hommes, est-ce une raison pour classer leur témoignage au-dessous du nôtre ? Sont-elles donc

moins vraies, moins sincères, parce qu'elles sont
plus délicates, plus légères, plus sensibles que
nous ? Non, la probité n'est pas comme le génie;
dans l'organisation, un menteur est aussi bien
organisé qu'un Voltaire.

S'il est quelques êtres dont on ne doive point
admettre les dépositions, ce sont sans doute celles
des frères contre leurs frères, des pères contre
leurs enfants, d'une femme contre son mari.
Quelque grand que soit le devoir social, il cède
et doit toujours céder au lien de la nature. Exiger
la déposition de ces personnes, serait une atrocité; et s'il se trouvait un tyran assez barbare
pour l'ordonner, le faux et le parjure deviendraient des vertus nécessaires [1].

C'est par une suite du grand respect qu'on portait au droit romain, qu'on a dans quelques Codes
défendu d'avoir égard aux dépositions des ser-
viteurs et domestiques. Faire une loi générale
sur cet article était une absurdité. Il vaut mieux

[1] Jamais les enfants ne peuvent servir de témoins
contre leurs pères. *Onde,* dit Murena, *si per aventura
accade fatto che da questi e non da altri testificar si debba
conviene, piu tosto rimaner impunito che per tali mezzi
castigato aprirsi strada à publico male. Fu male detto
Tiberio, allora che volendo inquirero contra Libone Druso,
commando che affrancati fossero i suoi servi per valersene
di testimoni.* (Dor. de giud.)

laisser à la prudence du juge le soin d'estimer la valeur des dépositions en raison des circonstances. C'est à lui de voir si le domestique a intérêt d'altérer la vérité pour ou contre son maître ; c'est à lui de combiner toutes les circonstances et d'en tirer la lumière ; mais il est impossible de poser une loi générale.

Je ne connais que quatre causes qui peuvent faire rejeter des dépositions : 1° Défectuosité d'organes. Un aveugle ne peut pas déposer de faits qui ne peuvent être saisis que par la vue. 2° Absence de la raison. Un furieux, un homme ivre, sont incapables par là de porter témoignage. 3° Raison de parenté. Ainsi la loi naturelle défend de recevoir le témoignage d'un père contre son enfant. 4° Parenté avec l'accusateur. L'impuberté ne peut pas être une raison décisive, non plus que la liaison avec le particulier accusé. Ces circonstances influent sans doute sur la valeur de la déposition, mais ne la détruisent pas.

Une bonne loi qui parut en Angleterre, fut celle qui défendit d'admettre le témoignage d'un Anglais contre un Écossais, *et vice versâ*. Cette loi était juste. L'antipathie des deux nations était poussée à un tel point qu'elle faisait violer les lois même les plus sacrées. On ne portera pas le même jugement sur une loi du même gouvernement, qui ôta aux bourreaux et aux chirurgiens la faculté de déposer. Encore une fois, on ne devient pas faux témoin pour manier le scalpel ou la corde.

De tous les exemples que nous avons cités, des différentes manières d'estimer le témoignage, que nous avons données, il résulte, 1° que la vraie mesure de la croyance qu'on doit à un témoin n'est que l'intérêt qu'il a de dire ou non la vérité, et cet intérêt, le juge seul peut l'apprécier; 2° qu'on ne doit rejeter les dépositions que de ceux qui peuvent avoir intérêt d'affaiblir la vérité; 3° qu'on ne doit récuser que les parents de l'accusateur et jamais ceux de l'accusé.

§ 3.

Nombre des témoins.

Le nombre des témoins suffisant pour faire condamner un homme, est fixé à deux dans tous les gouvernements. C'est la seule preuve qui ait un caractère légal, et qui porte l'empreinte de la certitude.

« Les lois, dit Montesquieu, qui font périr un homme sur la déposition d'un seul témoin, sont fatales à la liberté. La raison en exige deux, parce qu'un homme qui affirme et un accusé qui nie, font un partage, et il faut un tiers pour

le vider [1]. » Voilà la raison de la nature ; les jurisconsultes en donnent une autre tirée de la connaissance du cœur humain, c'est qu'un seul homme
peut être séduit, suborné, prévenu, égaré par
l'illusion de ses sens ; cependant deux hommes
également prévenus se trompent si souvent, et
croient avoir vu ce qu'ils n'ont point vu, surtout
quand les esprits sont échauffés, quand un en-
thousiasme de faction ou de religion fascine les
yeux. Il est d'ailleurs aussi facile aux hommes opulents de suborner deux. quatre, six témoins,
qu'un seul. Les mœurs sont aujourd'hui si corrompues, que le puissant suborneur n'est embarrassé que dans le choix des instruments de
son crime. Que d'exemples frappants d'erreurs
même commises par deux témoins, et qui ont
coûté la vie à bien des malheureux ! Ne frémit-
on pas quand on lit l'histoire des Sirven, de la
Pivardière, de Lebrun et de tant d'autres ? Quel
est le citoyen qui ne doit pas appréhender de
voir renouveler sur lui ces scènes affreuses !

Cependant, comme les crimes demeureraient
impunis si l'on introduisait dans les tribunaux ce
pyrrhonisme où jettent les erreurs de nos sens et
les vices du cœur humain, il faut s'en rapporter au
témoignage désintéressé, constant et uniforme de

---

[1] *Esprit des Lois*, l. XII, ch. III.

deux témoins non suspects , déposant du même fait, surtout lorsque le corps du délit est constaté.

On pense bien que le nombre des témoins suffisant doit varier en raison de leur qualité et des faits dont ils déposent, du crime dont on accuse un citoyen, de la peine. Si l'on accusait à Constantinople un particulier d'avoir une religion défendue , il ne faudrait pas s'en rapporter au témoignage de deux imans ou de deux particuliers. Ceux-ci sont trop ignorants, ceux-là trop intéressés à trouver des victimes. Plus le crime est important , plus il faut de témoins pour ôter la vie à un citoyen ; il faudrait plus de preuves que pour lui ôter sa liberté : il en faut moins pour le condamner à une peine pécuniaire. Les criminalistes pensent au contraire, qu'un témoin est d'autant plus croyable que le crime dont il dépose est plus atroce. Ils se fondent sur cette loi barbare, *in atrocissimis leviores conjecturæ sufficiunt.* Le nombre des témoins est donc en raison des circonstances. [1]

---

[1] Les crimes qui sont cachés, quoique atroces, ne peuvent être punis. La société ne porte point un œil curieux sur les actions secrètes des citoyens. C'était une mauvaise loi que celle de l'empereur Justinien, qui portait que les accusés du crime contre nature seraient punis sur la déposition d'un enfant. C'était ouvrir une porte bien large à la calomnie.

Il en est du nombre comme de la qualité des témoins. On peut fixer des principes généraux ; mais il est mille cas où il faut y déroger, et c'est à la prudence des juges qu'il faut laisser ce soin.

Farinacius prétend que deux témoins suspects équivalent à un témoin digne de foi, c'est-à-dire, que deux sources impures équivalent à une source pure, deux malades à un homme en santé ; c'est dire une absurdité.

Le même auteur prétend que, si de deux témoins il y en a un de suspect, et l'autre qui soit à l'abri de tout soupçon, alors la qualité de ce dernier supplée à l'inhabilité de l'autre, et il se fait une compensation entre eux. Avec ces compensations et ces calculs proportionnels, on fait monter Calas sur l'échafaud. Rien n'est plus ridicule, encore une fois, que de poser des principes généraux sur cette matière. Les criminalistes qui ont voulu tracer une méthode aux juges, se sont égarés ; ils ont spécifié quelques cas, et ils en ont laissé des milliers dans l'oubli ; ils n'ont pas même soulevé le coin du rideau qui nous cache la vérité ; ils ont voulu donner des règles pour concilier des témoins contraires, et ces règles sont sujettes à des exceptions infinies, et elles sont souvent erronées. J'en cite ici quelques exemples. Par exemple, Farinacius pose ce cas : « Si de deux témoins, l'un dépose que le défunt a été tué d'un coup d'épée, et que l'autre déclare que c'est d'un coup de poignard, il faut toujours condamner, parce qu'il est toujours vrai de dire que l'homicide a été commis par le fer. Si un troisième déposait qu'il a été commis avec une fourchette, on pourrait encore concilier cela, parce que le crime a été commis par le fer. »

Autre principe. « Pour l'estimation de la preuve testimoniale, il faut considérer le nombre des témoins lorsqu'il y en a qui sont contraires de part et d'autre, et préférer le plus grand au plus petit. »

Jamais le nombre ne doit décider alors. Si dix témoins déposent que j'ai tué un homme, que douze déposent que je ne l'ai pas tué, que j'étais ailleurs au moment même de l'homicide, on me croira innocent, et j'aurai payé chèrement douze faux témoins. De plusieurs témoins déposant contradictoirement, il y en a sûrement, ou qui sont dans l'erreur, ou qui déposent à faux. Or, peut-on reconnaître au nombre l'évidence ? Six peuvent se tromper comme quatre, six peuvent être subornés comme quatre ; quel parti prendre alors ? Aucun : dire comme les Romains, *non liquet*.

Julius Clarus dit que « dans une contrariété de témoins les riches doivent être préférés aux pauvres. » Règle absurde et dangereuse; absurde, parce que, pour n'avoir pas cent mille écus de rente comme un financier parvenu, on n'en est pas moins honnête homme; absurde, parce que la mauvaise foi et la corruption suivent d'aussi près le faste des richesses que la médiocrité ou l'indigence; dangereuse, parce qu'elle rend les hommes opulents maîtres de la vie des malheureux.

Le même auteur prétend que les témoins qui déposent les choses les plus conformes au droit commun et à ce qui arrive le plus ordinairement, doivent être préférés aux autres.

Quel rapport peut-il donc y avoir entre les rêveries de Tribonien et un fait qui arrive dix-sept siècles après lui? L'imposture en sera-t-elle moins imposture pour être conforme au droit commun, et un crime cessera-t-il d'exister parce qu'il sera contraire à ce qui arrive ordinairement?

Autre règle. « Les témoins d'un âge mûr doivent être préférés aux jeunes. » La vérité n'est-elle pas au contraire l'apanage de la jeunesse, trop franche pour dissimuler long-temps, trop novice pour combiner et soutenir avec audace un

roman, pour faire perdre la vie à son semblable ?
Veritas ex ore infantium ?

Autre. « Les témoins éclairés doivent être préférés aux ignorants. » Principe encore faux. Un
homme éclairé peut être un scélérat, un faux
témoin. En général, et l'on a prouvé ce fait, si
les mœurs sont corrompues, c'est parmi les gens
riches. Le peuple attaché à la religion a encore
une certaine horreur pour les faux témoignages.
Il n'a pas d'ailleurs, comme l'homme du monde,
assez de réflexion et d'esprit pour soutenir un
mensonge.

On doit juger par les exemples rapportés ci-
dessus, combien toutes les maximes posées par
les jurisconsultes pour l'estimation de la preuve
testimoniale, sont fausses et erronées. Elles ont
coûté et coûteront la vie à une infinité de malheureux ; il vaut donc mieux n'en point poser,
de peur d'induire les juges en erreur. Qu'un
juge ait du bon sens et de l'humanité, il n'a pas
besoin d'autres lumières pour juger ses semblables [1]. Je ne la regarde pas moins comme la

[1] Si l'on vous fait un procès dont dépend votre vie,
qu'on mette d'un côté les compilations des Bartole, des
Cujas, etc., que de l'autre on vous présente des juges
peu savants, mais que ce soient des vieillards exempts
des passions qui corrompent le cœur, au-dessus du

preuve la plus sûre, malgré l'impossibilité de
fixer des principes invariables sur ses effets ; je
n'ignore point toutes les objections qu'on a faites
contre sa valeur intrinsèque ; je n'ignore point
que la déposition des témoins, malheureusement,
égare trop souvent les juges qui la suivent avec
trop de confiance.

Un écrivain qui, dans des observations sur la
civilisation, a voulu décrier toutes les preuves
employées, ajoute encore à ces dernières paroles
que nous avons empruntées de lui : « Tant de gens
ont entendu ce qui n'a jamais été dit, ont vu ce
qui ne s'est jamais fait, que la déposition de deux
témoins qui déclarent avoir vu ou avoir entendu,
devrait peut-être avoir moins de force aux yeux
d'un juge, qu'un concours de contradictions,
de mensonges, dans lesquels s'embarrasse un
accusé, etc. »

L'histoire qu'il rapporte d'un bûcheron qu'on
accusa d'un assassinat qu'il n'avait pas commis,
condamné d'abord sur la déposition de deux témoins qui avaient vu, paraît au premier coup

besoin qui l'avilit, etc. Dites-moi par qui vous choisirez
d'être jugé, ou par cette foule de babillards orgueilleux
aussi intéressés qu'inintelligibles, ou par vingt ignorants
respectables ? (*Prix de la justice et de l'humanité.*)

Remarquez que Servan et Le Trosne penchent aussi
vers cette opinion.

d'œil rendre suspecte la validité de la preuve testimoniale; mais ne jugeons pas si précipitamment. D'abord, pour un innocent condamné sur de fausses dépositions, j'en nommerai vingt condamnés sur la preuve d'indices moraux et physiques, que cet écrivain veut lui préférer. L'histoire du postillon, qu'il rapporte ensuite, a été bien plus d'une fois répétée. D'ailleurs, quand je recommande la preuve par témoins [1], j'en-

---

1 Un particulier attaqué à minuit dans un grand chemin, frappé d'un coup de fusil, déclare en mourant qu'il croit que son assassin était un homme qu'il désigna, parce qu'il avait cru reconnaître la voix de cet homme qui lui avait demandé qui il était, pour mieux ajuster son coup. Sur cette déclaration, le particulier est arrêté : une fille entendue comme témoin déclare avoir reconnu la même voix. Sur cette déposition on condamne l'accusé à mort, et préliminairement à la question. Il s'y présente avec fermeté. Son juge, en le tutoyant, lui demande le nom de ses complices. Il répond qu'il n'en a point, puisqu'il est innocent. On le traîne au supplice; sur l'échafaud il proteste de nouveau de son innocence, et meurt avec tranquillité. Croirait-on bien que ce rapporteur, revenant en triomphe de cette expédition, se félicitait d'avoir condamné ce malheureux à mort? Il intitulait *preuve complète* la réunion de deux faits qui n'avaient pas même la fausse apparence des indices; car d'abord peut-on regarder comme une preuve la déclaration d'un mourant? Cet infortuné, au milieu des ombres de la nuit, au sein de l'effroi que devait lui causer la question terrible qu'un

tends parler de dépositions claires, positives,
désintéressées, répétées à la confrontation, dé-
gagées de toute équivoque, de tout louche : or,
les dépositions des deux témoins qui accusaient
le bûcheron avaient-elles tous ces caractères ?
Non sans doute, elles étaient équivoques, incertaines, malgré l'air d'assurance qui les dictait.
C'est aux juges à suppléer aux défauts des dé-

inconnu lui faisait, était-il assez maître de ses organes
pour reconnaître sûrement la voix du questionneur ? Son
esprit n'était-il pas préoccupé contre celui qu'il soup-
çonnait ? Enfin l'assassin, pour se mettre en sûreté lui-
même, ne pouvait-il contrefaire sa voix ? En supposant
que ces présomptions dussent être comptées pour quelque chose, ne devaient-elles pas dans la balance être
emportées par la preuve morale que présentait la conduite ferme de l'accusé, conduite qui avait tous les
caractères de l'innocence ? Si cette preuve morale n'é-
tait pas suffisante pour le faire déclarer innocent, au
moins elle l'était pour faire ordonner un plus amplement informé. La plupart des juges qui avaient sous-
crit à cet étrange jugement étaient de cet avis, après
lui avoir vu soutenir la question sans effet ; mais une
fausse honte les empêcha de revenir sur leurs pas
comme si l'on se déshonorait en rétractant une injustice causée par une erreur. Ceux d'entre eux qui existent encore et qui me liront, frémiront peut-être ; mais
si le mot glaçant du farouche Mahomet, *il est donc
des remords,* ne fait aucune impression sur eux, il faut
l'avouer, l'asile de la sûreté n'est plus qu'au sein des
forêts, et le fusil bandé d'un assassin doit moins effrayer
que l'air riant d'un magistrat ignorant et présomptueux.

positions, à les peser, à les éclaircir. Un particulier dépose avoir vu un homme en assassiner
un autre au clair de la lune ; et le soir qu'il dé-
nomma, il n'y avait point de lune. Un autre pré-
tendait avoir été témoin sur une hauteur d'un
vol commis dans les environs ; le juge se trans-
porte sur les lieux, et voit l'impossibilité physique de la chose ; voilà la marche que doivent
suivre les juges pour éclaircir les dépositions.
Mais quand une fois elles ont passé au creuset d'un
long examen, elles sont valides, et l'on peut asseoir sur elles la condamnation d'un accusé. Telle
est la faiblesse de nos lois et de notre esprit :
peut-être, malgré toutes ces précautions, l'innocent subira-t-il quelquefois le sort d'un coupable. Mais doit-on rejeter l'inoculation, parce que
sur cent inoculés la combinaison de quelques
circonstances malheureuses en peut faire périr
un, et vaut-il mieux laisser le fléau de la petite
vérole exercer ses ravages, enlever deux malades
sur dix? Voilà pourtant ce que proposent les
calculateurs qui préfèrent la preuve morale à la
preuve par témoins. Observez en outre, qu'en
supposant dans notre système les juges égarés
par une preuve testimoniale, au moins les conséquences n'en seront pas si funestes que dans l'o-
pinion de nos adversaires.

Enfin les lois anglaises, qui méritent d'être
suivies sur cet article comme sur bien d'autres,
malgré les déclamations de quelques écrivains,
ne regardent comme preuve légale que la preuve
par témoins, et en demandent au moins deux pour
asseoir une condamnation. Toute autre preuve
est rejetée, sans qu'on voie dans ce pays plus de
criminels échapper à la peine. C'est l'esprit républicain qui a dicté cette disposition sage ; le
despotisme caché de ses monarques a voulu quelquefois s'en écarter. Ainsi l'on a arrêté que, si
un homme présumé coupable de ce qu'on appelle
crime de haute trahison, avait trouvé le moyen
d'écarter les témoins, de sorte qu'il fût impossible
de le faire condamner, on pourrait porter contre
lui un bill particulier d'*atteinder*, c'est-à-dire faire
une loi singulière sur sa personne. On y procède comme pour les autres bills. Il est proposé
dans les deux chambres ; mais dans cette ressource même du despotisme, on a ménagé les
droits du citoyen ; car l'accusé peut faire parler
ses avocats contre le bill.

SECTION III.

Preuve littérale.

Cette preuve est celle qui est fondée sur l'examen ou inspection d'un écrit prétendu signé

de la main d'un accusé, qui tend à prouver directement un crime.

Les jurisconsultes pensent que, pour que cette preuve soit valide, il faut 1° que l'écrit constate le crime; 2° qu'il soit reconnu par l'accusé.

Ces écrits sont ou imprimés, ou simplement secrets. Dans le premier cas, il n'est presque pas possible de reconnaître le véritable auteur d'un livre : son nom mis à la tête ne peut servir de preuve. Les pirates affamés, qui souillent la littérature, ont tant de fois volé le nom des auteurs célèbres pour donner la vogue à leurs infâmes productions, qu'on ne peut jamais condamner un homme sur le seul prétexte que son nom paraît à la tête d'un ouvrage. Rousseau avait donc raison sur la forme, quand il s'éleva contre l'arrêt qui condamna le livre d'Émile [1].

Lorsqu'il s'agit d'un écrit secret, ou cet écrit est une lettre d'un ami à un ami, où il déve-

[1] On doit se souvenir que les partisans du duc de Guise se servirent d'une singulière ruse pour perdre le prince de Condé, chef du parti protestant. On laissa courir dans le public des médailles qui le représentaient avec la couronne et le titre de roi; et quand on lui fit son procès, elles furent produites comme des preuves de félonie. D'où l'on peut conclure que, soit dans les tribunaux, soit dans l'histoire, il faut se défier de ces monuments.

loppe un projet criminel ; ou c'est un écrit fait
pour l'auteur lui-même renfermé dans son cabinet. Dans le premier cas, jamais de pareilles
lettres ne peuvent former de preuves : malheur
à la nation où l'on oserait violer la confiance
publique et abuser d'une effusion de cœur faite
dans une lettre! Le despotisme serait à son comble,
les délations se multiplieraient ; il n'y aurait pas
moins de scélérats, mais il y aurait plus de tar-
tufes, et moins de bonne foi [1].

Lorsqu'on arrêta le jésuite Guignard, on saisit
dans son cabinet quantité d'écrits séditieux. Guignard n'était point coupable jusque-là; mais ce
factieux avait prêché partout la rébellion, il
avait joint la pratique à la théorie, aux maximes
pernicieuses l'exemple plus pernicieux encore ; il
méritait d'être puni.

Il est des pays où l'on condamne des hommes, parce que dans l'ombre du cabinet ils ont
développé des principes nouveaux ou fabriqué
des écrits où l'on renverse les préjugés, où les

[1] Ainsi il faut regarder comme une des plus grandes
atteintes données à la constitution anglaise, l'ordre
donné par les ministres d'arrêter, lors de la sédition
arrivée à Londres, en 1780, les lettres de lord Gordon,
sur le prétexte qu'ils n'avaient pas de preuves complètes contre lui, fallait-il s'en procurer en violant ainsi
un dépôt mis sous la garde de la foi publique?

ministres, les rois même sont outragés. On leur
ôte la liberté, et quelquefois la vie : pourquoi
donc punir, tandis que le crime n'existe pas ?
Le crime est une action préjudiciable aux intérêts
de la société ; il n'y a point de mal, puisque le
fait est secret et n'est pas connu ; prévenez, mais
ne punissez pas le crime à naître.

Il n'est qu'un cas où un écrit puisse faire preuve :
c'est lorsqu'il s'agit d'une lettre outrageante,
écrite par un particulier à un autre particulier,
où ce dernier est insulté, calomnié : il est convaincu, s'il avoue sa signature ; mais s'il ne l'a-
voue pas, quel parti prendre ? Avoir recours à
la preuve équivoque et toujours incertaine de
la comparaison d'écritures, mais il y a tant de
contradiction entre les experts, leurs principes
sont si variables, leur art si conjectural, si chimérique ! On a vu huit experts déclarer qu'une
écriture n'était pas de la main de l'accusé qui la re-
connut pour être de lui. La trop célèbre affaire
des billets argués de faux d'un seigneur de France
avec sa parente n'a-t-elle pas encore découvert
l'impuissance des experts en écriture ; et malgré
leurs décisions, le problème qui a si long-temps
occupé la France et son premier tribunal, n'est-
il pas toujours à résoudre ? On pourrait citer
mille autres exemples.

Les rédacteurs de l'ordonnance de 1670, n'o-
sèrent pas insérer un article qui portait que sur
la seule déposition des experts il ne pourrait
jamais intervenir condamnation de peine afflictive ou infamante. Ils craignirent de multiplier
et enhardir les faussaires, ils multiplièrent les
tristes bévues des juges, qui depuis s'en sont
souvent rapportés à cette ridicule preuve de la
comparaison d'écritures.

SECTION IV.

Preuve par experts.

La preuve par experts s'emploie pour constater un délit dont il reste des vestiges. Cette preuve
s'établit par l'inspection et l'examen qui se fait
des lieux, des personnes ou des actes, comme
dans le cas d'une effraction, d'un meurtre. On
choisit ordinairement les experts parmi les médecins et chirurgiens. Il faut que leur rapport
soit fait : 1° immédiatement après le délit commis,
parce qu'autrement les traces s'altèrent et se
perdent ; 2° que les rapports soient faits à la
charge comme à la décharge de l'accusé ; 3° que
ces rapports fassent mention, dans le cas de
blessure ou d'homicide, du nombre, de la quantité de blessures, de leur profondeur, largeur.

de l'instrument avec lequel le mal a été fait; en un mot, il faut qu'ils contiennent toutes les circonstances qui peuvent servir à la preuve du fait. En suivant encore toutes ces précautions, que d'erreurs ne commettent pas les experts! On en a vu tant d'exemples qu'il est imprudent de regarder un procès-verbal comme une preuve infaillible du corps du délit.

Un service essentiel à rendre à la société, s'il était possible, serait de donner une liste certaine des crimes [1] dont il est facile ou impossible d'ac-

[1] Il est beaucoup de crimes dont après la mort il est très difficile d'acquérir des preuves. Telle est celle occasionnée par le poison. Un jeune médecin, le Dr Doublet, de Chartres, plein d'ardeur pour la recherche de la vérité de son art, a prouvé, dans une thèse soutenue dans les écoles de Paris, le 4 décembre 1777, que la certitude physique du poison était difficilement acquise après la mort. Ce n'est qu'en tremblant que, cette thèse à la main, l'on parcourt les fastes terribles de Thémis, et qu'on voit tant de sang versé sur la présomption de cette certitude qui n'existait pas.

Je saisis cette occasion pour rendre hommage aux connaissances de ce médecin, mon compatriote, qui, contre l'usage de la très salubre Faculté, m'a paru beaucoup pyrrhonien dans son art. Sa thèse a pour titre : *An post mortem veneni certitudo difficile comparanda ?*

Quidquid allaboraverunt medici in statuendâ venenorum actione, pauca detexerunt. Difficilis est intricata illorum post mortem cognitio. Il prouve l'incertitude des signes du poison par l'analogie de leurs effets avec certains aliments,

quérir la preuve physique, et de fixer ensuite
une règle invariable, avec laquelle les experts
pussent discerner les lueurs trompeuses de l'apparence des rayons de la vérité. Mais peut-on
espérer de parvenir à ce point, lorsqu'on voit
les plus célèbres médecins et chirurgiens [1] an-

certains remèdes qui, suivant les circonstances et les tem-
péraments, se tournent en poison, par l'analogie des
symptômes des poisons soit caustiques, soit narcotiques,
soit spécifiques, avec les symptômes de plusieurs maladies. Veut-on fouiller dans les viscères pour y découvrir le poison ? Les difficultés augmentent. Il en est, tels
que les poisons narcotiques, qui ne laissent après eux
aucun vestige; il en est d'autres qui en laissent, mais
ils sont si peu semblables dans plusieurs individus qui
en auraient pris, ils produisent des effets si différents,
qu'ils sont difficiles à caractériser et à saisir. Supposez
dix hommes empoisonnés de même : l'un aura une in-
flammation, les poumons de l'autre seront seuls affectés,
dans un autre ce sera la vessie; enfin tous les effets
produits par le poison, le sont par la plupart des maladies inflammatoires. D'où il résulte qu'il est très difficile d'acquérir après la mort la certitude physique du
poison.

[1] Les médecins et chirurgiens qui sont chargés de
constater un crime, devraient suivre les principes que
leur trace le docteur Louis, dans sa consultation sur la
fameuse affaire de Monbailly.

« Constater un délit, et porter un jugement certain
sur sa nature, c'est une fonction d'autant plus délicate
que les circonstances peuvent le rendre plus difficile.
On sait en général que les apparences sont trompeuses.

noncer que les *signes capables de déterminer les décisions se présentent très souvent sous un aspect*

et qu'on ne peut être trop en garde sur les motifs de décision, puisque les signes capables de la déterminer se présentent très souvent sous un aspect illusoire. Si, suivant le vœu des ordonnances dictées par la raison, il faut des preuves plus claires que le jour pour assurer qu'un homme a commis un crime capital, ceux au savoir desquels on s'en rapporte pour certifier la nature du délit ne doivent pas prononcer affirmativement sur des signes moins évidents. »

En lisant un autre mémoire de ce docteur, sur une question relative à la jurisprudence, et publié en 1763, on voit combien il est difficile de déterminer les signes de la mort, de distinguer son genre, le suicide de l'homicide. La malheureuse affaire de Calas occasionna ce mémoire. L'auteur le composa, dit-il, pour empêcher que dans une autre occasion, par un fatal enchaînement de circonstances, la mort d'un homme trouvé pendu ne pût être imputée à ceux que le hasard aurait fait rencontrer dans les lieux où le délit se serait commis à leur insu. C'est dans cette vue patriotique qu'il assigne avec soin les signes de l'étranglement volontaire ou de celui qui est forcé. Le rapprochement de l'instrument avec la partie du cou, la dissection de ce cou, l'examen de l'intérieur du cadavre, feront connaître au chirurgien rapporteur les marques qui distinguent le suicide de l'assassinat. « C'est ce rapport, dit-il, qui constate la nature du délit, et il y a des circonstances dont les suites peuvent être si terribles qu'on ne peut trop apporter de circonspection dans ce premier jugement, qui devient souvent la règle unique de l'application des lois vengeresses des crimes... L'examen des lieux, de la

illusoire; lorsque les fastes de la médecine légale fourmillent de preuves trop claires de l'impuissance de ses docteurs, bien propres à redoubler le pyrrhonisme du philosophe ? Rappellerai-je encore les noms à jamais fameux de Calas et de Monbailly ? Oui, messieurs, ne cessons pas de les redire, puisque l'ignorance ne cesse de produire tous les jours une foule de charlatans présomptueux, qui ne jurent que par l'évidence, métamorphosent un homicide en suicide, qui prennent pour les résultats du poison le résultat d'un jeu de la nature; en un mot, qui, voyant mal, interprétant mal, conduisent avec quelques mots grecs un innocent à l'échafaud.

Cessons donc, cessons d'être barbares, osons douter; et, appréciant la preuve par experts à sa

position du corps, de la nature des moyens, servira quelquefois à diriger le chirurgien dans son jugement particulier, dont la règle essentielle, commune à toute espèce de raisonnement, est de ne pas conclure affirmativement d'après les choses simplement possibles, et de ne pas établir sur des témoignages équivoques des points de faits dont l'impossibilité serait démontrée à un homme plus éclairé ou plus attentif. »

Tous les chirurgiens, tous les juges appelés pour un rapport, devraient avoir ce mémoire dans la main et gravé dans l'esprit; ils ne commettraient pas si souvent des erreurs dont les conséquences sont si funestes aux citoyens.

juste valeur, ne la regardons au moins, dans tous les cas douteux, et c'est le plus grand nombre, que comme une probabilité, mais jamais comme une preuve. Croyons que nous avons très peu de preuves suffisantes pour constater la cause de la mort; croyons qu'il n'en est point pour assurer l'identité d'un cadavre déterré long-temps après sa mort, avec une personne qui a disparu [1].

[1] On a vu cependant des juges condamner un accusé sur une simple identité imaginaire; et comme ce fait se rencontre souvent, le discours suivant pourra leur servir de leçon. Un Anglais, appelé Azam, accusé d'avoir assassiné et enterré dans une grotte un de ses ennemis qui avait disparu, à qui l'on n'objectait que cette preuve de l'identité, tint à ses juges un discours très sensé qui, suivant l'ordinaire, ne fut point écouté. Il m'a paru frappant, je l'ai traduit.

« Clark (nom de cet ennemi) a disparu, donc il a été tué, disent mes accusateurs... Mais, milord, cette conséquence est-elle juste? Des conclusions de cette espèce sont-elles infaillibles? Le doute qui résulte de circonstances pareilles est trop bien fondé, trop évident pour avoir besoin d'être éclairci. Cependant permettez-moi de rappeler un seul exemple très récent. Au mois de juillet 1757, Guillaume Thompson s'échappa en plein jour de ce château, malgré la vigilance des gardes et la double chaîne dont il était chargé. En vain on fit sur-le-champ les plus exactes recherches; en vain on publia un grand nombre d'avertissements, on n'en a jamais entendu parler. Si Thompson a pu

SECTION V.

Indices, présomptions, etc.

Nous voilà parvenus à l'examen de cette preuve si trompeuse, si fatale à la plupart des accusés,

vaincre tant d'obtacles et dérober sa fuite à tous les yeux, à plus forte raison, Clark, dont rien n'empêchait l'évasion, a-t-il pu disparaître à jamais. Cependant, sur quel fondement commencerait-on des poursuites contre ceux qui ont été vus les derniers avec Thompson?

« Permettez encore, milord, que je fasse quelques observations sur les ossements qui ont été découverts; on dit, et peut-être est-ce déjà plus qu'on ne saurait prouver, que c'est la tête d'un homme. Il est possible à la vérité que cela soit; mais y a-t-il un signe certain auquel on puisse reconnaître le sexe de ce squelette? Et voyez, milord, si avant de décider que les ossements trouvés sont ceux d'un homme, et en particulier de Clark, il n'est pas essentiel d'employer quelques moyens pour s'assurer de la possibilité d'en distinguer le sexe.

« Le lieu où ils ont été déposés mérite encore plus d'attention qu'on n'y en porte ordinairement; car de tous les endroits, personne n'en aurait pu citer un où il aurait été plus assuré de trouver des ossements humains qu'un ermitage, si ce n'est un cimetière. On sait qu'au temps passé les ermitages étaient non-seulement des retraites sacrées, mais encore des lieux d'enterrement, et l'on n'en a jamais ou presque jamais fait mention sans apprendre que chaque cellule contenait ou avait contenu de ces restes de l'humanité, mutilés ou entiers. Je ne veux point apprendre à votre seigneurie, mais lui rappeler que c'était la résidence d'ermites ou

que les jurisconsultes ont classée sous le nom
d'*indices*, de *présomptions*, etc. En parcourant
cette matière, les doutes semblent croître à
chaque pas; incertitude sur la nature des indices;
incertitude sur le nombre, la qualité qu'ils doi-

d'anachorètes qui espéraient y trouver pour leurs dé-
pouilles mortelles, après leur décès, le repos dont ils
avaient joui pendant leur vie.

«Je sens très bien, milord, que tout cela est connu
à votre seigneurie et à plusieurs membres de la cour
mieux qu'à moi; mais il paraît essentiel à ma défense
que ceux qui n'ont pas fait du tout attention à des
choses de cette nature, et qui sont intéressés à mes
interrogatoires, en soient instruits. Souffrez donc, milord, que je rapporte quelques-unes des preuves nom-
breuses pour lesquelles on peut être convaincu que ces
cellules servaient de sépulture aux morts, et qu'on y
a trouvé des ossements humains comme dans celle en
question, de peur qu'un événement très simple ne leur
paraisse extraordinaire et ne nourrisse plus long-temps
leur prévention. »

Après avoir fait connaître cinq ou six de ces exemples
d'ossements trouvés dans des ermitages, et observé
que les lieux consacrés aujourd'hui aux sépultures ne
datent que depuis quelques siècles, Azam continue ainsi:
«Une autre circonstance paraît surtout demander l'attention de votre seigneurie et des juges qui composent
ce tribunal; savoir, qu'il n'y a peut-être pas d'exemple
qu'on ait trouvé plus d'un cadavre dans une de ces
cellules; et, dans celle dont il s'agit, on n'en a trouvé
qu'un non plus : ce qui est conforme à cette particula-
rité connue dans toute l'Angleterre. Ce n'est donc pas
la découverte d'un squelette, mais celle de deux, qui

vent avoir pour constituer une preuve ; incertitude enfin sur le degré de force que peut avoir
cette preuve. Ramassez toutes les opinions,
comparez tous les criminalistes ; vous ne verrez
dans les uns que des distinctions interminables ;
dans les autres, qu'une variation désespérante ;
dans les derniers, qu'un ton affirmatif et conséquemment ignorant. A la place de leurs doctes
atrocités qui doivent être anéanties, qu'on me
permette de substituer un passage qui vaut seul
toutes les dissertations des criminalistes sur cet
article ; ce qui n'est pas étonnant. Mais ce qui
l'est infiniment, c'est qu'il a été écrit dans un
siècle ignorant et par Charlemagne :

*Nullus quemquam ante justum judicium damnet,
nullum suspicionis arbitrio judicet. Non enim qui*

eût été rare et qui aurait dû inspirer des soupçons. Par
conséquent, milord, on peut regarder comme impossible le dessein de prouver que les ossements que l'on
m'oppose sont ceux de Clark, surtout lorsqu'il est quelquefois d'une difficulté extrême de constater la personne
même des vivants, comme on l'a vu dans Perkin War-
beck, Lambert Simnel en Angleterre, et dans don Sé-
bastien chez l'étranger (en Portugal). J'espère encore
qu'on fera attention ici, où les *Gentlemen* croient avec
réserve, pensent avec raison et décident avec humanité, à l'importance d'assigner la personnalité à ces os,
dont la connaissance ne peut être réservée qu'à celui
qui voit tout et qui sait tout. »

accusatur, sed qui convincitur, reus est ; pessimum namque et periculosum est quemquam de suspicione damnare. In ambiguis Dei judicio reservetur sententia. Quod certè agnoscunt, suo ; quod nesciunt, divino reservetur judicio [1].

Ce passage, plein de sentences admirables, devrait être gravé sur un tableau toujours exposé aux yeux des juges. En le méditant, ils apprendraient l'art si difficile d'adopter un sage pyrrhonisme ; ils apprendraient à ne pas regarder les indices comme une preuve suffisante pour constater un crime et condamner un accusé ; ils ne seraient pas si empressés à multiplier les exemples frappants d'iniquité qu'a fait commettre à leurs prédécesseurs cette preuve erronée. Effrayés, d'un côté, par la liste nombreuse des martyrs de la précipitation des juges, et déterminés d'ailleurs à n'écouter que le langage de l'évidence, ils seraient moins sanguinaires en étant plus circonspects. Alors, du sang versé si cruellement sur les échafauds dans les siècles passés, sortirait un rayon de lumière qui éclairerait tous les tribunaux. Tout se réunit pour condamner à jamais cette preuve trop suspecte des indices, la loi naturelle, la raison, l'expérience surtout. Combien de victimes innocentes

[1] *Cap. Car. Mag.,* 1, 7, c. 186.

ont en effet succombé sous un amas fatal de circonstances assemblées par le hasard, que la prévention n'appela d'abord que présomptions,
pour les ériger ensuite en preuves concluantes [1] !

[1] Pendant la nuit, une femme est maltraitée par son
époux; elle crie au meurtre, à l'assassinat, et ses
plaintes sont entendues dans le voisinage. Le trouble
et l'agitation du mari, du sang répandu, le four qui
fume encore, la femme qu'on cherche en vain; que
d'indices! Ce n'est pas tout; le mari appliqué à la question avoue qu'il a fait mourir sa femme. On le condamne à mort. Il allait être exécuté, sa femme se re-
présente. Elle avait disparu avec son amant.........
(CHARONDAS, liv. IX, n° 1).

—Jean Prouste, qui demeurait à Paris, dans la maison
d'un boulanger, est trouvé assassiné. Le boulanger, sur
une multitude de faux indices, est réputé l'auteur de
sa mort; il subit la question ordinaire et extraordinaire.
Peu de temps après, les vrais meurtriers sont pris, et
avouent leur forfait.

— Un homme qui avait projeté de se défaire de son
ennemi, va chercher secrètement chez le curé sa soutane et son collet. Ainsi déguisé, il court exécuter l'assassinat, remet aussitôt l'habit sacerdotal où il l'a pris,
et dénonce l'ecclésiastique, en assurant qu'il l'a vu
commettre le crime. On fait une visite, la soutane se
trouve ensanglantée, et l'on condamne le curé.

— Qui ne connaît pas la fameuse cause de la dame de
la Pivardière, rapportée par d'Aguesseau (tom. IV),
celui de Lebrun, de Langlade, de Monbailly, de Calas? Pouvait-on condamner Monbailly sur un rapport
équivoque de médecin, sur des débats entre lui et sa
mère, sur des traces de mort qui désignaient bien la

Outre ces exemples si répétés d'erreurs funestes aux accusés, où la lueur faible des indices

mort, mais non pas un coupable? N'est-ce pas se jouer
de la vie des hommes que la leur ôter sur de si légères
présomptions? Cette condamnation fut l'effet de la
prévention. Pour s'en garantir, les juges devraient
bien approfondir ce superbe morceau de d'Aguesseau.
«Souvent, disait-il, une première impression peut décider de la vie et de la mort. Un amas fatal de circonstances qu'on dirait que la fortune a rassemblées exprès
pour faire périr un malheureux, une foule de témoins
muets et par-là plus redoutables, déposent contre l'innocence; le juge se prévient, l'indignation s'allume, et
son zèle même le séduit; moins juge qu'accusateur, il
ne voit que ce qui sert à condamner, et il sacrifie aux
raisonnements humains celui qu'il aurait sauvé, s'il
n'avait admis que les preuves de la loi. Un événement
imprévu fait quelquefois éclater dans la suite l'innocence
accablée sous le poids des conjectures, et dément les
indices trompeurs dont la fausse lumière avait ébloui
l'esprit du magistrat. La vérité sort du nuage de la vraisemblance, mais elle en sort trop tard; le sang de l'innocent demande vengeance contre la prévention de son
juge, et le magistrat est réduit à pleurer toute sa vie
un malheur que son repentir ne peut réparer.»

Jousse donne cet exemple d'indices qui, réunis, forment une preuve complète. Une femme est trouvée
morte dans le lit de son mari qui a passé la nuit avec
elle : si le mari, dans cette circonstance, prend la fuite,
qu'il y ait eu auparavant des menaces de sa part, qu'avec
cela il soit dans l'usage de maltraiter sa femme, et que
la voix publique l'accuse de ce meurtre, alors on peut
regarder le mari comme auteur de ce meurtre.

a précipité les juges, mille raisons ne s'élèvent-
elles pas pour faire proscrire la preuve équivoque qu'on en tire; d'abord qu'est-ce qu'un
indice ? combien y en a-t-il ? à quel nombre se
doivent-ils monter pour former une preuve ?
sur quoi sont-ils fondés. etc., etc. ? On multi-
plierait les questions à l'infini, et pas une n'est
encore véritablement résolue.

Adoptera-t-on la définition erronée des indices
donnée par tous les jurisconsultes ? Ils appellent
indices tous les faits particuliers qui marquent
qu'une chose *a été faite,* et par le moyen desquels *on peut parvenir* à la connaissance de la
chose qu'on veut découvrir. Les indices marquent
qu'une chose a été faite, comme le système de
Ptolémée marque le vrai cours de l'univers céleste. Un crime n'est qu'un hiéroglyphe. Pour
avoir trouvé une clef probable, est-on certain
d'avoir trouvé la véritable ? Ainsi, un faisceau
d'indices marque qu'une chose a pu être faite,
mais non pas qu'elle a été infailliblement faite.

Quoi! si ce n'est pas un meurtre, si cette femme est
morte subitement, ou si un étranger a causé cet assassinat, qu'importe la fuite ou les menaces du mari? Il a
raison de fuir, parce qu'il y a des indices contre lui,
et que des indices suffisent en France pour faire condamner un homme.

Ainsi, par le canal de ces indices on parvient quelquefois à saisir la vérité, mais on ne la saisit pas toujours infailliblement. On est toujours plus près de la vraisemblance que de la vérité, et la vraisemblance n'est point une démonstration judiciaire.

Un indice ne pourrait prouver qu'autant qu'il aurait une liaison intime et nécessaire avec le fait principal. On connaît les causes par les effets, mais c'est lorsque ces effets ne peuvent découler que de la cause à laquelle on les attribue. Lors donc qu'il est possible que plusieurs causes différentes aient produit un effet, n'est-il pas déraisonnable alors d'affirmer iufailliblement l'origine de cet effet ? Que Newton ait deviné le profond système de l'attraction, le sage dit : cette hypothèse est vraisemblable, l'enthousiaste ou l'ignorant s'écrient que les vrais criminalistes ressemblent à ce dernier. Mais au moins, son opinion est indifférente au bien ou au mal, parce qu'elle ne fait point verser de sang ; parce que, hors l'ancienne capitale de l'univers, on ne condamne point un homme à périr pour ne pas croire au mouvement des astres en raison inverse du quarré de leur distance.

La preuve qu'on tire des indices est encore plus conjecturale ; car il y a moins de rapport

entre une épée qui m'appartient et un homme
qu'on trouve assassiné, qu'entre le mouvement
régulier des astres et une loi calculée, dont les
conditions cadrent dans une précision étonnante
avec le mouvement de l'univers.

Un indice n'est donc qu'un fait dont la cause
est incertaine, dont le vrai rapport est incertain.
Assemblez dix indices, vous n'aurez donc que dix
effets dont la cause sera incertaine ; et dix incertitudes peuvent-elles donner la certitude ? Les
ténèbres produiraient donc alors la lumière. Voilà
pourtant où aboutit tout le raisonnement de ceux
qui se fondent sur les indices. Nous avons dix
circonstances qui marquent que l'accusé a pu
commettre ce crime ; donc il l'a commis, donc il
doit être condamné. Tout révolte dans ce paralogisme. L'addition est composée de fractions
chimériques, le résultat en est faux, la conclusion
en est barbare.

Ce qu'il y a de bien plus étrange encore, c'est
que ni la valeur ni le nombre ne sont fixes et invariables ; on procède dans ce calcul d'où dépend
la vie des hommes, sans avoir absolument aucune
donnée. Avons-nous en effet une table où l'on
ait apprécié les valeurs réelles des indices, soit
simples, soit combinés ? A-t-on fixé le degré, le
nombre où ces indices accumulés se convertis-

sent en preuves réelles, et d'incertitudes deviennent, par une bizarre métamorphose, une
certitude ? Non, une pareille table n'est et ne
sera toujours, malgré la prétention des criminalistes, qu'une chimère. Ces indices varient en
effet en raison des circonstances, et ces variations produisent des millions inépuisables de
combinaisons.

On n'adoptera donc point les divisions chimériques des indices; on n'adoptera pas les indices
indubitables, parce qu'il n'en existe pas; les indices
violents, parce qu'ils sont violemment trompeurs;
les indices *légers* et *équivoques,* parce qu'ils doivent être rejetés.

Quant aux témoins muets, ce sont des espèces
d'indices; ils sont d'autant plus à craindre qu'ils
sont muets, et qu'ils trompent plus facilement.

On n'adoptera pas la distinction des différentes espèces de *présomptions* incertaines,
comme les indices dont on les tire , mais plus
dangereuses, parce qu'on les érige en principes [1].

---

[1] On n'est pas présumé, disent les criminalistes,
mentir à l'article de la mort. On a vu des criminels im-
posteurs soutenir leur rôle jusque sur l'échafaud.
L'histoire en fournit cent exemples.

Le blessé qui meurt dans les quarante jours est

Les Romains ont eu, comme les modernes, la
fureur de croire aux présomptions : ainsi, ils dis-
tinguaient une présomption *nécesssaire* qui mène
infailliblement à la vérité (c'est une chimère,
quoique consacrée par la loi d'*Antiquæ*), une
présomption qui conduit à la vraisemblance et
qui oblige l'accusé de faire preuve contraire. Et
s'il ne le peut, il sera donc criminel parce qu'il
ne sera pas heureux ? Enfin ils distinguent une
présomption *humaine* ou *arbitraire ;* c'est le nom
générique de toutes les présomptions.

Les criminalistes prétendent que les indices
sont fondés ou sur des principes, ou sur des signes naturels, ou sur des principes humains. Les
principes ne sont pas encore fixés, la certitude
des signes naturels n'est pas encore prouvée.
« S'il est prouvé, dit Jousse, qu'une fille a du
« lait dans ses mamelles, c'est une présomption

présumé mort de sa blessure ; principe que la médecine désavoue ; fait dont il est impossible de découvrir
la certitude, parce que la mort d'un homme peut avoir
mille causes différentes.

Comme Jousse a donné une méthode d'estimer les
présomptions, j'aurais pu le suivre pas à pas, et
montrer ses erreurs ; mais je crois avoir suffisamment
fait voir la faiblesse de cette preuve. Il cite l'autorité
de Cujas pour l'appuyer. Il n'est point d'autorité qui
puisse justifier une absurdité dangereuse.

« violente qu'elle a eu commerce avec un homme,
« parce qu'on tient par les règles de la méde-
« cine que cela n'arrive jamais autrement. »

Malheureusement pour cette assertion, jamais
la médecine n'a certifié cette prétendue règle. On
a vu des vierges avoir du lait; l'histoire en con-
tient des preuves. Je renvoie Jousse à Venette et
à mille autres médecins.

« Le trouble et l'émotion d'un accusé sont des
« signes probables que cet accusé a commis le
« crime qu'on lui impute. »

Pauvre Langlade, avec ces indices on t'a martyrisé ! Tu étais pâle ! Quel prodige ! Et on t'a cru
voleur !

« Des marques de violence aux parties natu-
« relles sont des signes probables que cette femme
« a été violée. »

Et si la nature l'a constituée étroite ! L'amour
ne peut-il pas opérer un effet qu'on attribue toujours mal à propos à la violence ?

Les indices fondés sur des principes humains
sont encore plus incertains. On suppose que les
hommes agissent toujours par le même intérêt,
vont toujours par la même voie. On les prend
pour des machines dont les rouages sont les
mêmes et ont les mêmes mouvements. En effleu-
rant quelques-uns de ces indices, on se convaincra

encore de la futilité de la preuve qu'on en tire.

On croit que la déclaration d'un accusé sert d'indice considérable contre le tiers, et suffit pour le mettre à la question. Eh quoi! les passions, l'erreur ne suivent-elles pas l'homme dans les cachots, sur l'échafaud? L'inimitié, la haine, le désir de la vengeance, que la mort éteint à peine, ne peuvent-ils pas dicter de pareilles déclarations? Et doit-on martyriser un citoyen qui a le malheur d'être connu par un scélérat, sur sa simple déposition? Cette opinion fait horreur.

L'inimitié, les menaces peuvent faire soupçonner, mais ne peuvent jamais conduire à découvrir. *Fuga reum facit,* dit Cicéron. Cela peut être dans quelques cas; mais comment distinguer ces cas? La justice respecte si peu la liberté, qu'un innocent même doit fuir pour parer aux suites funestes.

« Le bruit public qu'une telle personne a com« mis tel crime, suffit pour faire une preuve com« plète. »

Mille personnes ne déposeront-elles pas que le diacre *Paris* faisait des miracles; qu'elles les avaient vus? Ce fut sur la voix publique que Calas fut condamné. La prévention, la haine, le fanatisme, la cabale agitent le public; il juge, et l'innocent périt.

On a donné pour principe constant cet axiome :
Cui scelus prodest, is fecisse præsumitur. Cela peut
être quelquefois; mais qui peut distinguer les
cas ? Un fils sera-t-il réputé coupable du meurtre de son père, dont un de ses amis s'est souillé ?

« La mauvaise réputation d'un accusé forme
« un indice contre lui. »

On peut être libertin sans être assassin.

« Le mensonge forme un indice. »

L'innocence se sert quelquefois par timidité de
cette arme dangereuse.

« De même le silence de l'accusé. »

Scipion accusé ne répond pas ; était-il coupable ?

« Si quelqu'un est trouvé assassiné à la porte
« d'une personne, on présume que cette personne
« en est l'auteur. »

Quelle absurdité ! Et n'est-ce pas exhorter les
assassins à jeter adroitement la présomption du
crime sur leurs ennemis ?

C'est ainsi qu'un jurisconsulte français a tracé
un immense tableau des différentes espèces d'indices, que je regarde comme inutile et insuffi-
sant; car ces indices varient en raison des circonstances, et ces variations sont infinies. A quoi
sert donc de présenter une centaine de ces combinaisons ? C'est l'histoire d'un homme qui, pour

peindre Paris. décrirait deux ou trois rues de la
Cité. Je n'examinerai pas davantage le degré de
leur certitude, parce que je n'y crois pas, parce
que jamais des preuves invraisemblables ne peuvent faire condamner un homme à des peines
capitales. parce que, lorsqu'elles suffisent à faire
prononcer quelques peines légères, alors l'estime
de la preuve dépend de la prudence des juges :
c'est à eux à estimer la force et la valeur des indices. « Ils dépendent, dit-on, de leur rapport
avec le fait principal. » La proximité ou l'éloigne-
ment augmentent ou diminuent le degré de certitude ; mais comment déterminer ce degré de
liaison ? Il faudrait qu'il y eût dans l'ordre moral
une chaine de lois invariables. en vertu desquelles les hommes agissent nécessairement : il
faudrait que jamais on ne pût rompre cette chaîne,
il faudrait qu'elle fût parfaitement connue des
hommes. Mais quand on ignore si une pareille
chaine existe, quand on ne connaît que des effets
détachés, quand l'art de les rapprocher, de monter de ces effets à la cause. quand cette échelle
importante est parfaitement ignorée, de l'aveu
même des jurisconsultes les plus décisifs [1], quand

---

[1] Sur la manière d'estimer les indices, Jousse avoue
lui-même qu'il est très difficile de déterminer quels
doivent être le nombre et la qualité des indices qui

enfin on a seulement la triste certitude qu'un fait peut avoir dix causes différentes, peut-on jamais courir après cette science conjecturale et chercher au travers de ce pays de chimères la vérité qui se cache toujours? Peut-on faire l'essai cruel de son système incertain sur la vie d'un malheureux et jouer sa réputation et ses jours aux dés? Juges, laissez donc les soupçons à leur place et ne les métamorphosez jamais en preuves.

Le pays des conjectures, dit Cochin, est entrecoupé de mille routes obscures dans lesquelles on se perd et on s'égare sans cesse. L'un est touché d'une circonstance à laquelle l'autre se trouve insensible. Souvent ces circonstances se combattent les unes les autres; l'une paraît

peuvent servir à former une preuve, soit complète, soit considérable; que cette estimation dépend entièrement de la prudence des juges. Cependant il finit par poser quelques principes qui, dit-il, peuvent fixer l'incertitude.

«Un indice grave vaut, dit-il, un peu moins qu'une semi-preuve.» Mais qu'est-ce qu'une semi-preuve? et quelle est sa valeur?

«Si les indices sont violents et indubitables, ils suffisent pour prononcer la condamnation.» Principe faux.

«Pour condamner à la question, il n'est pas nécessaire que les indices forment une preuve complète.» Principe cruel.

favoriser un parti, l'autre semble lui être contraire. On s'épuise en raisonnements pour les faire valoir, et tout le fruit de ces recherches hasardées est d'avoir enveloppé la vérité de tant de nuages, qu'elle devient inaccessible à la justice.

On a calculé combien il fallait d'indices pour former une preuve.

Plusieurs indices légers font, dit-on, un indice grave; deux indices graves forment un indice violent; plusieurs indices graves forment un indice indubitable.

Dans ce système, on regarde les indices comme des unités ou des fractions d'unités qui, additionnées ensemble, forment des dizaines, des centaines. Ce qu'il y a de plus certain, c'est que ces indices équivalent souvent à zéro, et qu'il est inpossible de fixer la valeur de ceux qui pourraient équivaloir à des unités, parce qu'une seule circonstance peut en diminuer ou en augmenter prodigieusement le degré.

L'accord des indices ne prouve pas qu'un homme est coupable : de même qu'il serait possible que le hasard, par un jet heureux, produisît un poème, il est possible qu'il amasse contre un citoyen innocent mille indices qui le constituent coupable. Il y avait une chaîne de douze indices très liés ensemble contre Langlade, et il était innocent.

Ramenons donc les indices à leur juste valeur : dénués de l'appui de la preuve testimoniale, ils ne peuvent être le fondement d'aucune condamnation même légère.

Je finirai cet article par un passage excellent du grand homme que nous regretterons long-temps.

« Une chose, dit-il, est vraie ou fausse, vous « êtes certain ou incertain ; l'incertitude étant « presque toujours le partage de l'homme, vous « vous détermineriez très rarement si vous at-« tendiez une démonstration [1]. »

Cependant il faut prendre un parti, il ne faut pas le prendre au hasard. Il est donc nécessaire à notre nature faible, aveugle, toujours sujette à l'erreur, d'étudier les probabilités avec autant de soin que nous apprenons l'arithmétique et la géométrie. Cette étude des probabilités est la science des juges.

Dans le civil, tout ce qui n'est pas soumis à une loi clairement énoncée, est soumis au calcul des probabilités. Dans le criminel, tout ce qui n'est pas prouvé évidemment, y est soumis de même ; mais avec une différence essentielle, qui est celle de la vie et de la mort.

[1] VOLTAIRE, *Essai sur les probabilités en justice.*

S'il s'agit d'expliquer un testament équivoque,
une clause ambiguë d'un contrat de mariage, il
faut absolument que vous décidiez, et alors la
plus grande probabilité vous conduit. Il ne s'agit
que d'argent.

Mais il n'en est pas de même quand il s'agit
d'ôter la vie et l'honneur à un citoyen : alors
la plus grande probabilité ne suffit pas. Pourquoi ? C'est que, si un champ est contesté entre
deux parties, il est évidemment nécessaire pour
l'intérêt public et pour la justice particulière,
que l'une des deux parties possède le champ.
Mais quand un homme est accusé d'un délit,
il n'est pas évidemment nécessaire qu'il soit livré au bourreau sur la grande probabilité ; il est
très possible qu'il vive sans troubler l'harmonie
de l'État. Il se peut que vingt apparences contre
lui soient balancées par une seule en sa faveur :
c'est là le cas et le seul cas de la doctrine du
probabilisme.

En un mot, quand il y aurait cent à parier
contre un qu'un homme est coupable, il ne doit
pas pour cela être condamné, parce qu'un peut
gagner contre cent.

J'ai parcouru toutes les espèces de preuves. Je
ne parle pas des preuves anciennement admises
par les tribunaux, telles que la preuve de l'eau,

du fer chaud, parce que je ne serais qu'érudit, et il faut être utile ; je ne parle pas de l'affirmation personnelle de l'accusateur, admise dans les tribunaux de quelques nations, comme preuve suffisante [1]. Entre deux hommes dont l'un affirme et l'autre nie, tout jugement doit être suspendu, surtout en matière criminelle, et le *non liquet* est le seul avis que le bon sens dicte aux magistrats.

La discussion des preuves légales, que nous venons de faire, doit prouver combien il y règne d'incertitude. La confession volontaire de l'accusé paraît être l'effet du délire qui attente à la première loi de la nature ; la confession forcée n'est que le cri parjure du tourment. Nos sens sont si faibles, se prêtent si souvent à l'illusion, l'esprit est si facile à se préoccuper, à convertir

---

[1] Un exemple prouvera combien il est ridicule de condamner un homme sur le serment de son adversaire.

Un Anglais avait été condamné à payer cinq livres sterling envers un particulier, sur la terre duquel il avait été trouvé avec un fusil. Il dit au juge : Vous m'avez traité suivant la loi, je n'ai point à me plaindre ; mais je me rends délateur de mon adversaire, et j'affirme par serment que, lorsqu'il m'a arrêté, il a proféré au moins cinquante jurements. En conséquence le coupable, né gentilhomme, fut, suivant l'appréciation de la loi, à raison de cinq schellings par jurement, condamné à payer le double de ce qu'il en avait coûté à son adversaire, qui se trouva dédommagé par-là.

des apparences en réalités, l'intérêt, ce mobile
puissant, a tant de fois enfanté l'imposture dans
la bouche des témoins, que la certitude ne parait
pas être toujours le caractère de la preuve testimoniale. La preuve par experts n'est fondée que
sur un art dont on cherche encore les principes.
Les indices !... Quel législateur osera tracer leur
théorie, marquer leurs différentes valeurs, parcourir leurs combinaisons infinies, fixer le nombre nécessaire pour constituer une preuve, calculer toutes les qualités morales, toutes les variétés que doivent mettre entre elles les différences
de temps, de lieux, de caractères, d'organisations,
de mille autres circonstances ? Quel législateur,
en un mot, plongeant dans ce chaos d'incertitudes, pourra jamais en tirer la lumière ? Nous
ne l'espérons point. Quand on joindrait à la
sagesse d'un Lycurgue, à la philosophie de Locke,
les connaissances immenses d'un Montesquieu,
la pénétration d'un Voltaire, le vaste coup d'œil
d'un Leibnitz, on n'en sentirait que plus fortement l'impossibilité de tracer un *docomètre* universel. Il n'est pas même possible de fixer une
mesure générale pour un peuple dont le climat,
le caractère, la situation, le gouvernement seraient donnés ; quoiqu'il y eût alors plus de
degrés connus, le nombre de ceux qui resteraient

à découvrir, à marquer, serait si immense qu'il surpasserait les forces de l'esprit humain. Renonçons donc à la chimère d'une mesure générale des probabilités résultant des différentes preuves légales. Les jurisconsultes ont tenté de la réaliser. Ce sont des enfants qui ramassent quelques coquilles sur le bord de la mer, et se bercent du ridicule espoir de les rassembler toutes. Si leur prétention n'était qu'absurde, on se bornerait à sourire de pitié ; mais ne doit-on pas frémir en pensant aux atrocités qu'elle a fait commettre ? Si tant d'innocents ont été les victimes de la fatalité des hasards, qui avait séduit leurs juges ignorants, c'est que ces juges croyaient malheureusement aux faux calculs indiqués dans les livres de jurisprudence ; c'est que posant mal, additionnant mal, concluant mal, ils versaient tranquillement le sang, en se reposant sur la science fausse de leurs docteurs. Ici la théorie doit renoncer à éclairer la pratique ; et la pratique d'un cas, en éclairant la pratique d'un autre cas, ne doit pas même être regardée comme un guide toujours infaillible. Car si la science des livres a été funeste, la science des cas, mal à propos érigée, traitée, régularisée en science d'*analogie*, a causé plus d'une erreur. Cependant c'est le fanal le plus sûr en jurisprudence

comme en médecine. Or , cette science est celle
des juges , et ne peut jamais être celle du législateur. Il faut donc abandonner entièrement aux
premiers la faculté d'apprécier les preuves physiques et morales, dont la valeur augmente ou
diminue suivant les différents cas.

Je sais qu'en adoptant cette méthode , je choque le sentiment de tous les philosophes modernes , et particulièrement celui de l'auteur du
Traité des délits et des peines. Il ne veut pas laisser
aux juges la liberté d'interpréter les lois, « par la
raison qu'ils ne sont point eux-mêmes législateurs[1]. » Il transforme le magistrat en esclave forcé
de s'astreindre à la loi sans oser l'interroger, forcé
d'estimer les preuves par la mesure fixée par la
loi, de la suivre même quand elle semblerait
ordonner une barbarie. Il craignait sans doute
qu'en accordant aux juges un pouvoir trop étendu, ils ne fussent tentés d'en abuser; que la justice retombée dans la confusion dont on veut la
tirer, livrée au despotisme aveugle, ne teignît

[1] Pour avoir la faculté d'apprécier une preuve, on
n'a pas le titre, le pouvoir de législateur; mais il est
bien étonnant que Beccaria recommande sans cesse aux
juges de ne pas s'écarter de la loi pour estimer la preuve,
lorsque pas un seul Code n'a donné le tarif des preuves, lorsque lui-même n'a osé entreprendre ce pénible
travail.

encore les échafauds du sang innocent. Dissipons ces vaines terreurs.

Sans doute si l'on accordait aux juges le pouvoir indéfini de condamner les accusés au gré de leur opinion ou de leur caprice, on verrait peut-être se renouveler ces scènes d'iniquités qui ont déshonoré tant de fois les tribunaux. A Dieu ne plaise que nous formions jamais un projet si funeste! Libres de suivre leurs opinions quand il s'agit d'absoudre, les juges auront les mains liées par des entraves rigoureuses pour condamner. Dans ce dernier cas, la loi trace un petit nombre de principes qu'ils devront suivre à la lettre; s'en écarteront-ils, leur crime ne sera pas impuni. Découverts par l'œil vigilant des censeurs annuels que créeront les tribunaux, une dégradation honteuse sera le prix de leur prévarication ou de leur ignorance; descendus même du siége de la justice, quand ils voudraient se cacher dans la foule des autres citoyens, ils pourront être poursuivis, accusés, condamnés à expier leurs concussions ou leurs cruautés. Ainsi, d'un côté l'amovibilité des magistratures et la rigueur de la censure, de l'autre le principe irréfragable de la loi, garantiront la tête de l'innocent qui d'ailleurs aura d'autant moins à craindre de succomber, que les preuves de son procès seront

discutées, appréciées par deux tribunaux différents et dans quatre examens approfondis [1].

Ce serait sans contredit un prodige bien surprenant de voir vingt-quatre juges dans deux
siéges différents s'accorder à voir mal, à prendre l'erreur pour la réalité, à se prévenir de
même : il faudrait plaindre alors la faiblesse de
l'humanité ; mais ce ne serait pas une raison pour
décrier la loi.

Remarquez enfin que notre Code n'étant point
sanguinaire, quand les juges auraient le malheur de condamner un innocent, au moins il
pourrait être réparé : avantage qui ne se trouve
point dans le système opposé et qui rend le pouvoir
des juges, quoique arbitraire, moins dangereux.

Il nous reste donc à tracer le tableau des résultats des différentes preuves légales ; tableau qui
doit diriger le magistrat, autant qu'il est possible,
dans l'art d'apprécier les preuves.

TABLEAU DES PREUVES LÉGALES.

I.

Confession de l'accusé.

1° La confession volontaire de l'accusé ne peut
servir de preuve complète. *Non audiatur perire
volens.*

[1] Voyez la section de la procédure criminelle, p. 172.

2° La confession forcée ou la question est en même temps atrocité et absurdité.

3° Si l'on interroge l'accusé, que ce soit dans la vue uniquement d'éclaircir les dépositions des témoins en comparant les aveux respectifs.

4° La déposition d'un accusé, qui sera certaine, précise, qui n'aura point été faite par erreur ou par crainte [1], qui viendra à l'appui des dépositions de témoins ou de fortes présomptions, pourra servir de probabilité très forte.

5° Mais, en général, l'accusé doit être plutôt interrogé à décharge qu'à charge.

II.

Preuve testimoniale.

Pour condamner un accusé à quelque peine

[1] Dans la principauté de Neuchatel en Suisse, quand une procédure criminelle est instruite, on fait sortir des prisons celui qui en est l'objet, on le conduit hors des portes de la ville, on lui ôte ses fers, et là, en plein air, sous les yeux du tribunal qui doit le juger et du public, on lui lit sa procédure d'un bout à l'autre, en le sommant de répéter les aveux qu'il a faits dans les prisons, et de déclarer qu'ils n'ont point été obtenus par la surprise, ni arrachés par la crainte ou la violence, mais uniquement par la force de la vérité; après quoi on lui remet ses fers et on le reconduit en prison. Cette formalité prescrite par les lois, et qu'on nomme le *libere*, sert aussi à édifier le public sur la manière dont on a procédé. — *Cet usage a été aboli depuis.*

capitale ou flétrissante à jamais, il faut avoir une preuve complète. La preuve complète est le témoignage désintéressé, uniforme et constant au moins de deux témoins non suspects.

Les juges ne pourront jamais diminuer ce nombre, mais ils devront l'augmenter dans certains cas : 1° en raison de la qualité des témoins; 2° de l'importance de l'affaire; 3° de la nature des dépositions; 4° de la grandeur de la peine.

Toute personne pourra être entendue, excepté celles à qui la nature ferme la bouche. Mais les juges auront égard aux circonstances pour apprécier la valeur des dépositions.

III.

Preuve littérale.

Jamais la preuve littérale, prétendue émanée de l'accusé, qu'elle soit secrète ou imprimée, ne peut servir de preuve complète.

Le rapport d'experts en écriture ne peut être considéré comme preuve fondamentale, jusqu'à ce que cet art ait trouvé des principes.

IV.

Preuve par experts, comme médecins et chirurgiens.

On y aura recours pour constater l'existence du crime. Mais il est peu de cas où elle soit sûre.

beaucoup où elle est douteuse, plus encore où elle est nulle. Avant de lui attacher le sceau de la certitude, il faut attendre 1° que la médecine ait prouvé qu'elle a des principes avec lesquels elle distingue les causes de tous les effets donnés; 2° que jamais ces principes ne trompent.

V.

Indices, présomptions, probabilités.

1° Les indices tirés de la fortune, des mœurs, de la conduite d'un accusé peuvent prouver pour lui, et jamais contre lui. Ainsi un honnète citoyen pourra faire entendre pour lui la voix de ses bonnes actions, et on ne conclura jamais qu'un jeune homme est un voleur et un assassin, parce qu'il a mené une vie déréglée.

2° Une chaîne seule d'indices violents ou légers n'est pas une preuve complète.

3° Ou le nombre des probabilités est en faveur de l'accusé, et il faut l'absoudre.

4° Ou il est égal de part et d'autre, et il faut l'absoudre.

5° Ou il est contre lui, et il faut prononcer le *non liquet,* ou un plus amplement informé, limité ou illimité, suivant la force des présomptions et suivant les circonstances.

6° Tous les effets sont liés nécessairement à des causes. Toutes les fois qu'un voile épais couvrira les anneaux de la chaîne qui lie ces effets à ces causes, abstenons-nous de prononcer. N'y eût-il qu'un seul chaînon sur cent de caché, il ne faudrait pas encore juger, parce que le défaut de cette unité rend la preuve incomplète, surtout quand il s'agit de décider du sort d'un homme.

7° Mais si la somme des probabilités est telle qu'il n'est pas possible qu'il ne soit coupable, si l'on joint à cette impossibilité l'appui d'une déposition non suspecte, désintéressée, constante, la confession non recherchée de l'accusé, alors on peut se flatter d'avoir une preuve complète, autant qu'il est possible à la nature humaine.

8° Les juges auront seuls la faculté d'apprécier la valeur relative des indices et des présomptions. Il n'est pas possible de fixer leur valeur intrinsèque, ou plutôt ils n'en ont point de cette espèce.

CHAPITRE IV.

PROCÉDURE CRIMINELLE.

Célérité dans l'information, lenteur dans le jugement.

C'est en suivant ces deux principes qui me serviront ici de texte, qu'on parviendra à former un plan de procédure, où l'intérêt de la société ne sera point blessé, où la liberté du citoyen accusé sera respectée. La procédure criminelle ne doit pas être expéditive. La simplicité ne convient qu'aux tribunaux militaires ou au despotisme; dans les uns, il faut que la justice soit prompte, si on ne veut pas qu'elle soit nulle; un despote absolu, s'il en existe, n'a pas besoin d'examen ou de preuves, on devient criminel quand il le veut [1].

[1] Dans les gouvernements despotiques la justice se rend d'une manière expéditive; point de procédures, point d'avocats ni de procureurs. Les parties se rendent devant le cadi ou le mandarin, qui font donner cinquante ou cent coups de bastonnade à celui qui leur parait coupable.

Si cette manière de rendre la justice a quelques avantages, comme l'ont prétendu plusieurs écrivains, elle a peut-être bien des inconvénients : la partialité, l'ignorance, l'intérêt président souvent à ces jugements.

« Si vous examinez, dit Montesquieu [1], les formalités de la justice, par rapport à la peine qu'a un citoyen à se faire rendre son bien, ou à obtenir

Là un coquin intelligent a tout l'avantage sur l'innocent timide et borné.

Cependant à la Chine, comme en Perse, les mandarins ne peuvent point faire exécuter un homme à mort sans l'approbation de l'empereur, qu'il ne peut donner qu'après avoir examiné et confirmé la sentence trois fois. C'est, dit Paüw [2], qu'on ne peut disposer d'un meuble sans l'aveu de son maître. Cette raison n'est qu'ingénieuse sans être vraie. Le Chinois n'est pas plus meuble que l'habitant du Mançanarès ou de la Seine.

En considérant cette différence de procédure sous différents points de vue, on donnerait peut-être encore la préférence à celle des États nommés domestiques. Car si la simplification doit être la base de la bonne législation, les Persans sont donc plus avancés que nous, puisque leur procédure est infiniment plus simplifiée que la nôtre.

Pour intenter un procès, on présente une requête au juge. Le fait y est exposé, le juge écrit en marge qu'on amène la partie, l'affaire est jugée en une ou deux séances. (CHARDIN, *Voyage en Perse*, tome VI.)

Les droits de la justice sont peu considérables, parce qu'il n'y a pas d'écriture dans le procès, et que l'on obtient sentence à la première comparution. La justice ne condamne jamais aux dépens; on ne les demande pas non plus, parce qu'il ne doit y en avoir que de très petits, suivant l'ordonnance.

La justice criminelle s'exerce par les mains du ma-

[1] *Esprit des Lois,* liv. VI, chap. II.

[2] Dans ses *Recherches sur les Chinois.*

satisfaction de quelque outrage, vous en trouverez sans doute trop. Si vous les regardez dans
le rapport qu'elles ont avec la liberté et la sûreté
des citoyens, vous en trouverez souvent trop
peu: et vous verrez que les peines, les dépen-
ses, les longueurs, les dangers même de la justice, sont le prix que chaque citoyen donne pour
la liberté. »

Dans les États modérés, où la tête du moindre
citoyen est considérable, on ne lui ôte son honneur et ses biens qu'après un long examen.

Le principe de Montesquieu est bien celui de
l'humanité; mais par une étrange fatalité, il arrive
dans presque toutes les monarchies que la lenteur de la procédure criminelle tourne contre
l'accusé même, au lieu de le favoriser.

On y commence par ôter la liberté à cet
accusé, on le renferme dans une prison, et tandis qu'il y traîne des jours douloureux, on examine lentement son procès, on l'épuise en interrogats, en confrontations, on l'avilit avant
même de le trouver coupable ; et en le traînant

gistrat politique ou laïque qui juge selon le droit naturel et le droit des gens.

La procédure va aussi vite au criminel qu'au civil,
tout est fini en une ou deux séances.

Toute condamnation portant peine de mort doit être
prononcée par le roi.

cruellement et à plusieurs reprises sur tous les degrés de l'échelle qui doit le conduire à la mort, on le force enfin à envier le sort de l'esclave du despotisme, qui n'a pas le temps de boire goutte à goutte toute l'amertume de son supplice.

Il est quelques états où l'on a senti vivement cet abus, où provisionnellement on rend à l'accusé sa liberté, et où on ne lui ôte pas le droit de se défendre. C'est dans de pareils gouvernements qu'il faut recommander la lenteur dans la procédure ; elle favorise l'accusé, tout y doit tendre à sa décharge dans l'instruction du procès jusqu'à ce qu'il soit trouvé coupable. *Valeant*, dit Cicéron, *omnia ad salutem innocentium, ad opem innocentium, ad auxilium calamitosorum, in periculum vero et perniciem repudientur.* Il faut donc mettre de la lenteur dans le jugement, parce que c'est la partie de la procédure criminelle qui intéresse l'accusé ; elle décide de son sort.

Le juge criminel a deux intérêts bien opposés à peser dans la balance de la justice : ici c'est l'intérêt de la société, là c'est celui de l'accusé : l'un le presse d'être équitable, de venger le crime; l'autre réclame l'humanité. Comme dépositaire du glaive de la justice, il remplira dignement son ministère en constatant promptement le crime, en recherchant le criminel, en assurant toutes les preuves qui peuvent l'éclaircir sur la nature du crime et sur le nom du coupable ; comme frère , comme citoyen du malheureux accusé, il respectera l'humanité, s'il respecte la liberté, s'il porte dans l'examen des preuves l'attention la plus scrupuleuse, s'il écarte de lui le bandeau de la prévention, si jugeant lentement et sans précipitation, il laisse à la main du temps le soin de refroidir cette indignation qu'excite la vue du crime, et de tempérer la passion qu'inspire le zèle à venger la société outragée. Mettons donc de la célérité dans l'information, de la lenteur dans les jugements, et alors les intérêts si contraires de la société et de l'accusé seront conciliés [1].

[1] On sera peut-être étonné de me voir suivre ici un sentiment contraire à celui de l'auteur du *Traité des délits et des peines*. Dans une section sur la promptitude des châtiments, il recommande aux juges une grande célérité dans le châtiment du coupable. Cette promptitude est avantageuse au criminel en ce qu'on lui épargne les cruels tourments de l'incertitude et les longueurs de la prison. Quant au public, il faut faire suivre promptement le crime par le châtiment, si l'on veut que dans l'esprit grossier du vulgaire, la peinture séduisante des avantages d'une action criminelle réveille aussitôt l'idée d'un supplice inévitable. Le retardement de la punition ne produit d'autre effet que de rendre moins étroite l'union de ces deux idées.

Il faut se rappeler ce principe que trop de malheu-

La procédure criminelle a trois branches différentes : 1" il faut constater le crime; 2° il

reuses expériences ont prouvé, c'est que la précipitation dans les jugements a fait périr une infinité d'innocents. Cette justice expéditive est celle du despotisme
absolu. Et combien de bastonnades prodiguées mal à
propos ! Combien d'innocents exposés au pal ou au
knout ! Estimez assez la vie et la liberté des hommes,
pour ne pas y donner des atteintes si légèrement. Il
est facile d'adoucir les tourments d'un accusé qui attend la décision de son sort ; mais il a été impossible
de rappeler à la lumière les Calas et les Monbailly.

S'il était possible de rassembler en vingt-quatre heures les preuves convaincantes d'un crime, on hâterait
la condamnation, le moment de l'exécution, afin de
profiter du moment où l'esprit du public, encore
échauffé par l'indignation, recevrait plus facilement
l'empreinte du cachet de l'exemple ; mais l'accord de
cette célérité avec la vérité me paraît une chimère, et
j'aime mieux diminuer l'effet de l'impression que de
m'exposer à sacrifier la vie d'un innocent. Il est aisé
d'ailleurs, en suivant le système que je propose, d'al-
léger les peines des accusés, en réformant les abus qui
règnent dans les prisons, en ôtant la liberté au coupable sans l'enchaîner. Je ne prétends pas cependant,
en autorisant la lenteur dans la procédure, autoriser
l'indolence criminelle des magistrats qui, insensibles
aux larmes des malheureux qui gémissent dans les
cachots, prodiguent dans les plaisirs un temps qu'ils
doivent à l'examen des procès criminels. Beccaria s'é-
lève avec raison contre cet abus. Si nous pensons indif-
féremment sur quelque autre article, au moins nul de
nous n'aura à se reprocher que ce soit par inhumanité.

faut chercher le coupable ; 3", enfin, il faut le juger.

SECTION PREMIÈRE.

Constater le crime.

Plainte

Le premier acte de la procédure criminelle est la plainte ; elle peut être formée par le citoyen offensé ou par le ministère public : c'est la nature du crime qui détermine le droit du plaignant. Dans les républiques, tout citoyen doit avoir la faculté d'en accuser un autre qui a commis un crime public [1] ; dans les monarchies,

[1] A Rome tout citoyen pouvait en accuser un autre, quand même le crime n'aurait regardé que la république et ne l'aurait point intéressé. Cette liberté d'accusation doit être introduite dans les républiques ; mais il en est autrement dans les monarchies absolues, où un seul homme est chargé de pourvoir à la sûreté de tous les autres. Seul justicier de son royaume, il nomme des officiers pour veiller à l'exécution des lois et à la vengeance des crimes publics. Le citoyen n'a droit de se plaindre que des crimes particuliers qui l'intéressent ; il peut, à la vérité, être accusateur et dénonciateur dans les autres crimes.

Je ne vois pas cependant l'inconvénient qu'il y aurait à laisser à tous les citoyens le droit d'accuser publiquement les criminels que le ministère public refuse souvent de poursuivre ; sauf, dans les cas où les accusateurs succomberaient, à les condamner.

c'est à des mandataires, ou du souverain, ou de la nation, qu'est confié le soin de la vengeance publique.

Quant aux crimes qui attaquent, ou les intérêts ou la vie du citoyen, chaque citoyen peut former sa plainte; elle doit être accueillie par le tribunal criminel. Nous n'imposerons point aux plaignants la loi de se porter partie civile dans un terme fixé; cette formalité bizarre, née du sein de la jurisprudence canonique, n'a d'autre effet que de priver le citoyen pauvre de la réparation pécuniaire et civile qui lui est due, ou de dérober le faux accusateur à la peine qu'il mérite, si son accusation est fausse. Le plaignant restera partie nécessaire dans le procès jusqu'au jugement qui le terminera; si le crime est prouvé, on lui adjugera les dommages et intérêts [1], on

[1] C'est une bonne loi que celle qui, pour diminuer le nombre des délations, a assujetti les accusateurs et délateurs à la condamnation de dommages et intérêts et de peine même, dans le cas où leur accusation serait mal fondée ou calomnieuse. (Voyez l'*Ordonnance de* 1670, titre III, art. 7.)

C'était vouloir absolument trouver des criminels que de déroger à cette loi, comme on le fit en France par l'édit de 1716, portant établissement d'une chambre de justice pour la recherche des officiers qui avaient malversé dans la finance. Chez les Romains même, l'accusateur était sujet aux mêmes peines que l'accusé.

lui rendra les effets volés; s'il succombe, il sera
sujet à la même peine que l'accusé aurait subie
s'il eût été convaincu; il sera condamné en des
dommages et intérêts, etc. C'est peut-être le seul
cas où la loi du talion soit juste.

> Neque enim lex æquior ulla
> Quam necis artifices arte perire sua.
>
> OVIDE.

Cependant il est des personnes dans la société,
dont en certains cas on doit rejeter la plainte ou
la délation. Ainsi jamais une épouse ne pourra
déférer son mari criminel à la justice, ni le fils
son père. S'il existait une loi qui ordonnât ou
accueillit ces délations, il faudrait la rayer du
Code pénal, car elle révolte la nature. Que serait
donc alors le mariage? Que deviendraient les
rapports qui unissent les membres d'une même
famille? Que deviendrait l'asile domestique, si
respecté parmi tous les peuples?

Il est des gouvernements assez mal constitués
pour admettre des accusations secrètes; tout état
où la sûreté du délateur est plus respectée que

lorsque son accusation n'était point prouvée. *Si cui crimen objiciatur, præcedere debet in crimen subscriptio quæ
res ad id inventa, ne facile quis prosiliat ad accusationem,
cum sciat inultam sibi accusationem non futuram.* (**L. VII.
ff. De accus.**)

celle du citoyen, est à coup sûr gouverné par un despote et habité par des hypocrites ou des esclaves. Je ne connais point de délit dont la nature puisse autoriser les délations et les peines secrètes; il n'y a que des tyrans qui, érigeant en crimes des actions indifférentes, qui, créant des mots horribles pour qualifier des actes de liberté, soient forcés d'avoir recours au secret pour dérober au public leurs injustices. L'accusateur qui ne veut pas se nommer est un lâche et un fourbe; ce n'est pas celui qu'il accuse qu'on doit punir, c'est lui-même. Si le bien de la société exige, comme on l'assure, qu'il y ait dans les grandes villes des délateurs secrets, des espions payés. quelle idée devons-nous prendre d'une constitution où l'on emploie pour remède à des maux incertains les poisons les plus corrosifs? On craint sur la route les voleurs, on s'en défie, on les prévient; mais au moins on n'y craint pas des espions. Il faut donc troubler éternellement la tranquillité du citoyen pour la tranquillité sociale. Quel misérable ressort [1]!

[1] Que d'innocents ont fait périr les délateurs à Rome, lorsqu'ils furent accueillis par les empereurs! Il n'en existait point dans les beaux jours de la république.

Accusatores esse in civitate utile est, ut metu contineatur audacia; innocens si accusatus sit, absolvi potest; nocens, nisi accusatus fuerit, condemnari non potest; utilius est

Procès-verbaux.

Le premier pas qu'un juge ait à faire, lorsque quelque criminel a troublé l'ordre de la société, c'est de constater l'existence du délit et ses circonstances. Ainsi, s'il y a eu un assassinat, il est nécessaire que les magistrats se transportent sur les lieux où il a été commis, qu'ils examinent l'état du cadavre, la manière dont le meurtre a été commis, toutes les circonstances qui peuvent servir à éclaircir les faits; il faut qu'ils rédigent ensuite un procès-verbal, monument invariable, qui doit servir de base au procès.

Comme les juges cependant ne sont point assez instruits de l'anatomie du corps humain, ils pourraient souvent se tromper s'ils s'en rapportaient à leurs seules lumières. Il faut donc que dans ces opérations ils soient accompagnés de

autem absolvi innocentem quam nocentium causam ducere. (Cic. *pro Rosc. Amer.*)

Dans l'ancien droit canonique, le faux dénonciateur d'un prêtre prétendu criminel n'était point puni; les papes trafiquaient alors des bénéfices et des grâces, conséquemment favorisaient les dénonciateurs.

Le despotisme seul peut favoriser la délation. Tibère appelait les délateurs, les protecteurs des lois; *sic delatores genus hominum publico exitio repertum, et pœnis quidem nunquam satis coercitum per præmia eliciebantur.* (TACITE.)

chirurgiens habiles [1]. Dans quelles funestes erreurs la précipitation ne les jette-t-elle pas encore? Faute de trouver la vraie cause d'une mort,
on en imagine une fausse. L'univers frémit encore des scènes horribles qu'ont produites ces
erreurs. Un obscur chirurgien examine un jeune
homme pendu, il jette à peine un coup d'œil
sur l'impression de la corde, sur l'état de la langue, des yeux, du visage; il tranche tout d'un
coup et se décide pour un homicide; et le père
innocent de ce coupable enfant, le malheureux
Calas périt sur l'échafaud. Une femme ivre tombe
sur l'angle aigu d'un coffre, se blesse, meurt :
un chirurgien appelé attribue la blessure à un
instrument; et le fils innocent, *Monbailly*, est
appliqué à la torture et traîné au dernier supplice. Juges, qui tenez dans vos mains la vie des
hommes, frémissez à la vue des coups terribles
que votre imprudence ou votre précipitation
peuvent porter à un innocent!

Il serait à souhaiter que les chirurgiens dans
leurs rapports fussent accompagnés d'un méde-

[1] Louis XIV le pensait ainsi, lorsque par un édit de
1692, il voulut que les chirurgiens jurés fussent accompagnés d'un médecin. Cet usage si utile ne subsiste
plus.

En Angleterre, ce sont tous les jurés qui constatent
le délit. Vingt-quatre yeux voient mieux que deux.

cin : ils sont ordinairement si peu versés dans la physiologie !

SECTION II.

Citation.

La plainte ou des recherches particulières faites par le juge indiquent le coupable [1]. Aussitôt que le crime est constaté, il faut que l'accusateur ou le ministère public le citent devant le tribunal pour répondre à l'accusation [2] ; on doit détailler

---

[1] L'excommunication, cette arme si terrible jadis même aux souverains, s'est avilie par l'abus. Cependant, comme les catholiques craignent encore ces foudres, elles peuvent servir de moyen au législateur pour parvenir à la découverte des coupables. Louis XIV, dans son ordonnance de 1678, a astreint les ecclésiastiques à publier des monitoires, lorsque les juges laïques le croiraient nécessaire. Ces monitoires ont fait souvent découvrir bien des crimes à leurs auteurs. La crainte de l'excommunication est plus forte que celle de la loi ; on fait pour l'éviter ce qu'on ne fait ni pour la patrie ni pour l'humanité.

Il n'est point de si petit ressort dont un législateur ne doive faire usage.

[2] Il faut donc, à l'exemple de Frédéric II, roi de Prusse, bannir des actes de la procédure ce langage gothique, barbare et inintelligible surtout à ceux qui ont intérêt de les entendre. Il est étrange que ce jargon bizarre subsiste toujours dans presque tous les tribunaux de l'Europe, ce qui prouve que leur législation est encore dans son enfance.

exactement et clairement la nature du crime et
des circonstances, afin que l'accusé puisse rassembler ses témoins et les preuves qui doivent
fonder sa justification. Le terme pour comparaître doit être court ; il ne faut pas laisser à
l'accusé le loisir de suborner des témoins, ou à
ceux-ci le temps de disparaître. Je substitue cette
simple citation aux décrets de *soit ouï* ou *d'ajournement personnel*. Ce dernier, par une contradiction frappante, est en même temps instrument
d'instruction et jugement ; il attente aux droits
des citoyens qui ne peuvent être privés provisoirement de leur état sans être entendus ; il doit
donc être supprimé [1].

[1] Il est d'usage dans certains pays d'arrêter quelquefois des citoyens sans arrêt qui le permette. On a vu ces
scènes scandaleuses se passer même à l'audience. Un
particulier est décrété d'ajournement personnel, il
vient à l'audience sur-le-champ, on l'arrête, on l'em-
prisonne. Les juges doivent-ils avoir ce droit? Je ne
sais où ils l'ont puisé, mais je sais bien qu'il répugne à
la bonne foi qui doit régner dans les actes de la justice.
Ces actes ne sont-ils donc que des piéges tendus aux
plaideurs? son temple n'est-il qu'une forêt? On serait
tenté de le croire, puisque sans être prévenu, un citoyen qui s'y présente sur la foi d'un acte de justice
qui assure sa liberté, se la voit ravir par un stratagème
tyrannique.

Je supprime le décret d'ajournement personnel. Il
est d'une injustice révoltante, puisque, par une contra-

Emprisonnement.

Mais auparavant de citer l'accusé, l'arrètera-t-on? Il faut distinguer ici et la nature du crime et la qualité de l'accusé.

Dans le plan que nous avons développé, il n'est point de crimes pour la punition desquels nous ayons assigné la peine de mort, excepté le cas de ces crimes rares et en petit nombre, qui font frémir la nature. Pourquoi donc arrèterait-on l'accusé? pourquoi donc jeterait-on dans un cachot un homme qui, même réputé criminel, n'aurait point de punition corporelle à essuyer?

diction singulière, il est en même temps instrument d'instruction et jugement. Ce décret interdit en effet par provision un officier public, un prêtre, un magistrat. L'honneur d'un citoyen n'est-il donc qu'une chimère, puisqu'on l'en prive si légèrement? Tout jugement doit être précédé d'instruction, toute instruction composée de l'accusation d'une part et de la défense de l'accusé de l'autre part. Ici sans instruction, sans la défense, sans la connaissance même de l'accusé, on lui ôte son honneur et le libre exercice de ses fonctions; et sur quel motif? Sur la simple délation d'un crime grave; car rarement on invoque même ici l'appui des faibles indices; il suffit que le crime soit grave, pour prononcer un jugement provisoire contre un citoyen domicilié, contre un citoyen qui jouit d'une place honorable. Chez quel peuple barbare a donc été rédigé un pareil code?

Si cependant l'accusé était un homme sans
aveu, sans domicile, si le crime dont on l'accuse méritait une punition corporelle, il faudrait
en le citant l'arrêter. Sans cette précaution, combien de criminels pourraient échapper à la peine
qui les attend! Il en doit être autrement si l'accusé est bien famé, domicilié; alors la justice
doit respecter le titre de citoyen qu'il n'a point
flétri, et ne pas décerner si légèrement des décrets
de prise de corps [1]. Si d'ailleurs on le prive de la

[1] Il est des tribunaux qui lancent des décrets de prise
de corps avec une facilité inouïe. Ils fondent leur rigoureuse précipitation sur cet axiome qui devrait être
à jamais proscrit : *ce qui est bon à prendre est bon à
rendre.* Ils font plus, ils retiennent le malheureux ainsi
décrété dans leurs horribles prisons pendant tout l'intervalle de l'instruction du procès, à la fin duquel ils
le relaxent; le plus souvent l'infortuné a perdu biens,
santé, honneur, réputation, amis, pendant cet injuste
esclavage. On compte ces pertes pour rien, et la loi lui
ôte même la ressource si naturelle de demander des
dommages au ministère public qui a si légèrement
donné atteinte aux droits de l'humanité. Par exemple,
la famille de Langlade fut déboutée de sa demande en
dommages et intérêts contre le comte de Mongommeri
qui avait mal à propos accusé cet infortuné.

L'affaire plus récente du prétendu comte de S....
offre un autre exemple frappant de ce qu'on avance.
Sans aucune preuve, sans aucune présomption, sans
même aucune accusation du crime capital, un citoyen
honnête, connu, est plongé dans les prisons, traîné de

liberté, il pourra la recouvrer en donnant caution.

La liberté est si chère à l'homme, qu'on ne doit jamais l'en dépouiller sans de bonnes raisons. Il est important à la vérité pour la société, que celui qui a troublé la tranquillité soit arrêté, et n'échappe point au supplice qu'il mérite; mais d'un autre côté, l'innocent a si souvent été flétri sur de simples soupçons, que le législateur doit toujours adoucir la rigueur des emprisonnements: voilà l'origine de l'admirable loi, *habeas corpus*, qui subsiste en Angleterre; tout citoyen accusé

tribunaux en tribunaux, d'interrogatoire en interrogatoire pendant trois ans; il a beau réclamer contre cette peine anticipée, on est sourd à sa voix; ce n'est qu'au bout de trois ans d'instruction qu'un tribunal supérieur, reconnaissant l'illégalité de cette procédure, lui rend sa liberté. Mais à quoi lui sert alors cette restitution tardive, lorsque la loi lui ferme la bouche, et l'empêche d'élever sa voix contre le ministère qui a causé son malheur? Tous les jours sont témoins de pareilles inconséquences judiciaires qui devraient faire frémir tous les citoyens, qui devraient engager les juges eux-mêmes à demander au législateur la grâce de leur lier les mains.

Dans une pièce italienne qui a pour titre *Arlequin et Scapin toujours voleurs,* il y a un jugement dans lequel le président, avant de commencer la séance, dit à ses confrères: « Messieurs, faisons justice sévère; plus il y aura de pendus, plus nous serons estimés. » Les lecteurs éclairés sentiront aisément que ce trait n'est pas pris dans le pays des chimères.

a la liberté de sa personne en donnant caution. Notre ancienne jurisprudence criminelle offrait la même facilité[1].

Bien des raisons se présentent pour faire adopter par tous les gouvernements modérés la loi de l'*habeas corpus*. 1° L'emprisonnement est une peine, et l'on ne doit point infliger de peine à un homme qui n'est point encore convaincu. Le bon ordre exige qu'un homme véhémentement soupçonné soit promptement arrêté; l'humanité demande qu'il soit relaxé, quand il offre de donner caution. 2° Tout citoyen tient un rang dans l'État, et est attaché à une famille; souvent c'est un commerçant; quel tort immense ne lui fait pas un long emprisonnement? Si c'est un père

[1] On en trouve une foule d'exemples dans les anciens cartulaires, et particulièrement dans celui de Champagne intitulé *Liber principum*. Voici un des exemples qu'il présente. En 1267, Henri de Haus, chevalier, emprisonné à Provins pour une forfaiture envers Thibaut, comte de Champagne, fut relaxé pour quatre mois sous la caution du comte de Roney et du comte de Soissons, qui après en avoir prêté serment entre les mains du commissaire du roi, s'obligèrent «de faire revenir à la fête de Notre-Dame de septembre le dit monsignor Henri au lieu et en l'état où il était en la prison du roi à Provins; et si cel messire Henri ne revenait, de mettre en ladite prison un chevalier qui aurait 600 livres de rente, dedans quinzaine, qui en seraient semonds.»

de famille , dont les bras sont nécessaires à la subsistance de ses enfants, à qui auront-ils recours, si une loi barbare les prive de leur père ? 3° Dans l'opinion publique, un emprisonnement public flétrit presque toujours celui qui en est l'objet ; il faut bien du temps pour effacer cette tache. Enfin , depuis une infinité de siècles que cette loi existe en Angleterre, on ne voit pas qu'elle ait produit aucun inconvénient considérable [1]. Disons donc comme Brutus :

> Arrêter un Romain sur de simples soupçons,
> C'est agir en tyrans, nous qui les punissons.
>
> VOLTAIRE, *Brutus.*

Audience publique , information; déposition de témoins, interrogatoire , etc.

Toute cette procédure doit-elle être secrète ? L'inquisition dit oui, la liberté dit non. En France, on suit la procédure inquisitoriale [2]. Combien d'innocents ont été les malheureuses victimes de l'ombre mystérieuse qui couvre la procédure criminelle ! Information, interrogatoire, récole-

---

[1] L'ordonnance de 1670 ne veut pas qu'on relaxe l'accusé, quand il s'agit de crime capital; mais qu'importe la nature du crime dont on l'accuse, s'il est innocent, ou au moins s'il n'est pas convaincu?

[2] L'auteur parle de la procédure antérieure à la révolution.   *(Note de l'Édit.)*

ment, etc., tout y est secret [1]. C'est la seule procédure où les tribunaux de France se soient écartés
des lois romaines qu'ils ont copiées si servilement partout ailleurs; et par une étrange inconséquence, un solécisme a fait rejeter un principe dicté par le bon sens, tandis qu'on se hâtait
d'adopter d'un autre côté des absurdités trop
claires [2].

[1] La procédure criminelle adoptée en France et consacrée par l'ordonnance de 1670, est un reste de la
procédure que le clergé, qui jugeait autrefois, avait
reçue dans ses tribunaux à l'instar de l'inquisition. De
là le secret de notre instruction, l'établissement du
corps du délit fait d'office par le juge hors la présence
de l'accusé, le serment que l'accusé est tenu de prêter
à tous les actes qui se font avec lui, enfin la torture
et les captions qui semblent diriger toute l'instruction
contre l'accusé.

[2] «Chez les Romains, les témoins étaient entendus
«publiquement en présence de l'accusé qui pouvait leur
«répondre, les interroger lui-même, ou leur mettre en
«tête un avocat. Cette procédure était noble et franche,
«elle respirait la magnanimité humaine.

«En France [*] tout se fait secrètement. Un seul juge
«avec son greffier entend chaque témoin l'un après
«l'autre. Cette pratique, établie par François Ier, fut
«autorisée par les commissaires qui rédigèrent l'ordon-
«nance de Louis XIV, en 1670. Une méprise seule en
«fut la cause.

«On s'était imaginé, en lisant le Code *de testibus*,
«que ces mots, *testes intrare judicii secretum,* signifiaient

[*] Il y a *Chez nous* dans le texte.   (*Remarque de l'Édit.*)

Cependant tout se réunit ici pour engager le législateur à adopter la procédure usitée en Angleterre, à donner de la publicité à la procédure criminelle [1] ; accusateurs, accusés, société,

«que les témoins étaient interrogés en secret. Mais «*secretum* signifie ici le cabinet du juge. *Intrare secre-* «*tum*, pour dire parler secrètement, ne serait pas latin. «Ce fut un solécisme qui fit cette partie de notre juris- «prudence.» (VOLTAIRE, *Commentaire sur le Traité des délits et des peines*, § XXII.)

Les lois romaines et les décrétales «ont introduit des «formalités qui font la honte de la raison humaine. Il «serait assez difficile de décider si la forme s'est ren- «due plus pernicieuse, lorsqu'elle est entrée dans la ju- «risprudence, ou lorsqu'elle s'est logée dans la méde- «cine.» (MONTESQUIEU, *Lettres persanes*, L. CI.)

[1] Lorsqu'un Anglais est attaqué dans sa fortune, sa liberté ou sa vie, il appelle un certain nombre d'hommes désintéressés dans son affaire et du même rang que lui, pour être ses juges. Chacun sait qu'il peut un jour descendre à la place de l'accusé, et que l'accusé monte à la sienne. Chacun jugera donc équitablement. La cause est discutée publiquement, les témoins sont entendus publiquement, le public s'assied donc ainsi sur le tribunal, et devient l'assesseur des jurés. Comment seraient-ils injustes et pervers ? Quand il serait possible que l'injustice ou l'ignorance présidât à leurs jugements, la liberté de la presse donne un nouveau moyen à l'accusé de publier son innocence. On a quelquefois abusé de ce privilége ; mais l'abus est toujours en faveur du peuple législateur qui se l'est réservé pour sa sûreté, et qui est jaloux de le conserver.

Transportons-nous à Maroc ; nous serons au point

juges. tous y sont également intéressés. Si l'accusateur a été publiquement offensé, pourquoi craindrait-il de paraître à la face du public, de produire les preuves du délit ? Quant à l'accusé, n'est-il pas de son intérêt de se justifier publiquement ? Tout citoyen flétri par le seul soupçon d'un crime, ne préférerait-il pas d'avoir tous ses concitoyens pour juges ? Il n'aura pas alors à redouter les manœuvres sourdes que peut tra-

opposé : le prince y est revêtu de la double puissance législative et exécutive ; il institue des lois, les abolit, les restreint selon qu'il le juge convenable à sa sûreté, à son caprice. Toutes les lois sont écrites dans sa tête ; l'entendement royal en est l'auteur, le commentateur, le dépositaire, et quelquefois son cimeterre royal, l'exécuteur.

Dans une autre contrée, en Portugal, par exemple *, l'état des choses est différent : là le prince est à la vérité seul chargé du soin de faire les lois et de pourvoir à leur exécution. Il a seul le droit de déclarer quelles sont les actions criminelles, soit avant qu'on les commette, soit après qu'on les a commises, et d'en modifier ou d'en étendre la peine même. Il y a des magistrats qui connaissent des infractions ; mais comme c'est lui qui les crée de sa propre autorité, il les révoque selon son bon plaisir.

Il est clair que l'on craindra la justice de Portugal, que l'on détestera celle de Maroc, qu'on aimera mieux demeurer en Angleterre.

* Avant l'établissement du gouvernement constitutionnel.
(*Note de l'Édit.*)

mer l'iniquité contre lui, le complot de sa ruine
facile à exécuter dans le sein de l'obscurité entre
son juge et son accusateur; il verra les coups
que son ennemi lui porte, il saura les parer;
il n'aura pas à craindre qu'un juge prévenu
séduise par des questions captieuses des témoins
ignorants, qu'un greffier infidèle altère et défi-
gure des dépositions ; la voix presque toujours
équitable du public s'élèverait bientôt contre la
partialité, contre la fraude, et ferait rentrer dans
le néant le juge corrompu qui serait tenté d'abuser du glaive de la loi. Y aurait-il eu des *Calas*,
des *Le Brun*, des *Monbailly*, si l'instruction de
leurs procès avait été publique ? Quand l'intérêt seul de l'accusé exigerait la publicité de la
procédure criminelle, il faudrait l'ordonner. Tout
en effet dans l'instruction du procès, jusqu'à
l'entière conviction de l'accusé, doit être en sa
faveur; mais d'ailleurs la société même réclame
cette publicité. Si le crime a été public, si la
réparation doit l'être, pourquoi l'instruction du
procès ne le serait-elle pas ? Dans trois anneaux
qui composent la chaîne des lois criminelles,
pourquoi faudrait-il voiler l'un, tandis que les
autres seront à découvert ? La publicité du
châtiment est destinée à prévenir, à étouffer
les crimes prêts à éclore; la publicité de l'ins-

truction rassurera le citoyen innocent que la calomnie peut flétrir. Tout citoyen est donc intéressé à voir les dépositaires des lois user bien du pouvoir que la société leur a confié; à voir s'ils sont équitables ou iniques, ignorants ou éclairés. Arbitres de son sort, sa vie, sa fortune, tout est entre leurs mains, et le hasard et la plus petite circonstance peuvent jeter aux pieds d'un magistrat corrompu le savant le plus éclairé, le négociant le plus intègre, l'épouse la plus chaste. Que deviendront-ils, si les murs d'une horrible prison, si la lampe sépulcrale qui les entr'éclaire, si les affreux tourments de la question sont seuls témoins de leur sentence ? Quel terrible moment pour ces malheureux, lorsqu'ils se disent à eux-mêmes : « Mon juge peut être inique impunément; il peut m'égorger du couteau sacré de la loi, et la loi confirmera sa cruauté; il peut, il doit ensevelir les monuments de son iniquité.... » Oui, le farouche tyran qui de sa prison volontaire faisait trembler Syracuse, pouvait seul imaginer une loi aussi funeste à la liberté, à la vie des citoyens! Et vous, magistrats, devez-vous combattre pour la prolongation de son existence ? Sans doute il en est parmi vous dont l'équité guide les jugements, que la lumière de la raison éclaire. Que craignez-vous de discuter pu-

bliquement vos opinions sur les causes qu'on
soumet à votre décision, si vous rendez à l'innocence outragée son premier lustre, si vous
privez en frémissant un citoyen coupable de sa
liberté, de sa vie même ? Le public, témoin de
votre équité, de votre impartialité, vous applau-
dira, n'en doutez pas. L'œil vigilant de ce public
n'est à craindre que pour ces monstres qui
cherchent les ténèbres pour voiler de leur ombre
leurs odieux forfaits.

C'est donc à une audience publique, et non
dans une secrète enceinte dont l'entrée est interdite au public, qu'on doit interroger l'accusé,
entendre les dépositions des témoins. Joignez à
cela que le secret n'est jamais gardé dans les pays
où la procédure se fait à l'ombre du mystère :
c'est l'histoire de Jupiter transformé en pluie
d'or. A la vue de ce métal séducteur, les gardiens de Danaé se laissent aisément endormir;
la loi du secret n'est donc qu'une spéculation de
finance pour les officiers subalternes de la justice, qu'une charge onéreuse imposée à l'accusateur et à l'accusé.

Serment.

Ecartons encore un abus contre lequel s'élève
le droit naturel. On a dans plusieurs états la cou-

tume barbare d'exiger d'un accusé le serment de
dire la vérité, quand il a le plus grand intérêt à
la taire ; comme si l'on pouvait s'obliger de bonne
foi par serment à accélérer sa prompte destruction. La loi a voulu être plus forte que la nature,
étouffer le mensonge par une obligation forcée ;
qu'est-il arrivé ? On a avili le serment, et le mal
n'a point été réprimé, on a fait des parjures inutilement.

Il a paru aux Anglais que toute défense était
de droit naturel, en conséquence ils n'exigent
point de serment de l'accusé ; cette formalité ne
regarde que les témoins et les jurés. Il n'y a que
des tyrans en effet qui puissent exiger qu'un accusé dépose contre lui-même : c'est le forcer de
s'égorger de ses propres mains ; aussi cette institution est-elle née dans le tribunal horrible de
l'inquisition. Les tribunaux érigés par Cromwell
avaient étendu le serment aux accusés ; mais cette
extension a cessé avec la tyrannie.

Récusation.

Il n'y avait encore que le despotisme insolent
d'un Cromwell qui pouvait ôter à un citoyen la
faculté de récuser les juges dont il pouvait craindre la prévention ; ce n'étaient pas des juges qu'il
nommait, c'étaient des bourreaux. Mais dans ces

états où l'on respecte la liberté, les droits du citoyen, il faut laisser à l'accusé le droit de récuser un certain nombre de juges, si cependant il a de justes motifs à proposer pour fonder cette récusation ; car avec cette faculté illimitée, il semblerait se condamner lui-même [1].

Cette faculté peut même être étendue en sa faveur jusqu'à la récusation des témoins, en lui donnant les mêmes bornes. Les juges détermineront la solidité des motifs.

Alors les témoins dont il respecte le témoignage doivent être entendus ; à chaque phrase le juge interrogera l'accusé sur la vérité, mais sans aigreur, sans dureté, sans équivoque : s'il doit être sévère, il ne doit pas être cruel [2]. Que

[1] Voyez le *Traité des délits et des peines.*

[2] *Omnis castigatio,* dit Cicéron, *contumeliâ vacare debet.* Un juge, dans les interrogatoires qu'il fait subir, ne doit donc pas paraître dur. Il est un usage dans la procédure criminelle de plusieurs états, qu'on doit extirper par cette raison. Lors du dernier interrogatoire qu'on fait subir à un accusé, on le fait mettre sur la sellette, si les conclusions du ministère public tendent à peine afflictive ou infamante ; on l'interroge debout dans le cas contraire. La différence des deux cas est que dans l'un le criminel est déshonoré avant d'être convaincu.

N'est-il pas absurde de faire dépendre l'honneur d'un homme d'une ridicule formalité, et cette formalité de l'opinion d'un seul homme qui peut n'être pas

le juge seul n'ait pas la liberté d'interroger les
témoins : l'accusé peut leur répondre, leur faire
des questions, les forcer d'expliquer ce qu'il y
a d'équivoque, d'obscur dans leurs dépositions
C'est dans cette espèce de conversation que l'accusé. que les témoins se peindront, que le juge
aidé par mille indices pourra parvenir à décou-

adoptée? Les conclusions du ministère public peuvent
influer sur le sort futur d'un accusé, mais ne doivent
pas l'anticiper. Pourquoi donc réduire à l'humiliation
un être qui n'est pas encore convaincu ni réputé criminel? C'est le jugement seul qui constitue l'état de
l'accusé : jusqu'à cette époque il est homme, il est citoyen, il est l'égal, le pair de ses pairs qui le jugent; il
doit donc jouir des priviléges de ses titres, et l'autorité
arbitraire d'un seul individu ne peut l'en dépouiller;
l'autorité même réunie de ses juges ne le pourrait pas.
Quand ils auront prononcé qu'il est coupable, alors
qu'ils le dégradent, qu'ils le mettent sur la sellette;
mais jusque-là il est respectable, et tout juge qui veut
l'humilier est plutôt un tyran qu'un juge. Un écrivain a
dit que dans cette parade humiliante, et dans mille
autres entraves dont on surcharge les accusés, il
voyait un dessein formé par la magistrature d'élever
des autels sur la violation de l'humanité, d'inspirer à
l'accusé de la terreur plus que du respect, de faire
briller le glaive que la justice leur a confié, plutôt que
de consoler par leur air indulgent les malheureux qui
tombent sous leurs coups. Je suis loin d'adopter ce
jugement sévère, mais mille de nos usages pourraient
le justifier.

vrir la vérité ; telle est chez tous les peuples qui sont plus voisins que nous de la nature, telle était chez nos pères la manière de procéder ; en la suivant, nous faisons disparaître ces formalités gothiques, si multipliées, de récolements, de confrontations, etc.

Justification de l'accusé.

Il ne suffit pas d'avoir entendu les témoins produits par l'accusateur [1] ; et malgré l'argument sophistique de ces juges qui prétendaient être assez éclairés en entendant une seule partie, nous croyons qu'il faut encore entendre la justification de l'accusé ; elle peut être fondée ou sur des faits, ou sur des moyens de droit. Les premiers se prouvent par des témoins ; son accusateur pourra les récuser, les interroger, jouer en un mot vis-

---

[1] Telle fut pour l'instruction des faits justificatifs notre ancienne jurisprudence. Le jugement qui ordonnait le récolement et la confrontation, portait aussi que l'accusé fournirait les témoins qu'il voudrait faire entendre pour sa défense. Par l'ordonnance de Cremieu, le chancelier Duprat intervertit cet ordre qui lui paraissait trop favorable à l'accusé. Cette innovation, confirmée par l'ordonnance de Villers-Cotterets, a réglé les dispositions de l'ordonnance de 1670 sur cet objet, sans réclamation de la part des magistrats à l'examen desquels cette ordonnance fut soumise avant sa publication.

à-vis d'eux le personnage de l'accusé vis-à-vis
des siens. La balance est alors égale entre l'accusateur et l'accusé; or, cette égalité n'est-elle pas
rompue, lorsque, comme dans certains pays,
on rejette le temps de la justification de l'accusé
jusqu'après l'instruction entière du procès ? On
craint, dit-on, que les preuves ne disparaissent
en géminant ces deux procédures. Mais ce retard
ne peut-il pas faire disparaître aussi les preuves,
les témoins de l'accusé [1]?

[1] Il est bien singulier qu'en effet on ne permette à
l'accusé de proposer ses défenses et de présenter les
preuves de son innocence, qu'après que le procès est
entièrement examiné. Pourquoi donc rendre le sort de
l'accusé pire que celui de son accusateur? N'est-il pas
déjà assez malheureux de languir dans les fers, sans
lui ôter les moyens de se justifier? Ses témoins ne
peuvent-ils pas disparaître, mourir; les preuves écrites
être égarées, altérées pendant le temps qu'on instruit
son procès? Dans l'intervalle de cette instruction, la
prévention ne se fortifiera-t-elle pas dans le cœur de
ses juges qui ne voient que les preuves de son crime
fournies par ses adversaires? Dans les procès civils on
laisse au défendeur la liberté d'instruire les juges en
même temps que le demandeur; pourquoi dans les
procès criminels ne pas suivre la même marche? Qui
pourrait empêcher le juge qui entend les témoins produits par l'accusateur, d'entendre ceux produits par
l'accusé? En un mot, il doit y avoir égalité entre les
deux adversaires, leur sort doit donc être pareil.

On approuvera donc la procédure d'Angleterre qui

Avocat pour l'accusé.

N'est-ce pas encore une injustice que d'ôter à cet accusé la liberté de se défendre par la bouche d'un avocat ? Il semble que pour la rédaction des lois criminelles on ait pris le contre-pied des

admet l'accusé à la preuve de ses faits justificatifs en même temps que l'accusateur; ainsi, si un accusé soutient qu'au moment où on l'accuse d'avoir commis le crime dans un lieu, il était dans un autre, s'il accuse son adversaire d'avoir suborné des témoins, d'avoir falsifié une pièce, s'il prétend que le corps du délit n'est point constant, s'il accuse la procédure de nullité, on doit avoir égard à ses moyens, les écouter sans aucun délai.

L'auteur du *Traité des délits et des peines* et celui des *Observations* sur ce traité sont tous deux d'avis que toutes les fois que les preuves sont parfaites, c'est-à-dire qu'elles excluront la possibilité de l'innocence de l'accusé, il est inutile de lui accorder du temps et des moyens dont il ne peut faire usage, et qui retarderaient infructueusement le moment de l'exécution, etc.

Comme il est très possible de se tromper en jugeant qu'une preuve est parfaite, c'est-à-dire qu'elle exclut la possibilité de l'innocence de l'accusé, je crois qu'on ne peut jamais priver ce dernier de la faculté de pouvoir se justifier. Sans cela, ce serait ouvrir une porte bien dangereuse à l'iniquité; car le juge corrompu qui voudrait trouver un coupable, ne verrait jamais que comme une chimère l'innocence de l'accusé. Et combien de sang pourrait coûter un pareil aspect, s'il était autorisé par la loi !

lois civiles. Dans ces dernières, lorsqu'il y aura preuve par enquête à faire, on peut, on doit les faire en même temps; chaque partie peut avoir son défenseur. Le tribunal criminel lui est fermé; et ce qu'il y a de singulier, dans l'un il s'agit d'une affaire très légère, dans l'autre il est question de la vie et de la liberté.

Il y a plus : on défend aux citoyens de plaider leur cause eux-mêmes, lorsqu'il s'agit d'intérêts civils. La loi suppose alors qu'ils ne sont pas capables d'éclaircir leur affaire et de la développer. Elle veut qu'ils en chargent des procureurs ou des avocats; et lorsqu'il s'agit de leur liberté, de leur vie, cette loi leur refuse le secours d'un avocat, les force à s'expliquer par leur propre bouche. Quelle cruelle contradiction! Je sens bien que, pour répondre sur des faits personnels, un accusé n'a pas besoin d'avocats, qu'il peut répondre lui-même. Encore combien de fois n'a-t-on pas vu des juges faire tomber par leurs questions captieuses des accusés dans un piége! Dans l'affaire de Beaumarchais, s'il n'eût pas été éclairé, combien de fois il aurait fourni des armes contre lui! *Mais il savait distinguer* [1].

En Angleterre, l'accusé peut avoir un avocat

[1] Presque toutes ces observations s'appliquent à des temps qui ne sont plus.   (*Note de l'Édit.*)

auquel est interdite toute discussion du fait; il
ne peut que débattre l'application de la loi : les
moyens les plus ridicules, les plus impertinents
y sont admis. C'est pousser trop loin l'indulgence
qu'on doit aux accusés, c'est favoriser évidemment les coupables, et l'on ne doit pas estimer
assez leur vie pour la sauver aux dépens de la
raison [1].

SECTION III.

Jugement.

On réfléchit davantage avec le temps : la passion qui peut naître du zèle à venger la société
outragée, se calme, et l'on délibère ensuite avec
indifférence [2].

Précipiter le suppliee d'un accusé, c'est pour
un tyran marquer le désir violent de se défaire
d'un ennemi qu'on craint, c'est pour un juge se

[1] Un homme avait été accusé de trigamie; déclaré
coupable par les jurés, il allait être condamné à la
peine prononcée par la loi contre les bigames; son
avocat soutint que cette loi contre ceux qui avaient
épousé deux femmes, était sans effet contre ceux qui
en avaient épousé trois; on fit droit sur cette observation, et l'accusé fut renvoyé absous. En se soumettant
servilement à la lettre de la loi, n'était-ce pas juger
qu'on n'est plus criminel dès qu'on l'est plusieurs fois,
ou au moins dès que la loi n'a pas prévu le cas donné?

[2] *Murena, Dov. de Guid.*

préparer souvent des remords éternels. Magistrats dont la funèbre histoire des Calas et des Monbailly ternira toujours la mémoire, reparaissez ici et attestez à vos successeurs combien, si vous avez été justes, votre précipitation vous a fait verser de larmes ! Non, je ne connais point de supplice plus cruel pour une âme sensible et équitable, que cette idée désespérante : « J'ai fait périr un innocent ! » C'est un vautour impitoyable, qui ronge le cœur de Prométhée; c'est un fantôme hideux, qui poursuit le coupable *Macbeth* et transforme pour lui le vin qu'il boit, dans le sang qu'il a injustement répandu. Le coup de la mort ne se fait sentir qu'une fois; mais le déchirement perpétuel du remords, qui semble cloué à l'âme, prolonge son supplice pendant des siècles. Magistrats, ne soyez donc plus si prompts à juger et à condamner !

La chaleur de l'imagination, l'entêtement pour une opinion qu'on croit juste, la haine de l'homme, qu'on prend pour l'amour de la vérité, tout peut faire illusion dans le premier moment; laissez donc le calme de la nuit remplacer l'agitation du jour; réfléchissez, méditez: il n'y aura point de temps perdu, si vous sauvez un innocent que vous étiez sur le point de condamner.

Traîner de discussions en discussions le sort

d'un malheureux, c'est vouloir souvent assurer l'impunité à un crime. Ne vouloir donner qu'un coup-d'œil à l'examen d'une affaire criminelle, c'est regarder la vie de son semblable comme un hochet. Examiner deux fois et en différents temps les preuves, les dépositions, comparer le jugement du public et le sien, mettre de l'intervalle entre ces deux jugements, en mettre un autre entre le jugement et l'exécution de la sentence, c'est agir en juge qui ne veut pas prodiguer légèrement la vie des hommes, qui connaît tout à la fois la faiblesse de la raison et la loi de l'humanité.

En prolongeant ces intervalles, nous imitons la plupart des sages législateurs [1].

[1] Il est bon que l'on mette de l'activité dans la procédure pour constater le délit et quel en est l'auteur; il est bon aussi de mettre de la lenteur pour prononcer et exécuter le jugement.

Voilà pourquoi Solon voulut que l'aréopage revît le jugement d'un citoyen condamné par le peuple, afin que s'il croyait l'accusé injustement absous, il l'accusât de nouveau devant le peuple, et que s'il le croyait injustement condamné, il arrêtât l'exécution et lui fît rejuger l'affaire. En 1755, le parlement d'Angleterre ordonna que les assassins, à la différence des simples voleurs, seraient exécutés dès le lendemain du jugement prononcé.

Il y eut sous l'empire de Tibère un décret du sénat qui voulait qu'on différât de dix jours l'exécution des

Exécution.

Lorsque la sentence aura été confirmée par la
cour souveraine criminelle, lorsque toutes les
formalités que nous avons prescrites auront été
scrupuleusement suivies, alors il faut se hâter
de livrer le coupable au bras implacable de la
sévère justice; il faut, sans blesser l'humanité [1],

coupables qui avaient été condamnés à mort. Théodose
porta ce terme à trente jours.

C'est dans les républiques surtout qu'on a mis de la
lenteur dans l'exécution des jugements. Nous avons
cité les Athéniens dans quelque autre endroit. Ils
avaient une autre institution qui prouve combien ils
respectaient la vie des citoyens. Il fallait chez eux que
le coupable avant le jugement se condamnât lui-même
à la peine dont il se jugeait digne. Cette coutume pire
que celle du serment exigé de l'accusé, avait cependant quelque fondement. Elle supposait que la société
ne se croyait point suffisamment autorisée à mettre un
citoyen à mort sans son consentement même.

[1] Il n'est point de pays où l'on respecte plus les titres
du citoyen qu'en Angleterre dans ce moment terrible
où un accusé va subir son supplice. L'humanité, depuis
l'instant où les jurés ont prononcé à l'accusé le mot
foudroyant de *guilty*, reprend ses droits dès que la
prison s'ouvre pour le livrer aux *shérifs* chargés de
son supplice. Les shérifs ne sont point des militaires,
ils ont sous eux des coustables bourgeois, dont tout
l'uniforme consiste dans un long bâton peint et doré à
moitié.

Le patient lié sans contrainte, même par la corde

donner à l'appareil du supplice l'éclat le plus ef-
frayant, rassembler sur la tête du coupable tout

qui doit terminer ses jours, est assis sur une charrette
tendue de noir. Il peut obtenir la permission de se servir d'un carrosse; il traverse lentement la rue d'Oxford
qui est une des plus longues et des plus larges de
Londres, il n'a d'autre garde qu'un petit nombre de
constables et quelques officiers de shérifs à cheval :
un silence plus respectueux que lugubre règne dans la
populace immense qui remplit toutes les avenues.

Arrivé au terme, celui qui est venu en carrosse le
quitte et monte dans la charrette qui s'est arrêtée
sous la traverse qui forme la potence. L'exécuteur, qui
jusque-là est resté éloigné, s'approche; il dénoue la
corde, l'attache à la traverse après l'avoir ajustée au
cou du patient. Celui-ci converse avec le ministre qui
lui rappelle son crime et la nécessité de l'expier; après
un certain temps, l'exécuteur lui couvre la tête d'un
bonnet, il le rabat sur le visage jusqu'au menton. Au
signal que fait le premier shérif, il touche le cheval,
et la charrette avançant, l'office du bourreau se trouve
rempli d'une manière imperceptible; il ne se précipite
point sur le patient pour lui arracher la vie, et le visage
de celui-ci dérobé aux regards ne paraît point difforme
par des convulsions.

Après une heure de suspension, l'on détache le
corps, on le rend aux parents (hors le cas d'assassinat,
où il est livré aux écoles d'anatomie pour y être dissé-
qué, et ceux des vols sur les grands chemins. Les coupables de ces derniers crimes sont suspendus sur les
routes qu'ils ont souillées, dans des cages de fer où ils
restent jusqu'à une entière dissolution). Ce n'est plus
un coupable, c'est un citoyen qui rentre dans tous les
droits que lui avait fait perdre son crime; sa mémoire

ce qui peut augmenter dans l'âme des spectateurs l'horreur du crime et la crainte du châtiment. Son déshonneur doit être public et consigné dans les papiers publics [1]. Dégradé de la qualité de citoyen, descendu dans le rang de ces animaux féroces qu'on force, en les enchaînant, à servir à nos besoins, il portera partout la marque de l'ignominie, le remords dévorant; familiarisé même avec la peine, il en fera naître encore la sensation douloureuse dans l'âme de ceux que son sort instruira.

Ceux qui seront condamnés à des peines corporelles, seront, sans aucun délai, sans aucune sorte de capitulation [2], punis par la main avilis-

n'est flétrie dans l'opinion publique; sa veuve et ses enfants n'en trouvent pas moins des partis proportionnés à leur état et à leur opulence. On ne rougit point de son nom. Le frère du docteur Dodd a succédé à son bénéfice sur la présentation même de lord Chesterfield. (*Ann. de Linguet.*)

[1] Les Anglais ont l'excellent usage de publier les sentences rendues contre les criminels, et d'en faire mention dans les papiers publics. Il y a même un journal destiné spécialement à rendre compte des *trials* [*].

[2] Lorsque les juges ont prononcé la peine, elle doit être infligée exactement. Les voyageurs parlent d'une singulière coutume établie à Achem, où il semble que les criminels ont la faculté de capituler avec l'exécuteur. Celui-ci demande au coupable combien il

[*] La France a sa *Gazette des Tribunaux.*

sante du bourreau. Le philosophe qui remonte à la source des préjugés gémit peut-être en secret de l'infamie convenue attachée à ce nom odieux, qu'on n'ose prononcer. Je n'entre point dans cette discussion. Si c'est un préjugé, il est favorable aux mœurs ; et il en est si peu de cette espèce, qu'on doit conserver précieusement ceux qui nous restent. Le criminel aurait encore une espèce de consolation d'être frappé de la main d'un citoyen honoré. En effet, si le métier de bourreau est regardé comme infamant en France, si le moindre roturier le voit avec horreur, nous ne devons cette opinion qu'au préjugé d'honneur qui est la base des mœurs de notre nation. Le brave est celui qui défait son adversaire à armes égales. Le lâche est celui qui l'assassine par fourberie ou autrement. S'il est permis de verser le sang de son semblable, c'est en rendant le péril égal. En partant de ce principe, on devait dédaigner l'homme utile, qui était chargé de met-

veut donner pour être châtié proprement, pour avoir le nez ou le poing coupé d'un seul coup, pour que la bastonnade n'effleure que la peau ? Ces capitulations sont autant d'attentats à la vindicte publique et à l'intérêt des particuliers. Car, ou la capitulation a lieu, et alors la peine n'est pas complète, ou elle est rejetée, et l'exécuteur pour se venger fait endurer au coupable un supplice plus étendu que la loi ne l'a voulu.

tre à mort les méchants qui avaient troublé l'ordre de la société ; dans toutes les monarchies on flétrira donc du sceau de l'opprobre les bourreaux [1].

Je ne puis finir cet article de la procédure criminelle, sans parler des frais immenses qu'elle occasionne partout. *L'Ami de la Concorde* [2] en a esquissé le tableau, mais qu'il est au-dessous de la vérité! On imagine bien que cet abus doit être proscrit dans le Code que nous proposons. La justice criminelle n'a pas besoin de l'état ruineux de tant de ministres subalternes, dont la voracité incroyable augmente ici en raison de l'importance des affaires et de l'intérêt que l'accusateur ou l'accusé ont à triompher. Ainsi la procédure sera simplifiée, épurée; plus de ces énormes grosses qui décuplent l'embarras et l'ennui, plus de casuels secrets pour les greffiers, plus d'extraits, plus de vacations. etc.

[1] Ils sont si infâmes en France qu'on ne se donne pas même la peine de suivre pour eux les règles de l'équité. Ainsi, par arrêt du 15 novembre 1591, le bourreau qui avait été forcé par le ligueur *Bussi* d'étrangler le président *Brisson*, fut condamné à mort, et Jousse s'écrie qu'il le méritait bien.

[2] Ou *Essai sur les motifs d'éviter les procès* par CHAMPLAIR, Londres (Paris), 1765. nouv. édit. 1779, in-8°.

Note de l'Édit.)

14.

Je n'ai pas relevé tous les abus qui se rencon-
trent dans les différentes procédures criminelles,
usitées en Europe. La liste en est immense, et
doit l'être, puisque partout, depuis une longue
suite de siècles, on ne fait qu'accumuler ordonnances sur ordonnances, sans jamais avoir examiné, visité, réparé les fondements du Code pénal.
J'ai entrevu les plus considérables, je les ai exposés, et en les mettant à l'écart, je les ai rem-
placés par une procédure simple, qui concilie
en même temps tous les droits du citoyen accusé
et l'intérêt social. J'en donne ici le plan abrégé.

PLAN DE LA PROCÉDURE CRIMINELLE.

SECTION PREMIÈRE.

Constater le crime.

Plainte.

ART. 1ᵉʳ. Tout citoyen outragé pourra rendre
plainte du délit privé, commis envers lui. Il sera
obligé de se porter pour accusateur.

2. Tout citoyen pourra déférer au ministère
public un crime public; mais nul que le ministère
public ne pourra se porter accusateur. Le dénonciateur sera obligé de signer sa délation.

3. La plainte sera consignée par écrit et dans
un style clair afin d'éviter les variations et de

fixer sans retour l'objet de l'accusation. Elle sera signée de la partie plaignante et du juge.

4. Dans toute espèce de plainte on fixera 1° l'espèce du crime, 2° le lieu où il a été commis; 3° la personne qui l'a commis; 4° les dommages qu'on réclame.

5. Toute plainte sera communiquée au ministère public.

6. On ne recevra point d'accusation secrète : c'est l'ouvrage de la tyrannie; et ce Code est pour des hommes libres.

7. Quoique tout citoyen soit obligé de déférer le crime public à la justice, cependant elle ne doit pas écouter la délation quand elle outrage la nature. On ne recevra donc point la dénonciation d'une épouse contre son époux, d'un fils contre son père.

SECTION II.

Procès-verbaux.

ART. 1ᵉʳ. Les juges seuls pourront constater le crime, s'il en existe des vestiges. Il faudra qu'ils soient au moins au nombre de six : un seul homme pourrait se tromper.

2. Cette visite sera faite en présence de l'accusateur et du ministère public, qui pourront faire leurs observations.

3. Les juges se feront assister d'experts qu'ils nommeront. Pour constater un homicide, ils prendront des chirurgiens et un médecin. Pour constater une effraction, on prendra un serrurier, etc.

4. Le procès-verbal qui sera dressé, contiendra exactement toutes les circonstances, le détail de l'opération. Les experts s'interdiront tous raisonnements.

5. Ce procès-verbal sera signé par les juges, le ministère public, les experts, l'accusateur.

6. On conservera soigneusement dans le greffe les monuments du crime, si on en trouve, comme instruments, épée, etc.

Citation.

ART. 1er. L'accusateur ou le ministère public feront citer par un huissier le coupable indiqué par la plainte, à comparoir dans vingt-quatre heures au tribunal criminel.

2. La citation contiendra en termes clairs le détail de la plainte, la copie du procès-verbal, la date du jour auquel l'audience est fixée.

Emprisonnement.

ART. 1er La liberté des citoyens doit être respectée : nul n'en doit être privé, à moins qu'il n'y ait une conviction presque entière de crime.

2. Si le crime n'est pas capital et ne mérite pas de peine à perpétuité, ou de peine corporelle, on n'ôtera point la liberté à l'accusé.

3. S'il mérite peine corporelle, les juges, en ordonnant que l'accusé sera cité, pourront ordonner qu'il soit arrêté, afin qu'il ne puisse échapper au châtiment.

4. On renfermera simplement l'accusé dans un lieu sain, bien aéré, où on lui fournira les besoins nécessaires. Point de droit de geôle, d'entrée et autres vexations.

5. On recommandera aux geôliers de ne point traiter durement les prisonniers. Le malheur doit toujours être respecté; et jusqu'à la conviction, l'accusé n'est que malheureux.

6. Si l'accusé est bien famé et domicilié, il sera relaxé en donnant caution de se représenter.

SECTION III.

Constater quel est le criminel.

Audience publique.

Art. 1ᵉʳ. Au jour fixé, l'accusé sera conduit entièrement libre, à côté cependant des ministres subalternes de la justice, devant le tribunal cri-

minel. Il pourra se faire accompagner de ses parents, de ses amis, d'un avocat.

2. Il pourra récuser la moitié de ses juges en
donnant les motifs de sa récusation.

L'accusateur et le ministère public comparaî-
tront aussi.

3. Le greffier lira la procédure faite par les
juges, la plainte et le procès-verbal.

4. Les juges interrogeront l'accusé. Point de
serment; c'est une coutume anti-naturelle. Point
de questions captieuses; c'est un stratagème abominable. Point de dureté; l'accusé est homme et
l'égal de ses juges. Point de sellette; il n'est pas
encore convaincu.

Tout accusé qui refusera de répondre sera
supposé convenir de la vérité des faits. Mais ce
silence ne vaudra pas plus que l'aveu.

5. L'accusateur produira ensuite les témoins;
l'accusé pourra les récuser en donnant de justes
motifs de récusation. Les juges y feront droit sur-
le-champ.

6. Les juges entendront ensuite la déposition
des témoins non récusés. A chaque phrase on
demandera à l'accusé s'il convient de la vérité
des faits. L'accusé pourra faire des observations,
interpeller le témoin. Tout sera consigné par
écrit par le greffier.

7. L'accusé produira de même les témoins des faits justificatifs qu'il posera. L'accusateur et le ministère public pourront récuser ceux qu'ils jugeront à propos. Ils pourront aussi leur faire des observations, des interpellations.

8. On représentera à l'accusé les effets, instruments, etc., trouvés et servant d'indices pour le crime, et on lui fera différents interrogats relatifs.

9. Lorsque la discussion des faits sera terminée, l'accusé pourra faire plaider sa cause par un avocat. L'avocat ne pourra discuter que des moyens de droit.

SECTION IV.

Jugement.

ART. 1ᵉʳ. Le président fera un discours où il résumera les objets de l'accusation, combinera les preuves résultant des dépositions, soit à charge, soit à décharge, présentera aux autres juges le point de question à juger.

2. Le président ira aux opinions. Chaque juge se bornera à dire s'il croit l'accusé coupable ou non. Le président recueillera ensuite les voix. S'il y a unanimité de voix, il prononcera que l'accusé est déclaré coupable, et que la loi,

pour réparation de son crime, ordonne tel châtiment.

3. Pour condamner un homme à l'esclavage et travail perpétuels, pour infliger une peine infamante, il faudra une unité de voix. Pour lui infliger une peine corporelle ou pécuniaire, il ne faudra que moitié de voix. Pour le déclarer innocent, il faudra le même nombre.

4. Après le jugement, si l'accusé est condamné à une peine corporelle ou d'esclavage, il sera conduit en prison.

5. Huit jours après, les juges s'assembleront de nouveau et discuteront encore le procès. L'accusé pourra faire de nouvelles observations, de nouveaux mémoires.

6. Le jugement qui sera rendu, sera définitif.

7. Tout jugement qui entraînera peine de travail perpétuel ou corporel, ou simplement infamante, sera porté pour être confirmé dans le tribunal criminel souverain.

8. On produira devant ce tribunal toutes les pièces du procès. Elles seront communiquées au ministère public.

9. L'accusé paraîtra devant ces nouveaux juges, pourra encore faire plaider sa cause, donner des mémoires.

10. La cour souveraine sera obligée de confirmer par deux fois le premier jugement [1]. Il faudra qu'il y ait unanimité de voix pour une peine de travail perpétuelle ou flétrissante.

11. Le jugement définitif sera irrévocable.

12. Si cependant entre l'exécution du jugement et le jugement même, l'accusé recouvrait de nouvelles pièces justificatives, il pourrait, par un mémoire, les représenter à ses juges; et ils seront obligés d'y faire droit.

13. La sentence sera toujours rendue publiquement.

14. Il sera dressé un tarif des frais de la procédure criminelle. Ceux du ministère public seront dans tous les cas à la charge du souverain. Ceux de l'accusateur seront pris, s'il réussit, sur les biens du coupable, s'il en a, ou sur le domaine du prince, s'il n'en a pas. Mais tous les actes de cette procédure seront simples et en petit nombre. Plus de grosses, de vacations éternelles, d'extraits, etc., etc.

[1] L'auteur a oublié d'ajouter *pour qu'il soit exécutoire.*
(*Remarque de l'Édit.*)

CHAPITRE V.

DES TRIBUNAUX CRIMINELS.

Nec supplex turba timebit
Judicis ora sui, sed erunt sub judice tuti.

OVIDE.

Il serait intéressant sans doute d'examiner l'origine des tribunaux civils et criminels, de suivre leur histoire chez tous les peuples, de comparer les effets de leurs différentes constitutions. Ce serait le moyen le plus sûr de s'instruire dans quelle forme de tribunaux la société peut trouver plus d'avantages. Cette carrière est trop immense; je ne la parcourrai point. Je bornerai mes recherches à la nature de la puissance judiciaire, à la manière différente dont elle s'exerce dans les diverses contrées de l'Europe, aux abus qui caractérisent les magistratures perpétuelles, enfin à la méthode de simplifier cette partie du Code pénal, qui n'en est pas la moins essentielle.

On pourra tirer des conséquences pour les tribunaux civils, du nouveau régime que je propose. Je les désavoue par avance. Je n'examine ici les tribunaux qu'en tant qu'ils s'arrogent le droit de connaître des crimes. Je ne particularise point mon examen. J'indique l'abus; mais je n'indique point la contrée qu'il dévaste, ni les égoïstes qui le secondent. *Parcere personis, dicere de vitiis.* Voilà ma devise.

Origine du pouvoir judiciaire.

Toute société, quel qu'en soit le gouvernement, a pour base nécessaire trois principes admis par tous les politiques, et qui ont donné naissance à trois différents pouvoirs. Pour y maintenir l'ordre, il faut dicter des lois et les changer suivant les circonstances, de là le pouvoir *législatif;* il faut veiller à leur exécution si l'on ne veut pas qu'elles deviennent nulles; de là le pouvoir *exécutif.* Le pouvoir de *juger* est celui d'appliquer les lois à certains cas, de punir les infractions portées à ces lois. C'est de ce dernier pouvoir dont il est ici question; c'est de la sage distribution de ces trois pouvoirs que découle le bonheur des nations. Malheur à celles où ils sont réunis dans une seule main ! Les lois en sont détestables, l'exécution barbare; les hommes n'y sont rien, le despote y est tout. Le peuple vraiment heureux, vraiment libre, est celui qui, retenant le pouvoir législatif, confie aux mains d'un seul la force pour le faire exécuter, qui, juge unique des causes publiques, n'érige des tribunaux particuliers que pour les causes privées des citoyens, qui choisit les juges et peut les destituer. Là, les magistrats sont rarement corrupteurs (ils ne sont pas assez riches pour corrompre) ; plus rarement encore corrompus, parce que leur corruption n'y est point impunie, parce que le moindre citoyen a le droit de déférer, le coupable, dépouillé de sa dignité, à la vengeance publique. Tel était le gouvernement de Rome dans l'heureux temps où ses armes victorieuses assujettissaient l'univers à ses lois ; et cette ville si puissante ne dut le sceptre du monde qu'à la juste combinaison de ces trois pouvoirs.

Pouvoir judiciaire exercé différemment dans les divers gouvernements.

Pour résoudre le problème important que nous avons proposé, pour savoir à qui appartient le droit de juger, il faut consulter la nature du gouvernement de chaque pays. Pour la division des gouvernements, nous le répétons ici, nous ne copierons pas le célèbre Montesquieu qui posa des limites chimériques entre la monarchie et le despotisme. Il n'y a que deux es-

pèces de gouvernements : celui où les peuples
jouissent de la liberté *civile* et *politique* , et celui
où ils n'ont que cette dernière à un degré plus
ou moins considérable. Quelque violent que soit
un despote, sa faible main ne peut pas écraser
entièrement la liberté civile de tous ses sujets :
s'il la frappe dans quelques individus, elle échappe
à ses coups impuissants dans le plus grand nombre; et, forcé pour sa propre sûreté d'introduire
l'ordre dans toutes les classes de ses sujets, il
a, comme les monarques, des juges et des tribunaux [1].

[1] On a tant médit du gouvernement oriental , qu'on
ne doit point se lasser de prouver que l'administration
y est la même que dans une monarchie; que la justice
s'y rend, et souvent mieux que dans les gouvernements
européens. Voyez, par exemple, le détail de toutes les
fonctions du *cotoual* ou lieutenant de police et criminel
dans l'Inde : ce magistrat ne pourrait-il pas être proposé
comme un modèle aux nôtres ? (Dow, *Histoire de l'In-
dostan.*)

Celui-là , dit la loi , est digne de cette place , qui au
courage joint la force de tenir les rênes de l'administration, qui a la marche souple, fine et intelligente de
la couleuvre , qui ne songe qu'à faire du bien tandis
que tout le monde veille, et fait la ronde la nuit tandis
que les autres reposent dans le sommeil.

Il faut que le cotoual fasse disparaître les méchants
des places publiques, qu'il tienne registre des maisons, des chemins, etc., qu'il forme des quartiers, qu'il

Il n'est pas de nation qui puisse exister sans ces institutions : il n'en est aucune où le crime ne

mette à la tête des faibles habitants un homme d'esprit, et prenne un registre de ce qui vient, de ce qui va, etc., qu'il charge de la fonction d'examinateur un étranger habitué dans l'endroit, qui soit ami de tout le monde.

Avant tout, qu'il abolisse la violence et ne souffre pas que personne descende de force dans la maison d'autrui, qu'il traduise les voleurs aux yeux du public, etc.

Pour que l'on tourne agréablement la roue des événements du monde, qu'il fasse contracter des mariages et empêche la femme d'aller à cheval.

Qu'il fasse en sorte que le buffle, le cheval et le chameau aient la nourriture dont ils auront besoin.

Qu'il ne fasse pas mourir au gibet celui qui n'a rien fait qui le mérite.

Qu'il chasse les joueurs des jeux de hasard, ceux qui vendent des liqueurs, qui tiennent cabaret, les hypocrites, ou leur fasse changer de vie.

Qu'il place dans des lieux séparés du reste des hommes, les bouchers, les chasseurs, ceux qui lavent les morts ou qui ôtent les immondices ; qu'il empêche les hommes de se mêler avec ces cœurs de pierres noires intérieurement.

On opposera sans doute à ces ordres de la loi, les injustices que commettent tous les jours les cotouals, les cadis. Que prouverait cette assertion ? Un Indien qui aurait vu l'innocent Langlade la rame à la main, l'innocent Calas traîné sur l'échafaud, en aurait-il pu conclure que nous n'avons ni tribunaux ni justice ; que nos juges sont des tigres ? Non, sans doute, la loi

soit puni par une loi reçue, où l'innocent ne trouve un asile assuré contre son oppresseur.

Nous ne donnerons point le tableau des tribunaux de tous les différents royaumes : il serait ennuyeux pour nos lecteurs, sans leur procurer aucune utilité. Il nous suffira de dire qu'il n'est point d'état où cette partie de l'administration judiciaire ne fourmille d'abus, où le grand nombre des tribunaux n'effraie et par leur multiplicité et par l'étendue de leur pouvoir. Il semble que ce ne soit pas pour juger des coupables qu'on crée des juges, mais que l'on cherche des criminels pour fournir les tribunaux d'affaires. L'Allemagne offre surtout cette inconcevable fécondité de tribunaux qui se croisent sans cesse, qui luttent les uns contre les autres, sans diminuer par ces combats le nombre des crimes [1].

est à peu près la même partout; mais partout il y a des juges ignorants, iniques, inhumains; mais partout on voit avec un microscope les défauts des administrations voisines; on ferme les yeux sur ceux de la législation sous laquelle on vit. Voilà la clef des perpétuelles déclamations des écrivains contre les gouvernements asiatiques.

[1] Il existait à Naples une foule de tribunaux inutiles; tel le tribunal mixte qui avait pour objet de prononcer sur les immunités, les asiles; et c'est le pape qui nommait une partie des juges! Il y avait aussi un tribunal de santé, chargé de veiller à ce que la peste ne s'introduisît pas dans cet état. Comme si un tribunal

Le pouvoir de juger réside en différentes mains, suivant la nature des gouvernements. Dans les aristocraties et les démocraties mixtes le pouvoir de juger est partagé : chaque classe a ses juges. Ainsi les patriciens à Rome étaient jugés par le sénat, les plebéiens par le peuple ou ses tribuns.

Les républiques de Venise et de Gênes ont à peu près suivi la même marche. C'était un abus.

Il y a rarement des criminels quand les juges sont intéressés à n'en point trouver. Le sénat voulait absoudre les *Coriolan*, les *Appius*; le peuple excusait les *Gracques*, les *Saturninus*. Pour obvier à cet inconvénient qui hâta la ruine de Rome, il fallait assujettir les sénateurs à être jugés par le peuple, le peuple par le sénat : la balance aurait été égale, le crime aurait été puni dans tous les ordres; le coupable n'ayant point de liaison avec son juge, étant même son rival, n'aurait pu le corrompre; car il n'y a point de prévarication ou d'impunité là où la loi sévère élève un mur de séparation entre le juge et l'accusé.

Il est une espèce de monarchie qui se rapproche par sa constitution de l'esprit républicain : tel est le gouvernement d'Angleterre. Le pouvoir exécutif

unique de police ne devait pas embrasser cet objet comme tant d'autres qui en dépendent!

est dans la main du roi. Le peuple, ou du moins ses représentants, sont législateurs. et chaque ordre a ses juges particuliers. Jamais un lord ne peut être jugé que par des lords. Ce privilége est dans l'état actuel un des plus fermes remparts que la liberté puisse élever contre l'autorité arbitraire. Le peuple ne reconnait aussi d'autres juges que ses pairs sous le nom de jurés. L'unanimité de leur suffrage et mille autres formalités qu'exige la loi pour le jugement d'un coupable, prouvent suffisamment qu'on sait dans ce pays apprécier la vie d'un citoyen.

Dans d'autres monarchies on a fait succéder à cet établissement si précieux de jurés, des juges arbitraires, des commissaires révocables au caprice du monarque, du parlement, amovibles, puis inamovibles. On a multiplié les tribunaux, on a fait des charges un objet de commerce; le peuple n'a plus connu ses droits, le chef a trop étendu les siens. De là résulte un délabrement dans la machine de l'État, qui de la monarchie tempérée le conduit à pas lents au despotisme absolu.

Pour détruire ces abus funestes à l'humanité, remontons aux vrais principes, consultons la nature des gouvernements; elle nous éclairera sur l'élection des juges.

15.

Dans la pure démocratie le peuple est tout ; c'est donc à lui à choisir ses juges.

Dans les états où la démocratie se combine avec l'aristocratie, le pouvoir du juge ne doit appartenir entièrement ni à l'une ni à l'autre classe. Si les nobles l'usurpent, la nation tombe sous un despotisme plus effréné que celui d'un seul ; et tel sera le sort des Vénitiens, parce que le pouvoir de juger ne réside que dans la main dangereuse des nobles.

Il est des républiques dont la trop grande étendue, le commerce immense empêchent les membres de donner leur attention à la chose publique. Ils en confient la garde à des représentants choisis par eux. La nomination des juges peut être abandonnée à leur choix. Plus éclairés que le peuple, ils écouteraient moins que lui la prévention.

Dans les monarchies où le chef n'est que l'homme de la nation, il faut l'empêcher de porter la main sur le glaive de la justice, réservé au peuple ou à ses jurés. S'il l'usurpe, c'en est fait de la liberté de la nation ; la démocratie monarchique n'est plus qu'une monarchie sans pouvoirs intermédiaires, et cette monarchie est bien voisine du despotisme.

Le monarque, dont les volontés ne peuvent

être arrêtées par l'obstacle de corps intermédiaires, qui est au-dessus de tout, excepté de la loi,
doit confier le pouvoir judiciaire à des magistrats qu'il commet; car jamais le prince ne peut
être juge lui-même. S'il en était autrement, disait Montesquieu, la constitution serait détruite
les pouvoirs subalternes dépendants anéantis.
On verrait cesser toutes les formalités des jugements; la crainte s'emparerait de tous les esprits,
on verrait la pâleur sur tous les visages. Plus
de confiance, plus d'honneur, plus d'amour, plus
de sûreté, plus de monarchie. Quelques empereurs romains eurent la fureur de juger. Nuls
règnes n'étonnèrent plus l'univers par leurs injustices.

On pourrait nous citer Louis IX. Mais pour
un si bon roi, que de Claude ou de Louis XI [1] !

[1] Montesquieu croyait que le prince ne devait pas
se mêler de juger. Linguet (Discours préliminaire de
la *Théorie des lois civiles*, p. 92) pense le contraire :
«Quand il confie, dit-il, son glaive à d'autres mains,
il faut que ce soit pour se soulager et non pour s'en
dessaisir; il fait une action très sage quand il préside
en personne aux jugements. Il est très louable de
prendre cette précaution le plus qu'il peut, comme un
fermier l'est de suivre ses domestiques dans les champs,
et de voir par ses yeux comme ils labourent.»
Il me paraît possible de concilier ces deux sentiments. Il est évident que Frédéric II vérifiant les juge-

Mais ces magistrats doivent-ils être amovibles ou permanents ? Doit-on vendre ou simplement

ments de ses tribunaux, punissant les injustices ou l'ignorance des juges, a droit à l'estime de l'univers, et qu'il fait alors un bel usage de la prérogative qu'a l'autorité royale de veiller à l'exécution des lois. Mais quand un prince ne s'en sert que pour commettre des injustices, que pour écraser le citoyen intrépide qui s'oppose à son despotisme; quand imbu de ces idées de propriété universelle, son visir, l'instrument de ses volontés, nomme des commissions pour trouver l'innocent coupable, se met à leur tête, et leur donne le signal des atrocités, alors n'a-t-on pas raison de penser avec Montesquieu, que le glaive de la justice est terrible dans les mains du monarque? En effet, on leur déguise la vérité, ou ils ne veulent ou ils ne peuvent pas la voir; alors ils frappent au hasard. Or, qu'on consulte la liste des rois de tous les pays du monde, on trouvera bien plus de tyrans que de pères de la patrie, bien plus de princes ignorants que de princes éclairés, bien plus de vicieux, de voluptueux, de violents, que de vertueux Trajan. Il en résulte donc que, pour diminuer le nombre des calamités du genre humain, il vaut mieux pour les peuples que le pouvoir judiciaire soit confié entre les mains des magistrats.

Je ne refuse pas cependant aux monarques le droit de veiller sur les tribunaux; qu'ils l'exercent s'ils sont éclairés; ils ne doivent avoir les mains liées, suivant le vœu du Régent (d'Orléans), que pour faire le mal.

Montesquieu a oublié de faire observer que dans tous les pays du nord les princes étaient autrefois les premiers justiciers de leur royaume; régime suivi par les Francs. Ainsi les rois de Pologne parcouraient leurs

conférer le droit de juger ? En commençant la discussion d'un problème si délicat, je dois observer que je n'ai été guidé que par l'amour de la vérité, que je ne suis d'aucun parti, que je n'ai dessein d'attaquer aucun corps, aucun ordre, aucune compagnie, que je respecte toutes celles que mon prince a établies ; mais dans un nouveau Code criminel j'ai dû peindre le meilleur des mondes possibles, et conséquemment mettre de côté tout ce qui existe. Je sais que cette déclaration n'arrêtera pas les persécutions et les cris ; mais *justum et tenacem propositi virum*, etc.

Perpétuité des magistratures proscrite.

Dans tous les bons gouvernements, on a vu que les juges ne devaient jamais être perpétuels ; et en fixant à un temps limité la durée de la magistrature, on a prévenu mille inconvénients qui ne se font sentir que trop fortement dans les États où elle est perpétuelle et héréditaire [1].

provinces en jugeant. On avait institué depuis Étienne Battori différents tribunaux ; mais ils étaient limités à certains temps et à certaines affaires.

[1] Rien de plus beau, s'il était vrai, que le portrait qu'a fait un auteur ancien du tribunal de l'aréopage. Remarquez que c'était à Athènes le tribunal criminel, et que son autorité était bornée à certains temps.

Les juges de l'aréopage n'étaient point occupés de la manière dont ils puniraient les crimes, mais uni-

Athènes, Rome [1], Carthage [2], la France [3] dans

quement du soin d'en inspirer l'horreur. Ils se croyaient
surtout institués pour le maintien des bonnes mœurs,
leur attention particulière se tournait principalement
sur les jeunes gens, etc. Leurs soins étaient proportionnés aux qualités et aux moyens de chaque famille;
les moins riches étaient appliqués à l'agriculture et au
commerce, sur ce principe que la paresse produit l'indigence, et l'indigence les plus grands crimes.... Peu
contents d'avoir établi des lois utiles, ils avaient la
plus grande attention à les faire observer.

[1] Les Romains ne connaissaient point de juges inamovibles. Pour éviter la corruption dans la magistrature, *Censores*, disent les lois, *bini sunto, magistratum
quinquennium habento, reliqui magistratus annui sunto.*
(De legibus , l. III.)

Cicéron donne dans le même endroit le véritable esprit de cette loi. *Itaque,* dit-il, *oportet eum qui paret
sperare se aliquo tempore imperaturum, et illum qui imperat
cogitare brevi tempore sibi esse parendum.* (Ibidem , l. III.)

Qu'il donne une belle définition du magistrat! *Ut
enim magistratibus leges ita populo præsunt magistratus,
vereque dici potest magistratum legem esse loquentem, legem autem mutam magistratum.* (Ibidem , l. III.)

A Rome, le préteur formait une liste ou un tableau
de ceux qu'il choisissait pour remplir les fonctions de
juges pendant l'année de sa magistrature; on prenait le
nombre suffisant pour chaque affaire. Cela se pratique
à peu près de même en Angleterre; et ce qui était très
favorable à la liberté, c'est que le préteur prenait les
juges du consentement des parties.

[2] Annibal le Carthaginois fixa la durée de la magistrature à quatre ans.

[3] Autrefois, en France, les grands juges, en petit

les premiers temps, l'Angleterre aujourd'hui, et mille autres gouvernements ont suivi cette sage méthode.

La puissance de juger ne doit donc pas être donnée à un sénat permanent, mais exercée tour à tour par les différents membres de la société, élus par le peuple (comme à Athènes), ou choisis par le monarque. Ce tribunal ne doit subsister que pendant un temps limité par la loi.

« De cette façon, dit Montesquieu, la puissance de juger si terrible parmi les hommes, n'étant attachée ni à un certain état, ni à une certaine profession, devient pour ainsi dire invisible et

nombre, étaient de simples commissaires révocables *ad nutum*. Les parlements se tenaient par termes en vertu de lettres-patentes pour chaque terme; les intervalles étaient remplis par les grands jours et par les assises que les grands juges allaient tenir dans les provinces. Les bailliages et sénéchaussées avaient alors dans la personne du baillif ou sénéchal, et ensuite dans celle de son lieutenant, un juge unique qui dans les affaires les plus épineuses se choisissait des assesseurs parmi les avocats. Ce magistrat réunissait dans le siége principal de chaque bailliage les fonctions aujourd'hui partagées dans chaque ville entre le bailliage, le présidial, la prevôté, la chambre des monnaies, l'élection, le grenier à sel, la police, les eaux et forêts. Les traités et les appels de ses jugements se portaient au tribunal unique qu'eût alors la nation, à la cour du parlement.

nulle. On n'a point continuellement des juges devant les yeux ; et l'on craint la magistrature, et non les magistrats [1]. »

On pourrait employer bien d'autres raisonnements pour prouver la nécessité de proscrire la perpétuité, l'hérédité des magistratures. Je me borne à ce seul fait écrit en lettres de sang dans les registres de beaucoup de tribunaux ; c'est que les corps affectent un certain esprit qui ne se concilie pas toujours avec l'intérêt social. Je suis éloigné d'en calomnier aucun ; mais en parcourant les histoires de tous les peuples, je vois que cet esprit de corps a produit d'étranges révolutions partout où il a pu se développer. Je vois que l'ignorance ou l'intérêt de quelques membres ont entraîné souvent des compagnies entières au-delà des bornes, au détriment des particuliers dont l'honneur et la vie étaient confiés à leurs mains. Cet esprit est une suite nécessaire de la perpétuité des magistratures. Achille y est sur la ligne de Thersite ; ses fautes deviennent les siennes. Il faut qu'il le justifie, s'il ne veut subir l'ostracisme secret du corps ; et le public devient la victime de ce concert forcé. Or, il n'y a point d'esprit de corps là où l'association n'est qu'instantanée, là où les pouvoirs finissent

[1] *Esprit des Lois,* l. XI, ch. VI.

avec le jugement. L'homme qui m'a jugé hier, peut être jugé par moi demain. Son intérêt personnel le porte donc à être humain, indulgent, éclairé.

Il est des inconvénients dans toutes les institutions humaines. L'amovibilité des juges n'empêche pas la partialité, les concussions, leurs iniquités. On peut au moins prévenir une partie de ces abus. On pourrait nommer des inspecteurs pour veiller sur la conduite des magistrats qui, chargés de recevoir les plaintes du peuple, de punir les coupables, feraient respecter la loi à leurs dépositaires qui seraient tentés d'abuser de leur puissance momentanée : tels étaient les *missi dominici* de Charlemagne; tels furent les visiteurs en Espagne. A Rome, un consul qui faisait trembler l'univers à l'aspect de ses faisceaux, tremblait lui-même au cri d'un simple citoyen, lorsqu'il descendait de la chaire curule [1].

Si l'accusé d'ailleurs a le droit de choisir lui-même ces juges; alors il n'aura point à redouter l'injuste prévention ni l'aveugle partialité. Étendons partout et sur toutes les classes des citoyens cet usage dicté par la loi naturelle, adopté par les Romains [2], consacré par les Anglais, comme

[1] Frédéric II, roi de Prusse, assujettit tous ses colléges de judicature à des visites annuelles.

[2] Nos ancêtres n'ont pas voulu, disait Cicéron *pro*

un des plus fermes remparts de la liberté et de
la vie des citoyens. Dans d'autres monarchies,
l'accusé a bien la faculté de récuser les juges dont

Cluentio, qu'un homme dont les parties ne seraient pas
convenues, pût être juge, non-seulement de la réputa-
tation d'un citoyen, mais même dans la moindre affaire
pécuniaire. Telle est la procédure adoptée par les États-
Unis de l'Amérique septentrionale.

Les parties choisissent leurs juges; quand elles ne
peuvent s'accorder, le congrès nomme trois personnes
de chacun des états de l'Union. De la liste de ces personnes, chaque partie peut en effacer une, jusqu'à ce
que le nombre soit réduit à treize, et sur ce nombre
il n'en est pas tiré moins de sept ni plus de neuf selon
que le congrès l'ordonne. Les personnes dont les noms
sont ainsi tirés, ou cinq d'entre elles, sont commissaires
ou juges pour entendre et juger définitivement, après
avoir prêté chacune serment d'entendre et de décider
dûment et en honneur l'objet en question, suivant son
meilleur jugement, sans faveur, acception ni espoir de
récompense. C'est toujours la pluralité des juges présents à la cause qui détermine le jugement.

Tandis qu'un état républicain mettait en vigueur
ces lois dictées par le bon sens, un prince allemand
s'empressait de les effacer de ses états par une ordonnance rendue en 1778. Le prince de Hesse-Darmstadt
substituait aux bourgmestres, aux juges éligibles, des
bourgmestres héréditaires. La différence de ces deux
conduites vient de la différence des gouvernements :
l'un ne tend qu'à favoriser la liberté de l'homme et
de l'humanité; l'autre ne tend qu'au despotisme. La première loi est rendue dans une république, la seconde
par un souverain qui a besoin d'argent.

il suspecte les suffrages ; mais qu'importe ce droit chimérique lorsque le magistrat constitué, par une absurdité sans exemple, juge dans sa propre cause, a le pouvoir de s'y soustraire?

On respectait avec tant de religion chez nos pères la liberté des hommes, on craignait tant de la violer, que non-seulement les accusés avaient le droit de choisir leurs juges, mais que ces mêmes juges ne pouvaient être pris que parmi leurs pairs; usage conservé long-temps parmi les Francs, et transmis par les Saxons aux Anglais qui ne se lassent point de le suivre [1].

[1] L'auteur des *Observations* sur le *Traité des délits et des peines* ne veut pas admettre entièrement la loi qui prescrirait que chaque individu fût jugé par ses pairs.

« Le mépris, dit-il, avec lequel l'homme puissant regarde l'homme faible, ne peut être affecté que par des monstres qu'il faut détruire; de sorte qu'il suffit d'établir que tout ce qui est au-dessus le soit par ses pairs, parce que relativement à cette classe il pourrait exister dans les juges ordinaires le souvenir de quelque intérêt particulier qui aurait été gêné par l'autorité de l'accusé, et que ce motif nuirait à l'équité. »

Mais d'abord ce mépris avec lequel l'homme puissant regarde l'homme faible, n'est que trop réel, et les monstres qui l'affichent ne sont pas rares. En transformant la mission de rendre la justice en charge particulière, on a fait de ces juges de petits despotes qui pour une médiocre finance se sont crus les maîtres de leurs semblables; la vénalité a engendré l'inamovibilité, et de cette dernière est résulté le mépris que le juge ne

La question de la perpétuité des magistratures ainsi décidée, il reste à résoudre l'autre problème et à déterminer le titre des magistrats. Achèteront-ils le droit de juger leurs semblables ? ou n'auront-ils ce droit que par un simple mandat du prince, ou par le choix des citoyens? Quoique la vénalité des charges soit peut-être un bien dans une monarchie, en arrêtant les pas rapides qu'elle fait vers le despotisme [1], on la proscrira cepen-

témoigne que trop durement pour l'accusé. La vénalité a détruit le lien qui unissait le magistrat au simple citoyen; au lieu qu'en Angleterre un juré n'est magistrat qu'accidentellement, et ne peut être un monstre impunément. Ainsi par la nature même de la chose, des magistrats perpétuels ne doivent jeter qu'un regard de dureté ou de mépris sur l'infortuné dont le sort est entre leurs mains; et dans le fait, l'expérience a réalisé cette funeste conséquence.

Mais d'ailleurs, pourquoi toutes les classes des citoyens au-dessus des magistrats auraient-elles seules le droit de choisir leurs juges, d'être jugées par leurs pairs ? Pourquoi la loi n'étendrait-elle pas la même faveur aux classes inférieures ? Les citoyens qui les remplissent sont-ils moins précieux à l'État ? ont-ils moins de droit à ce que la loi les protége ? Pourquoi tous les priviléges seraient-ils pour les riches, tandis que le fardeau dont on voudrait soulager ceux-ci, retomberait sur le peuple seul ?

[1] On a crié contre la vénalité des charges dans les monarchies. On a peut-être eu tort sous un certain rapport. C'est en effet une espèce de restitution du pou-

dant, parce qu'il est trop absurde de vendre à
un homme le droit de maîtriser, de faire mourir
un autre homme.

Vénalité des magistratures proscrite.

La vie d'un être intelligent n'est point un effet
de commerce. Toutes les richesses de l'univers
n'étant pas capables de la payer, il est contre le
bon sens de trafiquer le droit de l'ôter. L'ôter !
eh, le peut-on sans avoir approfondi la nature
du crime, le degré de certitude des preuves, sans
avoir des principes, une longue expérience ? L'or
donne-t-il tout cela ? Jurisconsulte éclairé, avocat [1], qui as long-temps blanchi dans l'étude des

voir de juger, que les rois dans leurs besoins ont faite
au peuple pour son argent. Le magistrat qui achète son
pouvoir est moins esclave du roi que le magistrat commis qui ne tient son autorité que de la faveur, qui la
perd souvent s'il ne sacrifie pas son honneur aux caprices de son protecteur.

[1] Il paraîtra inconcevable que ce projet de faire monter les avocats au rang des juges, projet qui est si naturel, n'ait encore été exécuté que dans une seule contrée. Et dans quelle contrée ! Dans cette Espagne que
l'on calomnie tous les jours sur bien des articles, parce
qu'on lui fait de justes reproches sur quelques-uns. Là
les avocats, après un certain temps d'exercice, y obtiennent la charge de magistrat. Ainsi ce n'est qu'après
avoir mérité le titre de défenseurs de leurs concitoyens qu'ils obtiennent celui de leurs pères. Pour-

lois, monte sur le siége de la mort, interroge
le coupable, prononce sa sentence, tu le peux,
tu le dois! C'est à tes mains seules qu'on doit
confier le glaive de la loi : je l'y vois briller avec
sécurité. Je ne crains pas que la calomnie amie
de l'imposture, ou l'infâme soif de l'or le fassent
tomber sur ma tête innocente. Mais que n'ai-je
point à redouter, lorsqu'il repose dans les mains
impures d'un homme à qui l'or seul, et non la
science, donne le droit de me juger, d'un homme que la présomption aveugle, que l'ignorance
plus terrible encore que la partialité, couvre
de ses ombres épaisses, qui, peut-être sortant
des bras d'une jolie femme, viendra signer légèrement mon arrêt de mort ? Ce petit-maître
saura-t-il que ses premiers enfants sont les infortunés, lui qui regarde les malheureux comme
ses esclaves, les procès comme son domaine ?
Entendra-t-il leurs gémissements, lui qui n'a
d'yeux, d'oreilles, de sens, que pour son plaisir ? Non ! toi seul, ô mon pair, ô toi que j'aurai choisi pour mon juge, tu sauras apprécier

quoi n'étend-on pas cet usage partout ? Je n'oublierai
jamais la vanité ridicule d'un conseiller de province,
qui se serait cru dégradé si l'on avait fait asseoir à ses
côtés Cochin ou Lenormand. Je sais qu'il en est beaucoup qui pensent mieux sur l'ordre des avocats.

mes douleurs ! Toi seul te transportant en idée
dans le cachot qui m'ensevelit, tu me verras
presser cent fois de mes mains ma tête brûlante,
et tu te hâteras de mettre un terme à mon infortune, parce que tu peux un jour en sentir le
poids !

Commissaires.

Si la vénalité des charges, si la permanence
des magistratures enfantent des iniquités dans les
tribunaux, combien plus de sang ont versé ces
commissaires nommés dans des cas extraordinaires par les souverains pour punir des coupables
distingués, ou plutôt pour satisfaire juridiquement leur vengeance ! Rien de plus dangereux
pour la liberté et la vie des citoyens que ces juges
par intérim, auxquels on confie imprudemment
le glaive de la loi. Voués entièrement à la passion
de celui qui les nomme, ces esclaves violent toutes les lois de l'équité pour trouver des criminels.
J'en atteste ici les mânes d'*Enguerrand de Mari-
gny*, des Templiers si injustement immolés, de
Cinq-Mars, de Grandier et de ces martyrs de
la liberté anglaise, dont l'infâme *Jeffryes* fit couler le sang sur l'échafaud. J'en atteste ce Laubar-
demont si cruellement ingénieux, dont Richelieu
lui-même admirait les ressources pour trouver

criminels les gens qu'il lui livrait. Ces cruelles scènes qui terniront à jamais les règnes des Philippe-le-Bel, des Louis XIII, des Jacques II, doivent apprendre aux rois à ne jamais interrompre le cours de la justice pour arracher aux tribunaux ordinaires des accusés qu'ils ont intérêt de sacrifier.

Multiplicité des tribunaux.

Un abus plus frappant encore dans tous les royaumes de l'Europe, parce que les effets en sont journaliers, c'est la multiplicité excessive des tribunaux. Il y a des juges pour toute espèce de crimes et de personnes, des juges royaux, seigneuriaux, de police, des officiaux ; il y en a pour les crimes de contrebande, pour ceux de fausse monnaie ; il y en a pour le vol de bois, etc. Les limites des juridictions ne sont point irrévocablement fixées [1]. Que de débats, de procès

[1] Rien ne prouve plus, disait Linguet, la pressante nécessité de corriger les abus qui se sont glissés même dans la fondation des tribunaux, que l'étrange constitution du conseil provincial d'Alsace constitution qui a eu des suites bien terribles pour quelques particuliers. Ce tribunal est souverain quand il décide de la vie et de la liberté des citoyens ; et lorsqu'il juge de leur fortune, ce ne peut être qu'à charge d'appel. (Voyez ses *Annales*.)

Ce tribunal avait un privilége encore plus étrange : on

pour la compétence entre les présidiaux, les baillis, les prevòts et tous les juges extraordinaires! La moitié de l'ordonnance de 1670 est employée à régler cette compétence ; et cet article obscur, toujours embrouillé par le chicaneur adroit, n'a servi qu'à multiplier les conflits. Cependant les affaires languissent. Le citoyen outragé est obligé de circuler de tribunaux en tribunaux ; il est ruiné avant de savoir par quel juge il se fera rendre justice.

Ce n'est pas le seul inconvénient. Plus il y a de tribunaux, plus il y a de procès, et plus conséquemment d'iniquités. Il faut que le juge de village, les officiers, le greffier, le procureur vivent de leur état ; et cette espèce de gens ne trouve pas son compte dans la tranquillité du genre humain.

Élection.

Donner les revenus d'un royaume à ferme à des traitants, est un grand mal sans doute. Mais

pouvait se pourvoir au grand conseil en cassation contre ses arrêts criminels : mais le grand conseil ne pouvait renvoyer pour le nouveau jugement que devant le même tribunal. Cette loi était une dérision à l'humanité. Il est rare que des hommes isolés se rétractent, il est inoui que des corps se soient jamais réformés : l'opiniâtreté dans l'erreur est toujours en raison du nombre.

un plus grand mal, s'il en est un possible, c'est d'avoir créé des tribunaux pour eux. Aussi l'institution des élections a-t-elle donné lieu à mille vexations. On a avancé dans plusieurs ouvrages, que les élus recevaient des gratifications annuelles de la ferme. Si ces faits sont constants, c'est autoriser publiquement la corruption des juges. Ces juges sont intéressés à trouver des contrebandiers, à les punir rigoureusement [1]. Les lois portées contre eux paraissent dictées par une partialité visible. La procédure qu'on y suit est empruntée de ces tribunaux de sang érigés contre les incrédules. C'est l'inquisition la plus monstrueuse. Qu'on se rappelle les tribunaux de Valence et de Saumur, et que le législateur frémisse en apprenant que pour quelques grains de sel on arrache la liberté et la vie à ses sujets.

Que dira-t-on d'un autre tribunal connu surtout dans les capitales des empires, qui n'eut d'abord pour objet que de prévenir les crimes des fainéants, vagabonds, mais qui, s'étendant depuis, est devenu la terreur du citoyen honnête; d'un tribunal où sur le plus léger soupçon un

---

[1] Il y a, dans l'ordonnance de 1680, un article qui accorde une part dans l'amende au capteur de contrebandier, et par un autre, ce capteur est cru sur sa bonne foi.

juge prive un citoyen de la liberté ; où ce citoyen n'a pas la faculté de se défendre; où sous le masque de l'amitié, de la bonne foi, on extorque de lui les aveux les plus importants ; où l'on se joue impunément de la religion du serment ; où les délations des âmes les plus viles, des âmes prostituées à la bassesse, au mensonge, sont accueillies et crues; où l'on ne suit dans la procédure que les principes affreux de l'inquisition dans le jugement, que le caprice de ce tribunal; enfin qui parait né dans le sein du despotisme [1], ou du moins qui y conduit ; qui serait bien plus terrible encore , si les juges qui y président n'en modéraient pas la rigueur ? Si la sûreté de la société exigeait l'établissement d'un pareil tribunal, il faudrait renoncer à son titre de citoyen et fuir dans les forêts. Car quel est l'homme le plus honnête, qui ne puisse être la victime d'un délateur payé à vingt sous? Quel homme ne frémira pas quand il saura que dans des tribunaux reçus chez certaines nations [2], les juges

[1] J'aurai peut-être ici l'air de me contredire; mais qu'on compare le double rapport sous lequel j'ai envisagé ce tribunal, et l'on verra disparaître la contradiction.

[2] On connaît l'ordonnance rendue par la république de Gênes, qui défendait au gouvernement de la Corse, *di condemnare in avenire solamente* ex informata conscien-

ne suivent que leur conscience, c'est-à-dire leur fantaisie, dans la condamnation de ceux qu'ils imaginent coupables ?

Inquisition.

Et tel est l'unique code de l'inquisition, de ce tribunal de sang, qui ne fut imaginé que par le fanatisme, qui ne se conserve dans quelques pays, encore tout couverts de ténèbres, que par la crainte et l'imbécillité. Aujourd'hui que la philosophie, éclairant d'un même jour tous les hommes, leur a appris à se regarder comme frères, peut-on concevoir comment il a pu exister un tribunal qui s'élevait sur un monceau de corps morts, sur des bûchers, des échafauds, comment des hommes ont pu engager d'autres hommes à punir des gens qui ne pensaient pas comme eux, à les exterminer avec leurs femmes et leurs enfants ; comment des souverains sourds à l'humanité, aveugles sur leurs intérêts politiques, sont devenus les bourreaux de leurs propres sujets, à la voix de quelques moines [1] ?

tia *persone alcune in pena afflittiva. Potra ben si far arrestare ed incarcerare le persone che gli saranno sospette, salvo di renderne poi a noi conto sollicitamente.*

[1] Ce fut pour avoir voulu établir l'inquisition dans les Pays-Bas, que Philippe II perdit les Provinces-Unies.

Ce fut un mal épidémique dans le quinzième siècle, un des fléaux de l'Europe. L'Espagne, la France, le Languedoc, l'Allemagne furent remplis d'inquisiteurs, de cachots, de bûchers. Le fameux Torquemada se vantait d'avoir fait rôtir lui seul six mille juifs, et parvint à cause de ses beaux exploits au cardinalat.

Quand un génie malfaisant, né pour la destruction du genre humain, aurait imaginé le plan odieux de l'inquisition, quand un Néron aurait dicté ses lois, quand un Phalaris aurait présidé aux tourments qu'on y éprouve, on n'aurait pas encore la moitié des barbaries atroces imaginées par les moines. Le citoyen le mieux famé, et dont la réputation est intacte, peut être arrêté et enfermé à l'inquisition sur la délation d'un misérable qui vit de l'infâme métier de l'espionnage. Les *familiers* commencent par piller la maison de celui qu'ils arrêtent, volent son or, ses bijoux, lui font signer un inventaire inexact d'effets qu'on ne rend jamais, même aux innocents, puis le traînent avec un éclat scandaleux dans les prisons. Les cachots en sont horribles. On rase la tête de l'accusé, on le laisse languir pendant cinq à six mois, jusqu'à ce qu'enfin le très bénin grand-inquisiteur fait paraître le malheureux devant lui, et a la bonté

de lui demander ce qu'il est venu faire en prison.
Est-il donc permis d'outrager à ce point le malheureux qu'on opprime ? Il lui demande ensuite
s'il n'est point de famille juive, et lui fait répéter
son catéchisme. S'il ne peut tirer d'aveu, ou
on le condamne à la question, ou on le laisse
languir en prison jusqu'à ce qu'il ait rappelé
dans sa mémoire le fait pour lequel il est enchaîné. Cette farce barbare a ordinairement plusieurs représentations. Il n'est point de questions
si captieuses qu'on ne fasse au patient pour lui
faire découvrir des choses qu'il n'a pas faites.

Les monstres attachés à l'inquisition sont si
ignorants, qu'ils traitent souvent d'hérétiques des
auteurs qui existaient même avant le christianisme. On a vu un grand-inquisiteur condamner
un homme au feu pour avoir lu l'*hérétique Ca-
tulle*.

Ces inquisiteurs ont une singulière coutume,
et qui prouve combien ils craignent que le jour
n'éclaire leurs cruautés. Lorsqu'ils sont forcés
de relâcher un innocent, ils lui font jurer sur
la croix de ne jamais dire à personne ce qui se
passe dans la sainte inquisition, de ne jamais
publier ni décrire la manière dont on y vit, encore moins pourquoi il a été renfermé. Ils sont
assez stupides pour croire qu'un pareil serment.

extorqué par la force, peut obliger celui qui le
prête. Grâces au ciel, on connaît aujourd'hui
leurs manœuvres odieuses, leurs cruautés ré-
fléchies, leurs lois sanguinaires, leur hypocrisie.
On connaît toutes ces horreurs, et on ne connaît pas comment il est encore des États qui n'ont
pas vomi ces monstres hors de leur sein, ou
comment la terre ne les a pas engloutis pour le
salut du genre humain. Quel philosophe ne
frémira pas à cette idée [1]? Que le hasard trans-
porte en Espagne un de ces hommes courageux
nés pour éclairer l'univers et dissiper les préjugés. Tourmenté pendant bien des années dans
d'affreux cachots, il finirait par figurer avec un
san benito dans un auto-da-fé. O Dieu!... Béni
soit le monarque français qui a extirpé ce tribunal odieux! Béni soit celui qui arrachera
jusqu'à ses moindres branches, jusqu'à sa dernière racine [2]! Et tel est le titre qu'on doit don-

[1] Par philosophe, je suis éloigné de désigner l'être
auquel le vulgaire attribue ce titre. Le vrai philosophe
est celui qui fait le bien, et qui, dans ses opinions, ne
suit que le flambeau de la vérité. Il nous manque un
bon livre sur la vraie philosophie : je traiterai un jour ce
sujet intéressant.

[2] Ce qui révolte en lisant l'histoire des siècles passés,
c'est qu'on se soit servi du nom de la religion pour faire
périr les plus grands hommes. Ainsi le vindicatif Mau-

ner aux officialités, espèce de tribunaux ecclésiastiques tolérés encore dans les pays catholiques.

Officialités.

Les siècles passés ont accordé une étendue
exorbitante aux priviléges des officiaux, ont
laissé croître avec une soumission bien funeste
leur juridiction usurpée. Que les chefs de l'ordre
hiérarchique aient une autorité spirituelle sur les
prêtres, qu'ils répriment les abus spirituels, où
ils peuvent tomber comme prêtres; mais ne les
laissons jamais étendre leur pouvoir plus loin.
Si un prêtre trouble l'ordre de la société, c'est à
la société ou à ses magistrats qu'appartient la
connaissance de son crime. En vain réclamera-
t-il le privilége de *clergie* si puissant autrefois. Il

rice se servit habilement de la ridicule querelle des
Arminiens et des Gomaristes, pour immoler à sa haine
l'intrépide Barneveldt.

On voit dans l'*Histoire de France* un trait singulier,
qui prouvera combien on se jouait alors de la religion.
Bétisac, sous Charles VI, ayant été accusé du crime de
péculat dont on ne put le convaincre, las de voir traîner
la procédure, fut conseillé par ses ennemis de faire renvoyer son affaire à une officialité, en déclarant qu'il
avait erré sur la foi. Il fut, sur son aveu, convaincu
d'hérésie, et condamné à être brûlé vif.

a forfait comme citoyen, il doit être puni [1]. Posons une bonne fois une barrière insurmontable entre les deux puissances : que l'autorité spirituelle connaisse des matières de la foi, des opinions contre les dogmes, contre sa morale ; mais qu'elle n'étende jamais une main audacieuse sur le citoyen. Si les souverains ne doivent point toucher à l'encensoir, les ministres de la religion ne doivent pas profaner le sceptre. Si ces principes eussent été toujours suivis, on n'aurait pas vu des débats si scandaleux entre les princes et les papes. On n'aurait pas vu des papes souffler le feu de la sédition dans le cœur des sujets contre leurs maîtres, ni des empereurs persécuter des papes [2].

---

[1] Le grand-duc de Toscane a, par une déclaration du mois de novembre 1779, réduit les officialités à connaître des délits purement ecclésiastiques, c'est-à-dire de ceux où il s'agit *di mera contraventione alla disciplina ecclesiastica*. Mais pour les autres délits, il en a attribué la connaissance aux juges laïques. Voyez l'art. II, *Cha trattendosi di delitti.*

En parcourant la liste des tribunaux anglais, j'ai vu avec surprise que les tribunaux des archevêques y avaient conservé une bien plus grande extension que nos officialités même. C'est une bigarrure qu'on rencontre quelquefois dans la constitution anglaise.

[2] Louis XIV sentait vivement ces abus lorsque, par son édit de 1695, il fixa les limites de la juridiction

Quels troubles n'a pas causés en France, en
Angleterre, dans toute l'Europe, l'ignorance des

ecclésiastique. Par l'article 4, il leur attribua la connaissance des causes concernant les sacrements, les vœux
de religion, l'office divin, la discipline ecclésiastique
et autres purement spirituelles. Encore laissa-t-il aux
particuliers lésés dans les causes de cette espèce la faculté d'en donner la connaissance à leurs juges tempo-
rels, au parlement, par l'appel comme d'abus.

L'article 38 porte que les procès criminels à faire aux
ecclésiastiques accusés de ce qu'on appelle cas privilé-
giés, seront instruits par le juge séculier conjointement
avec l'official.

On entend par délit privilégié une sorte de délit grave
qui, outre les peines canoniques, mérite encore des
peines afflictives, et tel que le juge d'église ne puisse
les prononcer; le délit commun est celui qui *mensuram
non egreditur ecclesiasticæ vindictæ*.

Il ne faut pas que l'official ait droit d'instruire, avec
le juge laïque, le délit privilégié, parce que pour la
poursuite d'un crime il ne faut pas deux tribunaux,
parce qu'une double instruction est inutile et dispen-
dieuse, parce qu'enfin la contrariété qui se rencontre
dans les opinions des juges, multiplie les difficultés
pour terminer les procès.

Il est bien singulier que l'édit de 1695 exige cette
double procédure pour les crimes les plus grands des
ecclésiastiques, tandis que, pour le simple crime de
faux saunage, les officiers du grenier à sel doivent seuls
poursuivre les ecclésiastiques qui en sont accusés. La
raison de cette différence est simple : le clergé a solli-
cité le premier édit, la ferme a dicté la seconde ordonnance.

vrais principes canoniques [1] ? Qu'on se rappelle l'histoire des démêlés de l'orgueilleux Béchet avec le trop bon Henri, de Philippe-le-Bel avec Boniface, etc.

On n'imagine pas toutes les ruses dont les ecclésiastiques se servirent alors pour étendre leur juridiction sur tous les laïques : les veuves, les orphelins, les lépreux, les pèlerins y furent assujettis. Le serment apposé à la plupart des contrats et la connexité avec les matières criminelles étaient pour eux un prétexte plausible pour connaître presque de tout [2].

Quoique Montesquieu semble désirer qu'on

[1] Saint Paul fut le premier qui prétendit que les fidèles ne devaient pas être jugés par des païens. C'est sur ce principe que les papes ont soutenu que les ecclésiastiques ne devaient pas être jugés par des laïques. C'est sur ce principe que Nicolas Ier avait écrit aux Bulgares : «Vous ne devez point juger les prêtres ou les clercs, vous autres laïques, ni examiner leur vie : vous devez laisser tout au jugement des évêques.» C'est sur ce principe que roule la bien extravagante bulle *De clericis laicos*.

[2] A l'occasion du sacrement de mariage, ils prenaient connaissance de la dot, du douaire, de l'adultère, de l'état des enfans. Tous les testaments, tous les procès sur les successions de ceux qui mouraient *ab intestat*, étaient de leur compétence. Ils jugeaient encore de l'usure, du concubinage. Enfin il suffisait qu'il y eût matière à péché dans une discussion, pour qu'ils s'en

conserve et qu'on rende au clergé le pouvoir et la juridiction dont il jouissait jadis, pour servir de contre-pied au monarque, cependant il est à souhaiter pour le bien des peuples et le progrés des connaissances humaines, qu'on ôte entièrement aux ecclésiastiques le pouvoir de juger. L'exemple des archevêques d'Upsal en Suède, des archevêques de Cantorbéry en Angleterre, doit instruire les rois. Il n'y a point de philosophe, quand les ecclésiastiques sont juges : le livre de l'*Esprit des Lois* n'eût pas paru si Torquemada eût existé.

Juridiction des moines et des pères.

Nous nous garderons bien de donner aux pères et aux moines l'autorité tyrannique que les Romains, les rois et le clergé leur ont accordé. Nul n'a le droit légalement sur la vie de son semblable : la société seule a par fiction ce privilége. Dans la nature et dans toute société où il ne faut pas être barbare pour être bon citoyen, *Man-*

arrogeassent la connaissance; or, il n'y avait point de procès sans péché.

On a supprimé une partie de ces abus; mais on n'a pas encore osé toucher au tronc, et c'est ce tronc *dont il faut même extirper les racines.*

lius Torquatus aurait expié son atroce infanticide. Les horreurs que les moines ont commises dans tous les temps contre ceux de leur ordre qu'ils détestaient par esprit d'état, les abominations si long-temps ensevelies, mais que l'œil inquiet de l'humanité a su découvrir, nous disent de leur arracher le glaive du châtiment, et de leur lier les mains.

Justices seigneuriales.

Les justices seigneuriales font un reste de l'anarchie féodale, qu'il faut encore éteindre. Charlemagne et ses successeurs, qui croyaient acheter le ciel en comblant les monastères de leurs bienfaits, y interdirent à tous officiers royaux l'exercice de leurs fonctions. Les monastères, les prélats eurent donc des avocats, des vidames qui furent juges de leurs serfs. Cette matière, dit le profond Loyseau, est un labyrinthe inextricable : qu'on l'approfondisse tant que l'on voudra; sera bien habile qui, parmi ces grandes variétés de temps et de lieux et parmi tant d'absurdités, pourra choisir une résolution assurée et raisonnable : on ne peut raisonner qu'à travers champs des règlements de ces justices. C'est un nœud qu'il est plus facile de couper que de dénouer. Peut-être viendra-t-il une bonne inspiration à sa majesté, de délivrer enfin son peuple de cette oppression[1].

Les rois ont cru diminuer l'inconvénient nécessaire de ces justices seigneuriales trop multipliées, en soumettant leur jugement aux juges royaux, en établissant partout des bailliages et des présidiaux[2]; c'était doubler le mal au lieu

[1] Loyseau, dans son *Traité des Juridictions,* fait un éloquent tableau des abus des justices seigneuriales, dont il demande l'anéantissement.

« Ce n'est point soulagement au peuple, dit-il, de rendre la justice sur le lieu; car les frais sont plus grands en ces petites mangeries de village qu'aux amples justices des villes, pour y avoir un méchant appointement de cause. Il faut soûler le juge, le greffier et les procureurs de la cause en belle taverne, qui est le lieu d'honneur où les actes sont composés, où bien souvent les causes sont jugées à l'avantage de celui qui paie l'écot.... C'est la ruine d'un village que d'y avoir justice; car cela apprend à plaider aux paysans, et les détourne de leur travail....» L'abus que Loyseau peignait de son temps avec des couleurs si énergiques, existe encore aujourd'hui. Le procureur de village, comme celui des villes, a toujours conservé la même inclination bénigne.

[2] 1° Les seigneurs n'ont point de titres pour conserver ce droit : ils ne le tiennent que de l'usurpation, ou d'une libéralité imprudente.

2° Le Français n'est plus le serf, le sujet de tel ou tel seigneur : il l'est de son roi; c'est donc aux officiers seuls qu'il a commis qu'il peut être soumis.

3° D'ailleurs la multiplicité de tous ces petits tribu-

de le guérir : le bonheur des peuples exige que les justices seigneuriales soient entièrement anéanties; et mille motifs s'élèvent pour en prouver la nécessité. Ramenons donc tous les tribunaux à cette unité, comme dans l'Angleterre, si désirable en France où elle n'existe point, quoiqu'un avocat-général, distingué par ses talents, ait cru l'y trouver [1]. Si elle existait cette unité, y verrait-on des grands conseils dont l'autorité est si bornée, des chambres des comptes et tant

naux nuit à la promptitude des jugements, en multipliant les degrés : du juge seigneurial on va au bailliage royal, du bailliage au parlement; deux degrés suffiraient.

4° Les juges seigneuriaux sont ordinairement fort ignorants, les affaires mal traitées, mal jugées : ce sont des paysans qui défendent, qui jugent des paysans.

5° S'il est intéressant de ne pas confier le jugement de ses droits civils à des juges seigneuriaux, ils doivent encore moins juger des affaires criminelles.

6° La multiplicité de ces juges produit des conflits, des procès sur la compétence.

7° Pour ne pas perdre de l'argent, les seigneurs aiment mieux laisser languir les affaires criminelles, évader les prisonniers, que de les faire juger. Tous ces motifs doivent faire supprimer les justices seigneuriales : c'est à cette suppression que tendait l'édit de 1771, qui laissait aux seigneurs la liberté de renvoyer les procès criminels aux juges royaux; on serait parvenu insensiblement à dépouiller les seigneurs de leurs justices.

[1] Voyez le *Réquisitoire* d'A. L. Séguier contre un arrêt de la cour des comptes de 1768.

d'autres tribunaux affectés à une seule espèce de matière, qui ne sont occupés qu'à militer contre le parlement? Si dans les matières civiles l'intérêt des citoyens exige cette unité de cours, exige la suppression du dédale tortueux des juridictions, à combien plus forte raison doit-on le désirer pour les affaires criminelles, dont l'expédition est si longue, si embrouillée, tandis que les malheureux gémissent dans les cachots [1]! L'intérêt de l'accusé, celui même de l'accusateur, demandent cette simplification que la saine politique doit introduire dans tous les bons gouvernements. Car plus un gouvernement se corrompt, plus il multiplie ses tribunaux. Lorsqu'une monarchie avance vers le despotisme, elle fait des crimes nouveaux, elle érige des tribunaux, et augmente les punitions. Dans le berceau de la société, ses lois, sa procédure, ses tribunaux, tout est simple. Jetez, pour vous en convaincre, les yeux sur les lois pénales des Francs, lors de leur établissement dans les Gaules, sur la fameuse révolution qu'elles éprouvèrent lors de la pro-

[1] Cette manière de calculer ne vaudrait rien dans certains pays de l'Allemagne, où des princes, qui ont droit de vie et de mort sur leurs sujets, ne peuvent juger de certaines causes civiles qu'à la charge de l'appel.

Un fief, dans cet étrange pays, est plus estimé que la vie d'un homme.

mulgation des capitulaires ; considérez la simplicité qu'elles conservaient encore à l'institution
des parlements et des tribunaux inamovibles : à
cette époque vous voyez naître une multitude de
lois, d'arrêts, d'ordonnances, qui se succèdent et
se combattent mutuellement ; vous voyez des tribunaux érigés partout, et partout des procureurs,
sergents, etc, pulluler ; vous voyez leurs brigan-
dages révolter les peuples, leurs cris parvenir aux
oreilles d'un grand monarque, une révolution
s'opérer en 1670 dans le Code criminel. Mais
cette révolution ne fut qu'ébauchée : les magistrats chargés de la rédaction de ce Code étaient
trop zélés adorateurs du droit romain, trop en-
tichés des préjugés de leur état ; ils avaient la
tête trop peu philosophique pour tracer un Code
utile à la France, et qui cadrât parfaitement avec
son climat, son goût, les mœurs de ses habitants.
Avec des principes gothiques, un architecte du
quinzième siècle ne pouvait ériger qu'un monument gothique.

Recourons aux vrais principes, et nous ne
risquerons pas de nous égarer en rectifiant le
plan de l'édifice de nos lois criminelles. *Peu de
tribunaux et beaucoup de juges ;* voilà le principe
le plus sûr sur cette matière. Que dans chaque
ville il y ait un tribunal criminel, qu'on y juge

tous les crimes qui se commettent dans son ressort, que ce ressort ne soit jamais trop étendu ;
s'il avait un arrondissement trop vaste, il y aurait plus de crimes impunis ou même inconnus;
les forfaits se déroberaient plus aisément aux regards éloignés de la justice. Mais qu'il n'y ait
qu'un seul tribunal dont l'autorité s'étende sur
toutes les matières; que jamais ces jugements ne
soient en dernier ressort. Il n'y a jamais trop de
célérité dans l'information d'un crime, dans sa
poursuite ; il doit toujours y avoir beaucoup de
lenteur dans son châtiment. Que les appels de
ce tribunal soient portés à une cour souveraine
placée dans la capitale de la province ; que là on
y pèse de nouveau dans la balance de la justice
les preuves, les présomptions; qu'on examine les
motifs du premier jugement, et que par un arrêt irrévocable l'accusé soit absous ou condamné.
L'échelle des tribunaux ne sera donc composée
que de deux degrés; car les tristes scènes qui ont
coûté la vie aux le Brun, aux Langlade, seraient
encore renouvelées, si tout tribunal pouvait juger en dernier ressort. S'il y avait plus de deux
degrés, accusés, accusateurs, malheureux et coupables, tous seraient forcés d'errer pendant un
trop long intervalle dans le dédale incertain de
la justice. Il ne doit y avoir dans chaque province

qu'un tronc, et de ce tronc unique [1] partent une infinité de ramifications qui ne se nuiront point, parce qu'elles ne se croiseront pas, parce que leur ressort sera fixé [2]. Mais de combien de juges un

[1] Tous les tribunaux devant sortir du même tronc, tous devant aboutir au même point, tendre au même but, il s'ensuit que tous les juges peuvent instruire le procès d'un coupable ou constater les délits; mais qu'un seul doit punir le coupable, qui est le juge du lieu où s'est commis le crime. Il y aurait trop d'impunité pour les crimes, si ce dernier avait seul le droit d'informer, d'arrêter le coupable. C'est pour effrayer les citoyens qui seraient tentés de l'imiter, c'est pour rassurer le citoyen craintif, que l'exécution du coupable doit toujours être faite dans le lieu du délit.

[2] Par là on évitera encore un autre abus révoltant. Il est dans certains États des cours souveraines dont le ressort s'étend à plus de cent lieues; en sorte que, pour y obtenir la justice, on est obligé de se ruiner en voyages. Les cours souveraines, dans notre système n'étant pas éloignées du tribunal inférieur, les frais ne seront pas si considérables. Nous sommes d'accord ici avec les meilleurs écrivains. Voyez ce qu'a écrit Montesquieu sur ce sujet.

«Les tribunaux ne sauraient, dit Linguet, être en trop petit nombre, parce que c'est le choc de plusieurs autorités qui cause les troubles dans les États, comme c'est le conflit de plusieurs vents qui occasionne les tempêtes.» (Disc. prél. de la *Théorie des Lois civiles*, p. 98.)

Les tribunaux ne sauraient être trop à portée des lieux qui exigent leurs secours, parce que les débats qui concernent la propriété ne sauraient être trop rapidement terminés.

tribunal sera-t-il composé? *Peu sont jugés par peu*, disait Machiavel. Le cruel! Il se plaignait de voir trop peu de gibets, de voir trop peu de sang couler sur les échafauds. Moi je dirais : beaucoup d'innocents sont condamnés par peu. Ne confions donc jamais la vie de nos semblables aux mains de peu de juges. La partialité, l'injustice, se glissent plus aisément dans les tribunaux. Un cadi est bien plus facilement séduit, corrompu, qu'un parlement. Admirons ici le Code de l'Angleterre; il faut que ce tribunal soit composé de douze jurés pour condamner un homme à mort. Il faut que ces jurés ou prud'hommes possèdent au moins deux cents livres de revenu en fonds de terre, parce qu'étant à leur aise, ils se prêteront moins à la séduction. Il faut enfin que leur jugement soit unanime pour la condamnation ou pour l'absolution de l'accusé. Ces sages dispositions ont été suivies par la république de Pensylvanie dans son Code, à la rédaction duquel la raison et l'humanité ont également présidé, et dont nous avons copié quelques vues dans le plan des tribunaux dont nous présentons l'esquisse [1].

[1] Forme de la magistrature suivant la constitution de Pensylvanie, chap. II :

ART. XIX. Il y aura une cour suprême de justice.

PLAN DES TRIBUNAUX

DE JUSTICE CRIMINELLE.

Art. 1er. Tous les tribunaux ordinaires et ex-traordinaires seront supprimés. La connaissance de tous les crimes, sans distinction de matières

XXIII. Les juges de la cour suprême de justice au-ront des appointements fixes ; leurs commissions seront pour sept ans seulement : au bout de ce temps, ils pourront cependant être institués de nouveau, mais ils seront amovibles dans tous les temps pour mauvaise conduite, par l'assemblée générale. Ils ne pourront être élus membres du congrès continental, du conseil chargé de la puissance exécutrice, ni de l'assemblée générale. Ils ne pourront posséder aucun autre office civil et mi-litaire, et il leur est expressément défendu de prendre ou de recevoir aucuns honoraires ou droits d'aucune espèce.

XXV. Les instructions se feront comme il a toujours été pratiqué jusques à présent, par jurés ; et il est recommandé au corps législatif de cet État de pourvoir par des lois contre toute corruption ou partialité dans la confection de la liste, dans le choix ou dans la no-mination des jurés.

XXVI. Les cours de sessions, de plaids-communs, et les cours des orphelins seront tenues tous les trois mois dans chaque ville et comté ; et le corps législatif aura le pouvoir d'établir toutes ou telles autres cours qu'il jugera à propos pour le bien des habitants de l'État. Toutes les cours seront ouvertes, et la justice sera administrée impartialement, sans corruption, et sans autre délai que ceux indispensablement nécessaires.

de personnes, appartiendra à un seul tribunal criminel.

Tous leurs officiers recevront les salaires proportionnés à leurs services, mais modiques, et si quelque officier prenait directement ou indirectement d'autres ou plus grands droits que ceux qui lui sont fixés par la loi, il deviendrait à jamais incapable de posséder aucun office dans cet État.

XXVII. Toutes les poursuites seront commencées, *au nom et de l'autorité des hommes libres de la République de Pensylvanie;* et toutes les plaintes seront terminées par ces mots : *contre la paix et la dignité des hommes libres de la République de Pensylvanie.* L'intitulé de toutes les procédures dans cet État, sera, *la République de Pensylvanie.*

XXX. Il sera élu des juges-de-paix par les francs-tenanciers de chaque ville et comté respectivement; c'est-à-dire, il sera choisi deux ou plusieurs personnes pour chaque quartier, banlieue ou district, de la manière que la loi l'ordonnera dans la suite; et les noms de ces personnes seront présentés, en conseil, au président qui donnera des commisions à une ou plusieurs, pour le quartier, la banlieue ou le district qui les aura présentées. Ces commissions seront pour sept ans, et les pourvus seront amovibles pour mauvaise conduite par l'assemblée générale. Mais si quelque ville ou comté, quartier, banlieue ou district dans cette République, voulait dans la suite changer quelque chose à la manière établie dans cet article, de nommer ses juges de paix, l'assemblée générale pourra faire des lois pour la régler, d'après le désir et la demande d'une majorité de francs-tenanciers de la ville, comté, quartier, banlieue ou district. Aucun juge de paix ne

2. On érigera un tribunal criminel dans chaque ville ou endroit considérable, dont l'arrondissement sera au plus de dix lieues.

3. Quant aux autres villes, bourgs, villages, etc., il y aura deux officiers de justice chargés d'instruire la cour criminelle des délits qui se commettront sous leurs yeux. Ils seront à la notion de cette cour, et biennaires.

4. Chaque tribunal sera composé de vingt-quatre juges : les deux tiers auront en France au

pourra devenir membre de l'assemblée générale, à moins de se démettre de cette office ; et il ne lui sera permis de prendre aucuns droits, salaires ou honoraires quelconque, que ceux qui seront fixés par le futur corps législatif.

XXXI. Les *shérifs* et les *coroners* seront élus annuellement dans chaque ville et comté par les hommes libres ; savoir, deux personnes pour chacun de ces offices, à l'une desquelles le président en conseil donnera la commission de l'office pour lequel elle aura été présentée. Aucune personne ne pourra être continuée plus de trois années consécutives dans l'office de shérif, et ne pourra être réélue qu'après une interruption de quatre ans. L'élection de shérifs et coroners se fera dans le temps et au lieu fixés pour l'élection des représentants. Et les commissaires, assesseurs et autres officiers choisis par le peuple, seront aussi élus de la manière et dans les lieux usités jusqu'à présent, à moins que le futur corps législatif de cet État ne juge à propos d'y apporter des changements et d'en ordonner autrement.

moins six mille livres de rente, et dans les autres États autant, en proportion de la cherté des denrées, du taux de l'intérèt, de la richesse nationale. L'autre tiers sera composé d'avocats du siége, suivant l'ordre de leur ancienneté.

5. Outre ces vingt-quatre juges, il y aura dans chaque cour un procureur, un avocat du roi ou de l'État [1].

6. Ces juges, procureur et avocat, ne seront élus que pour sept ans : ils ne pourront être continués, mais réélus après un intervalle également septénaire.

7. Ils seront élus par le peuple dans les démocraties ; et si les monarques veulent éloigner des tribunaux la brigue et la corruption, ils laisseront à leurs sujets dans chaque ville le choix des juges. On procèdera à cette élection comme à celle des maires et échevins. La liste des élus sera envoyée à la cour souveraine, qui la confirmera.

8. Ces juges seront choisis dans tous les états, dans toutes les conditions. Il sera inutile, pour y être admis, d'avoir payé 400 livres à une

---

[1] Il n'y a point en Pologne de ministère chargé de poursuivre la vengeance d'un crime, lorsque les parties ne la poursuivent pas. Aussi les crimes y sont-ils plus communs, et le paysan y est souvent opprimé sans pouvoir invoquer l'appui de la justice.

université pour n'y rien savoir; parce que, pour juger d'un fait, il n'est pas besoin d'avoir appris dans Justinien, que la loi naturelle est le droit commun des animaux et des hommes.

9. Cependant il y aura dans chaque tribunal un président instruit dans le droit naturel, dans les lois, dans les mœurs de son pays, qui, après avoir accueilli les suffrages des juges sur le fait, prononcera sur le droit et l'application de la loi.

10. Ce président ne sera reçu qu'après avoir prouvé un cours compétent d'études, et subi un examen sur les lois à la cour souveraine.

11. Les juges ne pourront recevoir aucun présent des parties, sous peine d'interdiction ou de peine infamante [1].

12. Tous les officiers de ces cours recevront des appointements modiques sur les fonds de l'État, mais proportionnés à leurs services. Ils pourront être exempts de capitation et autres impôts pendant la durée de leur emploi.

13. Le criminel sera tenu de choisir douze juges avant l'instruction de son procès.

[1] C'est une excellente loi que celle qui empêche les officiers de judicature et les juges de rien recevoir des malheureux qui plaident. On a tant d'inclination à favoriser celui qui répand l'or !

Les profits casuels engagent à multiplier les procès, les procès multiplient les malheureux.

14. Pour le condamner à quelque peine qui emporte privation perpétuelle de la liberté ou de l'honneur, il faudra que les voix soient unanimes ; pour l'absoudre, la pluralité suffira.

15. On établira dans chaque capitale de province une cour souveraine criminelle, à laquelle on portera les appels des tribunaux inférieurs. Ils y seront jugés en dernier ressort. Le nombre des juges sera le même ; les deux tiers auront au moins chacun douze mille livres de rente, l'autre tiers pris dans l'ordre des avocats. Leur mission sera bornée à sept ans, leur élection faite de même que celle des juges inférieurs. Pour les élire, chaque ville ou bourg enverra dans la capitale des députés représentants. Leurs émoluments seront pareillement médiocres. Point de présents, etc.

16. Chaque cour souveraine enverra deux fois l'année un membre pour inspecter les tribunaux inférieurs, et il fera son rapport à sa cour des abus qui pourraient se commettre. Il tiendra plusieurs audiences, et sera tenu de recevoir toutes les requêtes. La cour souveraine elle-même sera sujette à pareille inspection, et les inspecteurs seront nommés par le prince.

17. Lorsqu'il sera évident que l'ignorance, la prévention ou d'autres passions auront dicté aux

juges un jugement capital, lorsque l'accusé aura
recouvré de nouvelles pièces justificatives, il
pourra, ou sa famille, présenter à la nouvelle cour
criminelle une requête tendante à révision de
procès, où seront caractérisés tous les griefs qu'on
reproche au premier jugement, à laquelle seront
annexées toutes les pièces. Les juges qui auront
rendu la première sentence pourront être pris à
partie, condamnés en des dommages et intérêts,
même destitués, s'ils sont trouvés coupables; et
cette peine ne pourra être réputée commina-
toire [1].

[1] Pour prévenir les abus si fréquents dans les cours
de justice, et occasionnés par la nonchalance, la légèreté,
l'inattention, l'iniquité des juges, Frédéric II imagina
une foule de moyens qui furent développés dans une
excellente instruction publiée le 28 décembre 1779. On
y remarque, entre autres dispositions, article premier,
que de temps en temps il sera fait des visitations de
justice dans tous les collèges de justice, afin que chacun puisse porter ses plaintes; art. 3, que les juges et
avocats qui seront convaincus de contravention, pourront être condamnés à la privation de leurs fonctions,
et même à des peines plus graves, comme les travaux
aux fortifications.

Mais j'ai surtout admiré une disposition sage, bien
propre à prévenir une foule de procès. Frédéric ordonne
qu'avant de commencer un procès, les parties seront
tenues de comparaître seules devant le président, qui
leur nommera un conseiller député, pour entendre

RÉSUMÉ ET CONCLUSION.

« Le moyen, dit un philosophe [1], de fixer l'attention du public sur le problème d'une excellente législation, c'est de le simplifier et de le
réduire à deux propositions.

d'elles-mêmes leur affaire, qui les engagera à s'arran-
ger et à se réconcilier, qui, dans le cas de refus d'une
partie, en dressera un procès-verbal pour servir dans
le procès. Le collége de justice supérieur sur l'appel est
obligé de suivre la même marche.

Il est encore ordonné, par cette instruction, que tous
les actes de procédure soient faits en langue intelligible
pour tout le monde. Tout le monde sait le jugement
que cet illustre prince rendit contre quelques conseillers de la justice camérale, qui, par négligence ou
iniquité, avaient condamné le meunier Arnold.

L'ordonnance qui a été publiée à ce sujet, ne respire
que l'équité, l'humanité. Là, le prince déclare qu'aux
yeux de la justice, le prince est de niveau avec le paysan ; là il ordonne qu'on agisse avec égalité envers toutes personnes qui comparaissent devant la justice ; là il
menace des peines les plus sévères les juges qui s'écar-
teront de leur devoir.

L'ordonnance de 1670 et celle de 1667 permettent,
dans beaucoup de cas, de prendre les juges à parties.
Cet article de la loi, si nécessaire pour prévenir l'injustice de ceux qui seraient tentés d'abuser de leur pouvoir,
n'est point du tout exécuté. On a mis une infinité d'en-

[1] HELVÉTIUS, *De lH'omme, etc.*, ch. 1er.

« L'objet de la première serait la découverte des lois propres à rendre les hommes le plus heureux possible.

« L'objet de la seconde serait la découverte des moyens par lesquels on peut faire insensiblement passer un peuple de l'état de malheur qu'il éprouve, à l'état de bonheur dont il peut jouir.

« Il faudrait, pour résoudre la première partie du problème, n'avoir égard ni à la résistance des préjugés, ni au frottement des intérêts contraires et personnels, ni aux mœurs, ni aux lois, ni aux usages déjà établis. Il faudrait se regarder comme le fondateur d'un ordre religieux, qui, dictant sa règle monastique, n'a point égard aux habitudes, aux préjugés de ses sujets futurs.

« Il n'en serait pas ainsi de la seconde partie de ce même problème. Ce n'est pas d'après ces seules conceptions, mais d'après la connaissance des lois et des mœurs actuelles d'un peuple,

traves aux prises à partie dans les cours souveraines. Le respect dû à la magistrature, a été le motif de cette atteinte donnée à la loi. Il est peu de provinces qui n'aient à en gémir; car ce n'est pas à la cour, ce n'est pas dans la capitale que le despotisme judiciaire se fait sentir; c'est dans les provinces que le despotisme subalterne fait le plus de ravages. On trouvera, dans les *Causes célèbres* de Pitaval, de Richer et Desessarts, une infinité de faits qui confirment cette vérité.

qu'on peut déterminer les moyens de changer peu à peu ces mêmes mœurs, ces mêmes lois, et par des degrés insensibles, de faire passer un peuple de sa législation actuelle à la meilleure législation possible.

« Une différence essentielle et remarquable entre ces deux propositions, c'est que la première une fois résolue, sa solution, sauf quelques différences occasionnées par la position particulière d'un pays, est générale et la même pour tous les peuples.

« Au contraire, la solution de la seconde doit être différente selon la forme différente de chaque État. »

Je crois avoir résolu la première partie du problème dont parle Helvétius, c'est-à-dire tracé le plan d'une législation criminelle générale et utile à tous les peuples. Je l'ai plus souvent envisagé sans avoir égard à la résistance des préjugés et des usages reçus. J'ai tenté cependant d'appliquer quelquefois mes principes à l'état connu de quelques nations; mais cette seconde partie n'est qu'imparfaite, et s'il faut le dire, doit l'être par sa nature. Le point important était de dessiner un modèle universel; et pour y parvenir, il fallait, à l'aide du flambeau de la raison, choisir dans chaque constitution ce qui paraissait porter son empreinte, et en écarter les abus. Il fallait donc réfuter les uns et développer dans les bons usages leur analogie avec les lois de la nature.

C'est en m'asservissant constamment à cette marche, que j'ai parcouru toutes les parties du problème proposé par la société économique de Berne. J'ai porté d'abord mes regards sur les moyens de prévenir les crimes. J'ai développé ceux qui m'ont paru les plus propres à tarir la source des délits. Point de doute qu'il n'en existe d'autres; mais je ne pouvais pas, je ne devais pas même les approfondir tous. Il suffit qu'en suivant ceux que je propose, on parvienne, sinon à détruire absolument, au moins à diminuer la liste énorme des crimes, et à rendre inutile l'atrocité des supplices en usage chez les peuples policés.

Avant de graduer l'échelle corrélative des délits et des peines, il fallait poser les principes généraux qui devaient diriger cette opération législative. J'ai donc défini le crime, j'en ai divisé les genres et les espèces, classé les individus. Les modifications qu'ils reçoivent, tant des circonstances générales qui accompagnent, ébranlent, bouleversent les États, que les circonstances particulières, ne m'ont point échappé. Cette partie m'offrait des détails curieux; j'ai résisté à la tentation de les traiter. Il fallait les effleurer, parce que, dans le plan d'une législation universelle, on doit négliger les frottements ou généraux ou particuliers, occasionés par le choc d'intérêts contraires, d'usages reçus, ou par la variété des situations physiques, morales et politiques des États.

L'espèce des peines admissibles a surtout fixé mon attention. Je n'ai point été les puiser dans les codes existans, parce que chaque page en est écrite en caractères de sang. Je me suis reporté, pour les fixer, à la nature des crimes. J'ai consulté les titres de la société sur l'homme, indignement altérés depuis tant de siècles, et j'ai effacé la longue liste des supplices usités dans toute l'Europe. L'horrible tableau que j'en ai présenté secouera peut-être la léthargie, et sûrement humiliera l'orgueil des Européens qui osent se mettre au-dessus des sauvages, tandis qu'ils auraient pu défier en atrocités les barbares de la Tauride.

Descendant ensuite dans les détails des crimes publics, je me suis arrêté d'abord à ceux qu'on appelle *moraux*. C'est un fruit des passions de l'individu, qui, dans leur effervescence, blessent l'ordre social. Pour en apprécier l'intensité, j'ai examiné la nature des mœurs : elles m'ont paru

varier en raison des climats et des gouvernemens.
Leur bonté n'étant que relative, la grièveté des
atteintes qu'on leur donne est aussi relative, d'où
j'ai conclu que chez certains peuples (et ils sont
en petit nombre) elles doivent être sévèrement
punies; que chez d'autres on ne doit point s'y
arrèter. Or, presque tous les gouvernemens de
l'Europe sont parvenus à ce point de maturité,
que le choc des délits moraux est presque insensible dans le mouvement général. Les peines y
paraissent donc inutiles.

La force coercitive, que tous les souverains
ont en main, cette force qui a banni la triste anarchie pour la remplacer par un despotisme modéré, force qui dispense un peuple d'avoir des
mœurs, pourvu qu'il obéisse aux lois positives,
cette force m'a semblé avoir anéanti jusque dans
leur source les crimes que dans les temps de
troubles on appelait crimes d'État, de haute trahison, de lèse-majesté, de lèse-patrie, etc. Ces
crimes ne seront point à craindre tant que l'ordre
social reposera sur la force, tant que la force paraîtra n'emprunter son ressort que de l'ordre.
Infliger des peines cruelles pour ces crimes, si
jamais ils reparaissent, sera donc une atrocité
inutile. C'est une classe de délits qu'un souverain
ne doit jamais avoir à punir, parce qu'il doit préve-

nir tous ces orages par une sage administration.

Le tableau que j'ai offert des crimes religieux paraîtra encore plus court que les précédents, et les peines en sont aussi plus modérées. C'est entrer dans l'esprit de la véritable religion et de ses ministres, que d'adopter ce caractère de douceur.

On sera peut-être surpris, en considérant le triple tableau des crimes publics. de les trouver en si petit nombre, et de les voir punis sans verser de sang; c'est que, dans la vérité, l'on ne rend pas les hommes vertueux par des supplices cruels, mais par de bonnes lois.

C'est encore par de bonnes lois sur la propriété et sur la subsistance de tous les membres de la société, qu'on préviendra les crimes particuliers. Ici le secret est fort simple. La misère conduit au vol, le vol à l'assassinat; extirpez la misère, et plus de délits particuliers. Si malgré ce remède il reparaît encore des criminels, c'est qu'il en est en politique comme en physique : avec tout l'art possible on ne peut pas salubrifier entièrement l'air; mais les insectes vénéneux qui peuvent le corrompre, doivent être plus corrigés que punis, conservés et non détruits.

Après avoir banni l'atrocité des peines, il fallait réformer la méthode d'estimer les preuves

judiciaires; celles qu'on admet paraissent ou violer le vœu de la nature, comme la confession de
l'accusé, ou marquées au coin du doute, comme
les indices et les présomptions. On n'a reconnu,
pour base de la certitude, que celles qui condui-
saient à exclure moralement la possibilité de
l'innocence de l'accusé. Cette certitude n'est appuyée ni sur des calculs, ni sur des autorités.
Comme tous les juges ne sont pas des *Euler,* et
comme la raison est un peu plus sûre que le
faste ou la paresse des citations, on a rejeté, et
la méthode algébrique, et l'arme trop souvent
dangereuse des autorités.

La simplification qui caractérise le tableau des
crimes et l'art d'estimer les preuves, se retrouve
encore dans notre plan de procédure criminelle;
partie que la vile cupidité a si bassement obs-
curcie partout. Nous la réduisons aux actes nécessaires pour constater le crime et le criminel.

Enfin on la retrouve dans la réduction que
nous avons faite des tribunaux criminels. Ce n'est
qu'après avoir démontré l'abus de leur multiplicité, que nous avons proposé cette opération,
dont plusieurs États, où la réforme est déjà en
vigueur, retirent un grand avantage.

Tel est l'ensemble du plan que j'offre à la société. La bonté en sera contestée, je ne l'ignore

pas; et j'ai déjà lu dans le profond Helvétius mon arrêt de condamnation.

«Dans tout pays policé, dit-il [1], et soumis à certaines lois, à certaines mœurs, à certains préjugés, un bon plan de législation, presque toujours incompatible avec une infinité d'intérêts personnels, d'abus établis et de plans déjà adoptés, paraîtra donc toujours ridicule. »

Cet arrêt ne m'a pas découragé en entreprenant cet ouvrage. Qu'importe qu'il soit dénigré par la partie du public qui ne raisonne point ou qui ne raisonne que d'après son intérêt, si les hommes impartiaux, patriotes, et, ce qui est mieux encore, amis de l'humanité, y trouvent des vérités neuves, des vérités utiles en législation ? S'il est certain qu'en toute espèce de science un écrivain doit chercher et dire la vérité, c'est surtout dans la morale politique. Cette science n'a pour but que le rétablissement et l'accroissement du bonheur des peuples; et quand on a devant les yeux un but si noble, si sacré, doit-on craindre les critiques, les persécutions ? Car je ne me le dissimule point, j'aurai contre moi, et ceux dont j'ai contredit les opinions, et ceux dont les intérêts sont contraires à l'intérêt pu-

---

1 HELVÉTIUS, *OEuvres complètes,* t. v, p. 3 de l'édition d'*Amsterdam,* 1776, en 5 vol. in-12.

blic. Or, ces derniers, surtout, ne sont pas peu dangereux ; mais j'aurai fait mon devoir, et cette conscience de soi-mème est si consolante ! Je ne leur répondrai donc qu'en m'occupant encore plus profondément de l'objet important que j'ai traité, qu'en me rendant utile à ma patrie, et surtout aux malheureux sur lesquels tombe principalement le fardeau pesant des lois. C'est à eux, c'est à leur défense que je consacre ma plume. Heureux si parmi les innocents que le hasard confond dans la foule des scélérats, ma faible voix peut en arracher quelques-uns à l'opprobre de l'échafaud !

FIN DE LA THÉORIE.

APPENDICE.

A *.

Lettre d'un Protestant écrite à une Dame de Paris pour
l'instruire de ce qui luy étoit arrivé quand il fut pris, lors
de la persécution en France des Papistes contre les Ré-
formez (après la révocation de l'Édit de Nantes).

> « Invoque moy au jour de ton affliction,
> et je te delivreray, et tu me glorifieras. »
> (*Psaume* 50, v. 15.)

Madame.

Vous avez voulu sçavoir quelque chose de mes
avantures, ou plustot du décret du ciel sur un confes-
seur de Jesus-Christ, qui a eu l'honueur de porter sa
croix, nous ayant esté donné gratuitement, non seulement de croire en luy, mais aussi de souffrir pour luy.
Je fus pris dans un vaisseau anglois la veille du jour
que nous devions estre delivrez de toute crainte. Je
fus fort affligé, croyant que Dieu estoit irrité contre
moy, mais il me fortifia et me mit dans la pensée cecy :

> Que sy de moy tu fais le choix
> Pour porter ton aimable croix,
> Donne la force et le courage
> Au foible serviteur tien ;
> Et par ton pouvoir le soutien
> Contre le demon et sa rage.

---

* Cette lettre est extraite d'un manuscrit du temps, appartenant à M. DE HOFFMANNS.

Que combatant contre l'effort
D'un ennemy puissant et fort
Il en remporte la victoire ;
Que l'ayant enfin abattu,
Par la force et par la vertu,
Il t'en donne toute la gloire.

Ayant esté quelque tems en prison à Rochefort où je fus conduit avec des hommes braves et intrepides, nous fumes menez dans la conciergerie du palais a Bordeaux ; j'eus l'honneur de voir beaucoup de personnes de condition et des dames fort charitables. Les presidents de l'auguste senat [1] et plusieurs conseillers m'envoyèrent visiter, et plusieurs me firent cet honneur. Après avoir esté long-tems en prison un president écrivit à un de mes amis, et luy demanda sy j'estoit toujours le même, parce qu'on nous menaçoit de nous envoyer aux galeres. Après que mon ami m'eust montré la lettre j'ecrivis au dos,

Je suis toujours le même.
Et il n'y a diadéme,
Prince, ny potentat,
Qui puissent changer mon état.
Je suis toujours le serviteur de Dieu ;
Et le vôtre à Bordeaux, à Marseille, en tout lieu.

Quelques tems après nous fumes conduits au parlement. Estant sur la selette l'on me demanda sy je ne voulois pas aller à la messe. Je repondis avec soumission et respect, que j'obeïrois à tout ce qu'on m'ordonneroit pourveu que ce ne fut pas contre ma foy, puisque tout ce qui est fait sans foy est péché ; et Dieu m'a

---

[1] Jean-Denis d'AULÈDE de LESTONAC était alors premier-président du parlement de Bordeaux, et Michel-Jean de GOURGUE, président à mortier.   (*Note de l'Édit.*)

fait la grace depuis ce tems-là de n'entendre aucune messe. Estant condamnez aux galeres on nous mit à chacun un gros colier qui nous attachoit à la grande chaine.

Un senateur qui estoit dans notre chambre, nous insultant sur ce que nous avions de la tapisserie : «Des tapisseries, dit-il, pour des forçats!» Je luy repondis, nous ne serons jamais forçats : Dieu, le Roy des roys, veut estre servit par des voluntaires.

Ce qui me fâche, c'est qu'ayant servi cy-devant, toujours notre grand monarque [1], en avançant, je sois obligé de le servir dans les galeres de recullons. Des dames charitables, penetrées de douleur de me voir à la teste de quatre vingt-neuf forçats, couvroient ma chaine de larmes. Pour les essuyer je leur dis :

> Benite soit la chaine
> Qui m'atache à mon Dieu.
> Je n'ay douleur ny peine
> Que dans le sacré lieu
> Ne soit un jour changée,
> En douceurs et plaisirs !
> Heureuze destinée,
> Tu combles mes desirs.

Elles me dirent, «Ah, que vous estes heureux! vos chaines ne sont point pesentes; nous voudrions bien avoir part à votre bonheur.» Je leur repondis, en leur disant adieu et les embrassant :

> Saintes filles du Roy des roys,
> Mais il est aussy votre epoux,
> Soiez soumises à ses loix.
> Heureuses autant qu'on peut l'estre,
> Le Tout-Puissant est votre maitre :
> Vous goûterez un jour ce qu'il a de plus doux.

On nous conduisit à Toulon : on nous fit promener

[1] Louis XIV.

dans toutes les grandes rues. Un jour je vis une troupe de peuple assemblée, et j'entendis souvent mon nom à haute voix, «Monbesson, Monbesson.» Je dis au capitaine de la chaine de voir ce que c'estoit; il me raporta une lettre imprimée, elle estoit en vers, il fallait qu'elle fut de mes amis, me donnant des louanges que je n'avois pas mérité; elle disoit qu'ayant eu de beaux emplois j'avois bien servy le roy; qu'il falloit continuer à luy obeïr, et qu'on me rendroit la place que j'avois aux États de Languedoc. Je repondis que sy on m'assuroit que j'aurois un escabeau lorsqu'on tiendroit les grands États à la fin du monde, je serois content. La lettre disoit aussi qu'il falloit vivre comme fils de l'Église, et qu'il falloit se remettre dans son giron. Je repondis que je n'en estois jamais sorti.

> Je suis fils de l'Église,
> Et veux avec franchise
> Suivre ses loix
> Sy ce sont celles du Roy des roys.

Nous fumes conduits à Marseille dans la galere la Grande Realle, où je ne fus pas long-tems. Mais pour ôter le clou de mon collier, on donna soixante-et-dix coups de marteau; le collier faillit m'étrangler, et il s'en fallut peu qu'on ne me cassa la teste. Les officiers qui estoient present en temoignerent de vives douleurs. Je me mis à dire après avoir eu un peu de liberté :

> Je croiois que la galere
> Fut la maison de misere ;
> Mais par la grace de Dieu,
> Les palais plus magnifiques,
> Leurs grand's cours et leurs portiques
> N'ont rien plus beau que ce lieu.
>
> Leurs commandants sont illustres ;
> Il y a plus de vingt lustres

Qu'on en a pas vu de tels :
Ils sont courageux et braves ;
Dieu nous rend, loin d'être esclaves,
Les plus heureux des mortels.
Ah, sy mon corps avoit l'aile
Mon cœur, l'ardeur et le zele
D'un glorieux seraphin,
Je volerois de vitesse,
Dans le ciel plein d'allegresse,
Pour y loüer Dieu sans fin.

Je ne fus pas long-tems dans la galère ; on me mena, a cause de mon age de soixante-dix-sept ans, aux Invalides ou hopital ; en même tems que je fus sur la porte, j'exprimois ma pensée ainsy :

Mon Dieu tu fais des merveilles ;
Tes graces sont sans pareilles.
Mon bonheur est sans egal.
De tresor tu n'es point chiche :
Je ne fus jamais sy riche
Qu'en entrant dans l'hopital.

Dans peu de jours je fus mis en liberté, par la grace de Dieu et la clemence du roy. Un de mes amis me trouvant que j'ecrivois me demanda ce que je fesois, c'estoit la fin de plusieurs vers :

Et dedans ce moment
Je trace un monument
De l'eternelle memoire :
Je consacre à mon Dieu,
En tout tems, en tout lieu,
Et mon corps et mon ame.
O mon Dieu ! mon amour !
Je bruleray toujour
D'une divine flame.

Après deux ans de souffrance, je fus deux mois en

liberté et remis dans la citadelle de Montpellier dans
une obscure prison où je disois,

> Triste, sombre et noire prison,
> Tu n'es que de Dieu la maison,
> Que le beau palais de sa gloire.
> Les anges, icy, font leur cour
> A ce Dieu sy remply d'amour,
> Qu'il faut le sentir pour le croire.
>
> J'en ay le cœur tout penetré.
> Ce n'est point un discours outré
> De dire qu'il est tout en flame.
> Je goute des plaisirs charmants,
> Et je sens des ravissemens
> Qui changent l'etat de mon ame.
>
> Elevée dedans le ciel,
> Des fleuves de lait et de miel
> Remplissent cette soif avide
> Quelle a de Dieu fort et vivant;
> Et mon ame, en le possedant,
> Ne trouve rien en elle vuide.
>
> Possedant ce divin tresor,
> Voudrois-je quelque chose encore,
> Des biens de la terre et de l'onde?
> Je suis riche jusques au bout :
> Possedant mon Dieu, c'est mon tout,
> Je ne desire rien au monde.

Il y auroit un gros volume à faire, sy je voulois
vous raporter, Madame, toute les particularités de
mon histoire; mais c'est seulement pour vous obeïr que
j'ose exposer à vos yeux quelques traits des meaux dont
il a plut à Dieu m'envoyer.

Je suis avec respect,

Madame,
Votre très humble et très affectionné
serviteur et frère en Jésus-Christ.

B.

Enterrements de Molière et de Voltaire.

Partout dans notre histoire l'esprit sacerdotal figure comme un mauvais génie. Il a persécuté presque tous nos grands écrivains dans leur vie et après leur mort.

Les deux hommes les plus célèbres des dix-septième et dix-huitième siècles, les deux premiers auteurs français, Poquelin de MOLIÈRE, Arouet de VOLTAIRE, étaient nés tous deux à Paris, et tous deux y ont éprouvé des difficultés remarquables pour leur enterrement. J'ai recueilli les pièces concernant ces difficultés, et leur rapprochement les rend encore plus piquantes.

On verra par quelle prière, à quelles conditions dures, la veuve de Molière obtint de l'archevêque de Paris (de Harlay) la permission d'inhumer, sans aucune cérémonie, le corps de son mari, de ce grand homme auquel les Grecs (comme disait sa veuve) auraient élevé des autels. Le scrupuleux Harlay fit beaucoup de façons pour permettre l'enterrement. Il y mit des restrictions qu'il faut lire dans l'acte même. En conséquence de cet acte, où l'esprit de Tartufe s'acharne contre une ombre illustre, Molière fut jeté presque furtivement au cimetière d'une église ou chapelle de Saint-Joseph, succursale de Saint-Eustache, dans le même endroit où, depuis, l'inimitable LA FONTAINE et l'innocent DANCHET ont été enterrés. Du moins, Molière était là en bonne compagnie; mais Voltaire n'a pas été tout-à-fait si heureux. On voit dans sa correspondance, qu'il voulait prévenir les persécutions posthumes du clergé de Paris. Il s'était fait faire un tombeau de précaution, attenant à son église de Ferney. On a une lettre de 1764 où il dit, en parlant du curé de Saint-Sulpice : «Ce maraud-là ne m'enterrera pas.» Il ne se doutait pas alors qu'il viendrait expirer précisément sur la paroisse de ce même curé, et qu'il faudrait, en quelque sorte, lui escamoter son cadavre pour le déposer en cachette, à trente lieues de Paris, dans le prieuré de Scellières, d'où un évêque tenterait de déloger sa cendre. Il est vrai que, depuis, la France alla chercher cette cendre à Scellières pour la porter au Panthéon ; cet honneur devait être le comble de la gloire ; mais, hélas ! on l'a profané d'une manière scandaleuse ; et si les mânes de Voltaire avaient pu écouter leur indignation, je crois bien qu'il serait sorti avec horreur du temple des grands hommes, si horriblement pollué par la démence atroce qui l'a fait servir en l'an II à l'apothéose d'un monstre.

Requête à l'archevêque de Paris (de Harlay), et son ordonnance pour l'enterrement de Molière.

Du 17 février 1673.

A Monseigneur l'illustrissime et révérendissime archevêque de Paris.

Supplie humblement, Elizabetz-Claire-Grasinde Béjard, veufve de feu Jean-Baptiste Pocquelin de Molière, viuant valet-de-chambre et tapissier du roy, et l'un des comédiens de sa trouppe, et en son absence, Jean Aubry, son beau-frère ; disant que vendredy dernier, dix-septieme du present mois de feburier mil six cent soixante treize, sur les neuf heures du soir, ledit feu sieur de Molière s'estant trouué mal de la maladie dont il décéda enuiron une heure après, il voulut dans le moment tesmoigner des marques de repentir de ses faultes et mourir en bon chrestien, à l'effet de quoy auccq instances il demanda un prestre pour receuoir les sacremens, et enuoya par plusieurs fois son valet et seruante à Sainct-Eustache, sa paroisse, lesquels

dresserent à messieurs Lenfant et Lechat, deux prestres
habituez en ladicte paroisse, qui refuserent plusieurs
fois de venir ; ce qui obligea le sieur Jean Aubry d'y
aller luy-mesme pour en faire venir, et de faict fist leuer
le nommé Paysaut, aussy prestre habitué audict lieu ;
et comme touttes ces allées et venues tarderent plus
d'une heure et demye pendant lequel temps ledict feu
Moliere décedda, et ledict sieur Paysant arriva comme
il venoit d'expirer ; et comme ledict sieur Moliere est
déceddé sans avoir reçu le sacrement de confession dans
un temps où il venoit de représenter la comédie, monsieur le curé de Saint-Eustache lui refuse la sepulture,
ce qui oblige la suppliante vous presenter la presente
requeste pour luy estre sur ce pourvu.

Ce considéré, Monseigneur, et attendu ce que dessus,
et que ledict deffunct a demandé auparavant que de
mourir un prestre pour estre confessé, qu'il est mort
dans le sentiment d'un bon chrestien, ainsy qu'il a te-
moigné en presence de deux dames religieuses, de-
meurant en la mesme maison d'un gentilhomme nommé
M. Couton, entre les bras de qui il est mort, et de plusieurs autres personnes ; et que M⁵ Bernard, prestre
habitué en l'églize Sainct-Germain, lui a administré les
sacremens à Pasque dernier, il vous plaise, de grace
specialle, accorder à ladicte suppliante que sondict
feu marry soit inhumé et enterré dans ladicte eglize
Sainct-Eustache, sa paroisse, dans les voyes ordinaires
et accoutumées, et ladicte suppliante continuera les
prieres à Dieu pour votre prospérité et santé, et ont
signé. Ainsy signé le Vasseur et Aubry, avecq. paraphe.
Et au-dessoubz est escript ce qui en suict :

Renvoyé au sieur abbé de Benjamin, nostre official,
pour informer des faicts contenus en la presente requeste, pour, information à nous rapportée, estre
enluict ordonné ce que de raison. Faict à Paris dans

nostre pallais archyepiscopal, le vingtiesme feburier
mil six cent soixante-treize. Signé, archevesque de
Paris.

Extrait des registres de l'Archevêché de Paris.

Veu ladicte requeste, ayant aucunement esgard aux
preuves resultantes de l'enqueste faicte par mon ordou-
nance, nous avons permis au sieur curé de Sainct-
Eustache de donner la sepulture eclechiastique au corps
de deffunct Moliere dans le cimetierre de la paroisse,
à condition néantmoins que ce sera sans aucune pompe,
et avec deux prestres seullement et hors des heures du
jour, et qu'il ne se fera aucun service solemnel pour
luy, ny dans ladicte paroisse Sainct-Eustache, ny ailleurs,
mesme dans aucune eglize des reguliers, et que nostre
presente permission sera sans prejudice aux regles du
rituel de nostre eglize, que nous voulons estre ob-
servées selon leur forme et teneur. Donné à Paris ce
vingtiesme feburier mil six cent soixante-treize. Ainsy
signé, archevesque de Paris; et au-dessoubz, par Monseigneur, Morange, avecq. paraphe.

Collationné en son original en papier, ce faict rendu
par les nottaires au Chastellet de Paris soubzsignez, le
vingt-uniesme mars mil ~~huit~~ cent soixante-treize.

LEVASSEUR.

Lettre de l'évêque de Troyes au prieur de Scellières.

Je viens d'apprendre, Monsieur, que la famille de
M. de Voltaire, qui est mort depuis quelques jours,
s'étoit décidée à faire transporter son corps à votre abbaye pour y être enterré, et cela parce que le curé de
Saint-Sulpice leur avoit déclaré qu'il ne vouloit pas l'enterrer en terre sainte.

Je désire fort que vous n'ayez pas encore procédé
à cet enterrement, ce qui pourroit avoir des suites fâcheuses pour vous; et si l'inhumation n'est pas faite,
comme je l'espère, vous n'avez qu'à déclarer que vous
n'y pouvez procéder sans avoir des ordres exprès de
ma part.

J'ai l'honneur d'être bien sincèrement, Monsieur,
votre très-humble et très-obéissant serviteur,

✝ Evêque de Troyes.

2 juin 1778.

Réponse du prieur.

A Scellières, 3 juin.

Je reçois dans l'instant, Monseigneur, à trois heures
après midi, avec la plus grande surprise, la lettre que
vous m'avez fait l'honneur de m'écrire en date du jour
d'hier, 2 juin. Il y a maintenant plus de vingt-quatre
heures que l'inhumation du corps de M. de Voltaire est
faite dans notre église, en présence d'un peuple nombreux. Permettez-moi, Monseigneur, de vous faire le
récit de cet événement, avant que j'ose vous présenter
mes réflexions.

Dimanche au soir, 21 mai, monsieur l'abbé Mignot,
conseiller au grand-conseil, notre abbé commendataire,
qui tient à loyer un appartement dans l'intérieur de
notre monastère, parce que son abbatiale n'est pas
habitable, arriva en poste pour occuper cet appartement. Il me dit, après les premiers complimens, qu'il
avoit eu le malheur de perdre M. de Voltaire, son
oncle; que ce monsieur avoit désiré, dans ses derniers
momens, d'être porté après sa mort à sa terre de Ferney;
mais que le corps, qui n'avoit point été enseveli, quoique embaumé, ne seroit pas en état de faire un voyage

19.

aussi long; qu'il désiroit, ainsi que sa famille, que nous voulussions bien recevoir le corps en dépôt dans le caveau de notre église; que ce corps étoit en marche, accompagné de trois parens qui arriveroient bientôt. Aussi-tôt monsieur l'abbé Mignot m'exhiba un consentement de monsieur le curé de Saint-Sulpice signé de ce pasteur, pour que le corps de M. de Voltaire pût être transporté sans cérémonie; il m'exhiba en outre une copie collationnée par ce même curé de Saint-Sulpice, d'une profession de foi catholique, apostolique et romaine, que M. de Voltaire a faite entre les mains d'un prêtre approuvé, en présence de deux témoins, dont l'un est M. Mignot, notre abbé, neveu du pénitent, et l'autre un monsieur le marquis de la Villevieille. Il me montra en outre une lettre du ministre de Paris, M. Amelot, adressée à lui et à M. Dampierre d'Hornoy, neveu de monsieur l'abbé Mignot, et petit-neveu du défunt, par laquelle ces messieurs étoient autorisés à transporter leur oncle à Ferney ou ailleurs. D'après ces pièces qui m'ont paru et qui me paroissent encore authentiques, j'aurois cru manquer au devoir de pasteur si j'avois refusé les secours spirituels dus à tout chrétien, et surtout à l'oncle d'un magistrat qui est depuis vingt-trois ans abbé de cette abbaye, et que nous avons beaucoup de raisons de considérer. Il ne m'est pas venu dans la pensée que monsieur le curé de Saint-Sulpice ait pu refuser la sépulture à un homme dont il avoit légalisé la profession de foi, faite tout au plus six semaines avant son décès, et dont il avoit promis le transport tout récemment au moment de sa mort : d'ailleurs je ne savois pas qu'on pût refuser la sépulture à un homme quelconque mort dans le sein de l'église, et j'avoue que, selon mes faibles lumières, je ne crois pas que cela soit possible. J'ai préparé en hâte tout ce qui étoit nécessaire. Le len-

demain matin sont arrivés dans la cour de l'abbaye deux
carrosses, dont l'un contenoit le corps du défunt, et
l'autre étoit occupé par M. d'Hornoy, conseiller au parlement de Paris, petit-neveu de M. de Voltaire ; par
M. Marchand de Varennes, maître d'hôtel du roi ; et
M. de la Houillère, brigadier des armées, tous deux
cousins du défunt. Après midi, monsieur l'abbé Mignot
m'a fait, à l'église, la présentation solemnelle du corps
de son oncle, qu'on avoit déposé. Nous avons chanté
les vêpres des morts ; le corps a été gardé toute la nuit
dans l'église, environné de flambeaux. Le matin depuis
cinq heures, tous les ecclésiastiques des environs, dont
plusieurs sont amis de monsieur l'abbé Mignot, ayant
été autrefois séminaristes à Troyes, ont dit la messe
en présence du corps, et j'ai célébré une messe solemnelle à onze heures avant l'inhumation, qui a été faite
devant une nombreuse assemblée. La famille de M. de
Voltaire est repartie ce matin, contente des honneurs
rendus à sa mémoire, et des prières que nous avons
faites à Dieu pour le repos de son âme. Voilà les faits,
Monseigneur, dans la plus exacte vérité. Permettez,
quoique nos maisons ne soient pas soumises à la ju-
risdiction de l'ordinaire, de justifier ma conduite aux
yeux de Votre Grandeur. Quels que soient les priviléges
d'un ordre, ses membres doivent toujours se faire gloire
de respecter l'épiscopat, et se font honneur de soumettre leurs démarches, ainsi que leurs mœurs, à l'examen de nosseigneurs les évêques. Comment pouvois-je
supposer qu'on refusoit, ou qu'on pouvoit refuser à
M. de Voltaire la sépulture qui m'étoit demandée par
son neveu, notre abbé commendataire depuis vingt-
trois ans, magistrat depuis trente ans, ecclésiastique
qui a beaucoup vécu dans notre abbaye, et qui jouit
d'une grande considération dans notre ordre ; par un
conseiller au parlement de Paris, petit-neveu du dé-

funt; par des officiers d'un grade supérieur, tous parens et tous gens respectables ? Sous quel prétexte
aurois-je pu croire que monsieur le curé de Saint-
Sulpice eût refusé la sépulture à M. de Voltaire, tandis
que ce pasteur a légalisé de sa propre main, une profession de foi faite par le défunt il n'y a que deux
mois ; tandis qu'il a écrit et signé, de sa propre main,
un consentement que ce corps fût transporté sans cérémonies? Je ne sais ce qu'on impute à M. de Voltaire;
je connois plus ses ouvrages par sa réputation qu'autrement ; j'ai ouï dire à monsieur son neveu, notre
abbé, qu'on lui en imputoit de très-répréhensibles
qu'il avoit toujours désavoués ; mais je sais, d'après les
canons, qu'on ne refuse la sépulture qu'aux excommuniés, LATA SENTENTIA, et je crois être sûr que M. de
Voltaire n'est pas dans ce cas. Je crois avoir fait mon
devoir en l'inhumant sur la réquisition d'une famille
respectable, et je ne puis m'en repentir. J'espère, Monseigneur, que cette action n'aura pas pour moi de suites
fâcheuses ; la plus fâcheuse, sans doute, seroit de perdre votre estime ; mais d'après l'explication que j'ai
eu l'honneur de faire à Votre Grandeur, elle est trop
juste pour me la refuser.

Je suis avec un profond respect, etc.

LE PRIEUR DE SCELLIÈRES.

(Extrait du *Conservateur* de FRANÇOIS DE NEUFCHATEAU.)

C.

Des tribunaux secrets de l'Allemagne et des francs-juges

> « Quiconque est proscrit reste proscrit,
> « peu importe qu'il soit innocent ou non
> « le proscrit est réputé entièrement con-
> « vaincu. » Telle était la maxime des Illu-
> minés au temps des tribunaux secrets.

On fait remonter l'origine du tribunal secret jusqu'à Charlemagne. Si cette assertion est exacte, il est probable que cette monstrueuse institution, qui s'étendait sur toute l'Allemagne, fut imaginée par ce prince pour retenir les vaincus dans l'obéissance.

Les juges étaient nommés d'abord par les empereurs ; ils usurpèrent le droit de choisir eux-mêmes les candidats sous le secret du *serment* et de *l'initiation ;* ils formèrent ainsi une corporation puissante, redoutable, invisible, dont on portait le nombre à plus de cent mille individus dès le temps de Frédéric III.

Il existait encore, il y a peu d'années, des vestiges de ces tribunaux à Dortmund, en Westphalie ; on retrouva leur code dans les anciennes archives du pays, et on l'imprima dans le *Reichstheater* de Muller.

Le titre, traduit de l'allemand, est ainsi conçu :

« *Code et statuts du saint tribunal secret des francs-*
«*comtes et francs-juges de Westphalie qui ont été établis*
«*en l'année 772 par feu l'empereur Charlemagne, tels que*
«*lesdits statuts ont été corrigés en 1404 par le roi Robert*
«*qui y a fait, en plusieurs points, les changements et*
«*augmentations qu'exigeait l'administration de la justice*
«*dans les tribunaux des Illuminés (Wissende), après les*
«*avoir de nouveau revêtus du sceau de son autorité.* »

Sur le premier feuillet du manuscrit est une menace

adressée aux profanes qui oseraient le lire; ils doivent
être à l'instant livrés aux poignards des *francs-juges*.

Il est constant que les tribunaux secrets ont porté
en Allemagne plusieurs noms différens. Ils se sont in-
titulés : *Fehmgericht* (tribunal suprème), *heimlich acht*
(tribunal secret), *heilige heimlich recht wissende acht*
(tribunal *saint*, *secret* et *juste*), *vehmeding* (tribunal
véimique ou fœmique), *freyding* (tribunal franc). Toutes ces dénominations différentes , le mystère , la terreur, qui marchaient à leur suite, ont jeté une grande
incertitude sur ce qui concerne les tribunaux secrets ;
aucun historien n'en parle d'une manière satisfaisante.
Montesquieu dans l'*Esprit des Lois*, le président Hé-
nault, dans sa *Chronologie raisonnée*, n'en disent pas un
seul mot. Voltaire lui-même, dans *les Annales de l'Empire*, ne paraît pas mieux instruit sur ce point de l'histoire d'Allemagne. Cependant l'*inquisition*, le *conseil des
dix*, n'égalèrent jamais en cruauté cette sanguinaire
institution ; il n'y a que le défaut absolu de matériaux
historiques capable de justifier l'indifférence et l'oubli
des écrivains.

Nous avons été à portée de recueillir des notices
très intéressantes sur ces tribunaux, et de puiser aux
sources de la vérité. Nous avons compulsé sur les lieux
mêmes plusieurs liasses d'actes qui remontent aux trei-
zième, quatorzième et quinzième siècles. Ces actes ,
échappés comme par miracle à plusieurs incendies ,
existent à Dortmund, ancienne ville impériale, où ils
gisent ensevelis dans la poussière et l'oubli.

Les membres des tribunaux secrets sont assez souvent
désignés sous le nom de *rose-croix*, qui est un grade de
la franc-maçonnerie. Les empereurs ne pouvaient les
choisir que quand ils étaient eux-mêmes Illuminés. Il y
avait aussi trois degrés d'initiation : ceux du premier s'appelaient *francs-juges* (Freischœppen); ceux du second ,

véritables *francs-juges* (echt rechte Freischœppen), parce qu'ils mettaient à exécution les sentences des premiers; ceux du troisième, *saints juges du tribunal secret* (fehme Schœppen, Frohnboten); leur charge était d'observer et de parcourir le pays, de faire rapport, etc.

Le plus profond mystère enveloppait les opérations des tribunaux secrets. Les francs-juges avaient des signes et des paroles auxquels ils se reconnaissaient entre eux. On trouva dans de vieilles archives, à Herfort, en Westphalie, les cinq lettres initiales suivantes : S. S. S. G. G., que les érudits allemands ont traduites par *Stock, Strick, Stein, Gras, Grein,* qui correspondent aux mots français *bâton, corde, pierre, herbe, pleurs.* Il paraît que ces paroles mystérieuses étaient les mots de passe; on croit qu'ils en adoptaient quelquefois de nouveaux. Jean Agricola dit, dans son explication des anciens proverbes allemands, que, quand les francs-juges ou les *Illuminés* (Wissende) se trouvaient ensemble à table, ils se reconnaissaient en ce qu'ils tournaient la pointe de leurs couteaux de leur côté, et celle de la gaine vers le centre de la table.

Lorsqu'on initiait quelque profane, on exigeait de lui le serment le plus terrible de ne rien révéler des mystères du tribunal, de n'avertir personne du danger dont il était menacé, de dénoncer père, mère, frère, sœur, ami ou parent, sans exception [1], s'il venait à sa connaissance qu'ils fussent proscrits par l'association. Celui qui en trahissait les secrets était pendu sept pieds plus haut que les autres. Le code de Dortmund prescrit contre les *faux frères* l'horrible supplice que voici : « Les yeux bandés, les mains liées derrière le dos, une corde au cou, le patient était placé sur le ventre, on lui arrachait la langue par la nuque, et on le pendait

---

[1] Notschœppe, faux franc-juge.

par les pieds jusqu'à ce qu'il fût expiré.» Tout franc-juge qui ne révélait point ce qui pouvait être préjudiciable à l'association, était puni de mort comme un profane, c'est-à-dire qu'on l'amenait dans le silence des nuits devant le tribunal, et qu'on l'étranglait sur-le-champ.

Sigismond fut le premier empereur qui essaya de mettre un frein au pouvoir d'une si monstrueuse corporation, et elle inspirait alors tant de terreur, que les magistrats, les ministres, les princes et les souverains sollicitaient à l'envi pour y être admis, afin d'avoir une sorte de sauf-conduit contre les assassins Illuminés; il y a une foule de monumens qui prouvent ce fait. Une lettre écrite par le magistrat d'Eslingen, à Herman Hackenberg, dit positivement qu'il y avait des Illuminés dans le conseil de Charles, margrave de Bade, ainsi que dans les charges municipales de Bâle, de Worms et d'Ulm; enfin Guillaume, duc de Saxe, dans une réponse à Jean Gardenwech, franc-comte à Limbourg, lui mande que lui et son conseil sont *Illuminés*.

Nous avons trouvé dans le code de Dortmund les formalités en usage dans le tribunal secret, et des détails si complets qu'ils ne sont consignés dans aucun autre écrit sur cette matière.

La séance s'ouvrait à l'instant où le franc-comte s'asseyait sur son fauteuil[1]. Il y avait à côté de lui un sabre avec un bâton ou une branche de saule. Il adressait la parole aux Illuminés dans les termes suivans: «Je vous «demande si c'est bien le moment et le lieu où je puis «juger les causes portées devant le *saint tribunal*.» Les

---

[1] Les grands-maîtres ne présidaient pas toujours le tribunal; ils se faisaient suppléer par les francs-comtes. Ceux-ci ne devaient faire voir la lumière à un profane que du consentement du grand-maître.

Illuminés répondaient : « *Vous êtes investi du pouvoir par le grand-maître* [1]. » Le grand-maître ou le franc-comte reprenait la parole et disait : « Je me conforme à ce qui « vient d'être décidé. » Il nommait alors les sept francs-juges qui devaient siéger avec lui. « Je promets sûreté « et protection, disait-il, à mes intègres et féaux N. N. et « autres ici présens, ainsi qu'il est de droit, sous peine « de la *hart*, et je les installe. »

Tout franc-juge devait avoir la tête nue et le visage découvert ; il lui était défendu d'avoir des gants, et il était obligé de rejeter son manteau par-dessus l'épaule.

Tout profane qui se glissait dans l'assemblée et y était découvert, devait être pendu par les pieds au plus prochain arbre. Si un franc-juge était cité, il demandait au grand-maître le sujet de la plainte portée contre lui ; le grand-maître la lui communiquait ; et, lorsque l'accusé se sentait innocent, ou, ce qui était la même chose, s'il n'y avait pas de preuves suffisantes pour le convaincre, il mettait les deux doigts du milieu de la main droite sur le sabre du franc-juge, et faisait le serment suivant : « Francs-juges (ou grand-maître), je suis inno-« cent du fait principal et du délit dont vous m'accusez ; « je prie Dieu et ses saints qu'ils me soient en aide. »

---

[1] Ces séances se tenaient pour l'ordinaire dans des cavernes. On voit encore aux bains de Baden, à quelques lieues de Rastadt, sous l'ancien château des margraves, situé sur la montagne, un souterrain que les habitants assurent avoir servi aux séances du tribunal secret. «Tout endroit, dit une vieille chronique, peut servir à une séance du tribunal secret, pourvu qu'il soit inconnu et désert.» Il était, d'après cela, impossible à l'accusé de deviner le lieu où s'assemblaient les francs-juges. Dès qu'il était cité, il se rendait trois quarts d'heure avant minuit sur la place la plus voisine, et là il trouvait un franc-juge qui le conduisait en silence au tribunal, après lui avoir bandé les yeux.

Après ce serment le grand-maître devait lui donner un denier à la croix (kreutz-pfennig) en témoignage de ce serment.

Celui qu'on admettait à l'initiation comme franc-juge, se mettait à genoux la tête nue, posait les deux doigts les plus près du pouce de la main droite sur le sabre du grand-maître, et répétait d'après lui ce serment. — «Je jure d'être fidèle au tribunal secret, de le «défendre contre moi-même, contre l'eau, le soleil, la «lune, les étoiles, le feuillage des arbres, tous les êtres «vivans, et tout ce que Dieu a créé entre le ciel et la «terre, contre tous les hommes, etc; de maintenir les «jugemens du tribunal secret, *de les exécuter, aider à* «*exécuter*. Je promets de plus que ni l'attachement, «ni la douleur, ni l'argent, ni parens, ni aucune chose «que Dieu ait créée, ne pourront m'engager à enfrein- «dre ce serment : ainsi Dieu et ses saints me soient en «aide.»

Ce serment prononcé, le grand-maître prenait la pa-role en ces termes : «Je vous demande, Illuminés, si «j'ai bien dicté le serment du tribunal secret à cet «homme, et s'il l'a bien répété?» Les Illuminés répon-daient : «Oui, grand-maître, vous avez bien dicté le «serment à cet homme, et il l'a bien répété.»

Ce n'est qu'après ces formalités remplies, dit le code, que le grand-maître instruira le récipiendaire des signes mystérieux auxquels les francs-juges se reconnaissent, et que celui-ci fera le présent d'usage [1].

Quiconque ne se présentait pas à la première cita-tion, payait une amende de 45 florins, à la seconde 90

---

[1] Ce présent consistait pour le franc-juge de première classe, en un marc d'or; et pour celui de la seconde, en un marc d'argent; et pour celui de la troisième, en un chapeau et un seau de vin (*eine puttaymer Weins.*);

florins, à la troisième il perdait la vie, ou, pour me servir de l'expression du tribunal, il était condamné au ban (*war verfeimt*).

Si on se présentait à la troisième citation, il fallait poser les deux doigts les plus près du pouce de la main droite sur le sabre du grand-maître, et jurer, par la mort que Dieu a soufferte sur la croix, qu'on était hors d'état de payer.

Ces formalités remplies, l'accusateur déduisait ses griefs, et demandait un jugement. Le grand-maître minutait une formule de sentence, ordonnait à un franc-juge d'en dire son avis et d'examiner. Pendant l'examen, l'accusateur se retirait; l'affaire était alors discutée par tous les Illuminés ; et s'ils se trouvaient du même avis que le grand-maître, ce qui arrivait presque toujours, la sentence était définitive. Quelquefois ces sentences ne s'exécutaient pas immédiatement, et il est arrivé qu'elles sont restées en vigueur contre les condamnés pendant toute leur vie.

En cas d'exécution, la manière de procéder était fort simple: on jetait une corde au cou du patient, et on l'étranglait en présence du tribunal, après que le grand-maître avait prononcé cette formule :

« Je te condamne, conformément aux lois du tribunal « secret, à être pendu [1], vu que tu as mérité ce supplice « par tes forfaits. J'abandonne ton corps aux corbeaux, « aux oiseaux et aux animaux qui vivent dans l'air ; je « déclare ta femme veuve et tes enfans orphelius.»

On trouve dans *Hahn* [2] une autre formule que celle-ci mais qui en diffère très peu. Dès qu'elle était prononcée et l'exécution faite, le grand-maître jetait une

---

[1] La corde était la peine la plus ordinaire, à moins de trahison envers la secte.

[2] Westphælische Gerichtsordnung.

branche de saule au milieu de l'audience ; les francs-juges crachaient dessus et approuvaient le jugement prononcé, debout, la tête nue, sans gants et sans armes.

Quelquefois on faisait grâce au condamné ; il se rendait dans ce cas au tribunal secret, accompagné de deux francs-juges pour demander son pardon ; il s'y présentait la corde au cou, les mains jointes, ayant des gants blancs, et tenant une croix verte et un florin d'empire ; il se prosternait et suppliait qu'on lui fît grâce.

Le délai ordinaire d'une citation des tribunaux secrets était de six semaines et quatorze nuits. On l'attachait à la maison de l'accusé, à la statue d'un saint dans les environs, ou au tronc des pauvres toujours placé en rase campagne à côté de quelque crucifix ; les wachtman (gardes de nuit) ou les passans en informaient l'accusé. La puissance de ces tribunaux alla toujours croissant depuis le XIIIe siècle jusqu'au XVIIe *.

(LOMBARD DE LANGRES), *Des sociétés secretes de l'Allemagne, etc.,* ch. XXIX et XXX.)

---

* On pourra consulter pour se faire une plus juste idée de ce terrible tribunal : G. WIGAND, Das Fehmgericht Westfalens. *Hanau*, 1825, 1 vol. in-8°, et une des tragédies de ZIEGLER.

(*Note de l'Édit.*)

FIN DE L'APPENDICE DU TOME SECOND DE LA THÉORIE DES LOIS CRIMINELLES.

LE

SANG INNOCENT

VENGÉ,

OU

DISCOURS SUR LES RÉPARATIONS

DUES AUX ACCUSÉS INNOCENTS,

COURONNÉ PAR L'ACADÉMIE DES SCIENCES ET BELLES-LETTRES DE CHALONS-
SUR-MARNE, LE 25 AOUT 1781.

PAR BRISSOT DE WARVILLE.

Quis talia fando temperet a lacrymis !

PROGRAMME.

Lorsque la société civile ayant accusé un de
ses membres par l'organe du ministère public
succombe dans cette accusation, quels seraient
les moyens les plus praticables et les moins dis-
pendieux de procurer au citoyen reconnu innocent le dédommagement qui lui est dû de droit
naturel?

LE

SANG INNOCENT

VENGÉ.

De la réparation due aux accusés innocents.

Fut-il jamais sujet plus intéressant pour la
société, et surtout pour chaque individu, que
le problème politique dont la solution nous occupe? Quel est le citoyen qui, dans le chaos actuel de la législation pénale, ne puisse sur une
simple délation, victime d'un concours singulier
de circonstances, éprouver le sort des *Langlade,*
des *Lebrun*, des *Marillac*, des *Lalli*, de mille
autres innocents; qui ne puisse se voir arraché
du sein de sa famille, dépouillé de ses biens,
ignominieusement traîné, cruellement torturé
dans les prisons? Quel citoyen n'a donc pas un
intérêt pressant à voir renverser le principe
faux, supprimer l'usage barbare qui tous les
jours expose l'innocence à la peine anticipée du
crime?

Et cependant, au lieu de ce vif intérêt qui
devrait allumer l'indignation de tous les citoyens

contre un abus dont les conséquences sont si terribles, quelle indifférence règne dans tous les esprits! La mort nous environne de tous les côtés, elle frappe dans notre voisinage, et ses coups affreux ne nous tirent pas de notre léthargie! Nous reposons paisiblement, et mille innocents gémissent dans les fers! Nous voyons l'abus dont ils sont les tristes victimes, il peut nous frapper comme eux; et tels que cet animal stupide, qui regarde tranquillement égorger son semblable, sans prévoir un sort pareil, nous ne sentons le tranchant du couteau fatal qu'au moment où il se plonge dans notre sein!

Ah, loin de moi cette indifférence criminelle! O vous qu'une loi rigoureuse tient dans les fers, accusés, ô mes frères, j'ai senti comme vous le froid mortel qui a suspendu vos sens, lorsque votre liberté vous a été ravie! Avec vous je me suis étendu sur votre lit de douleur; j'ai vu couler vos larmes, et mes larmes ont coulé. J'ai vu l'indignation embraser votre cœur, et le mien a partagé vos transports. En bénissant la loi. j'ai maudit avec vous le despotisme légal; je n'ai vu qu'avec horreur le citoyen traité en criminel avant la preuve du crime; et quand votre innocence a triomphé de la calomnie, quand vos lugubres enceintes se sont ouvertes pour vous rendre au jour, à la liberté, j'ai comme vous été révolté que la loi ne se hâtât pas d'effacer l'empreinte de votre esclavage, de rendre à votre honneur son lustre, de réparer tous les maux que son erreur vous a faits. C'est pour vous venger que je prends la plume. Puisse sa faiblesse ne pas trahir la grandeur de la cause!

Pour nous éclairer sur les droits des accusés que poursuit la vengeance publique, pour fixer la réparation que la société doit à leur innocence flétrie par une fausse accusation, gardons-nous de recourir aux codes criminels, ni de consulter les commentaires énormes, enfantés par l'esprit ténébreux de la chicane : si long-temps ils ont perpétué le tourment du genre humain! Ils sont remplis de principes atroces; et pouvaient-ils être d'une autre nature, jusqu'au temps où la raison a brillé dans le labyrinthe de la justice?

Je le dis avec confiance, parce que je suis fondé en preuves; mais les anciens et même les modernes jusqu'à ce siècle n'ont point connu la vraie balance dans laquelle devaient se peser *le droit de l'individu et le droit de la société*. Ils ont posé pour base *la conversation de tous,* ils ont négligé *l'individu.* Ce dernier a partout été sacrifié; on a crié partout, *bonum est unum mori pro populo.* Les législateurs sont partis de ce faux principe; le préjugé s'est enraciné, les commentateurs l'ont érigé en vérité. Victime de la prescription, un innocent a vu la foudre allumée sur sa tète, pour le punir d'un crime qu'il n'avait pas commis, et la loi lui a fermé la bouche et interdit la plainte et la réclamation.

Il en est de la jurisprudence comme de la physique. Faute d'avoir répété les expériences faites dans le dernier siècle, mille erreurs ont été consacrées dans l'histoire de la nature. On a dans l'autre science plus aveuglément encore adopté les principes posés par les premiers écrivains. L'analyse n'en a point vérifié la justesse, on a cependant tiré des conséquences; est-il étonnant qu'on soit tombé dans une foule d'erreurs? Elles subsistent toujours; n'en accusons que la crédulité des uns, que l'indifférence des autres aux progrès des connaissances humaines [1].

[1] La crédulité et l'indifférence, ces deux maladies morales de l'esprit humain, ont été augmentées par l'abus qu'on a fait de l'art typographique. Dans les siècles de barbarie, on avait autant d'erreurs que d'idées; mais on avait peu d'idées. Le défaut de livres éternisait l'ignorance, leur multiplicité la ramène aujourd'hui. Chaque branche de sciences s'est prodigieusement étendue; mais pour un petit nombre de vérités découvertes par des génies, quelle foule d'ouvrages où l'étroit cerveau de leurs auteurs n'a su que froidement compiler les préjugés des siècles passés! Effrayé à la

Car s'il est une science où d'un côté l'esprit des auteurs se soit abaissé constamment à une servile imitation, où de l'autre les lecteurs plus automates encore aient cru et cité leurs absurdités avec confiance, c'est surtout la jurisprudence. Sept siècles se sont écoulés depuis la découverte du Code de Justinien. Le droit canonique règne depuis neuf à dix siècles en France, et pendant cet intervalle les livres sur ces deux droits se sont multipliés à un tel point, que la vie ne peut suffire à les parcourir même sommairement. Tout y est problématique, tout y est dans un désordre incroyable; nulle méthode dans le texte, nulle critique dans les gloses; tout y porte en un mot l'empreinte des siècles barbares qui virent naître ces deux sciences.

C'est pourtant sur ce fatras de codes antiques cent fois recrépis, et de commentaires éternels sur des usages gothiques et sur des traditions ridicules, que s'est élevée notre jurisprudence pénale. Une stupide vénération pour l'antiquité dirigea dans tous les temps ceux qui s'occupaient à réparer ses ruines. Pour guérir une maladie

vue de ce fatras, le public a peu lu, ou lu superficiellement. La lecture a même produit un mal, en ôtant l'habitude de méditer, de réfléchir. Car sans réflexion l'esprit ne peut avoir de véritables connaissances.

locale, on consultait des empiriques étrangers.
On devait par-là agrandir les plaies anciennes,
en ouvrir de nouvelles. Aussi les préjugés s'ac-
cumulaient sur les préjugés, les atrocités sur les
atrocités; et c'est ainsi que s'est perpétuée dans
une longue suite de siècles une tradition d'erreurs et de cruautés légales, consacrées par la
prescription.

Il était cependant aisé de simplifier la science
de la législation. Au lieu de recourir à des citations, il fallait remonter au principe de l'ordre
social, en décomposer toutes les branches, marquer les abus locaux, indiquer des remèdes praticables; il fallait surtout consulter la raison des
temps, des lieux, des circonstances; et tel est le
plan que j'ai suivi dans ma *Théorie des lois criminelles*, que je suis encore ici pour trouver la
solution du problème proposé. On ne me verra
donc pas puiser dans les différents codes des
nations, parce que la plupart se taisent sur cet
important sujet, ou renferment des dispositions
atroces, parce que ceux qui en ont de raison-
nables sont tombés en désuétude.

. Chercher d'abord le principe décisif de la
question, le principe qui doit diriger la société
publique dans la réparation due à l'innocent ou
poursuivi ou flétri injustement : établir ensuite

par quels moyens on peut rendre moins fréquentes les accusations des innocents, et plus
doux le sort de l'accusé non jugé, par quels
moyens enfin, lorsqu'il est reconnu innocent,
on peut réparer les maux qu'il a soufferts ; telles
sont les trois propositions que je me propose de
discuter.

SECTION PREMIÈRE.

Principes sur la matière.

Liberté, sûreté, propriété ; triple base du pacte
social ; la société doit les respecter comme les
particuliers ; quand elle les viole, elle doit réparer son iniquité. Principe incontestable, ou il
n'est point de société.

Croira-t-on jamais qu'on ait mis en problème
si la société devait des dédommagements à l'accusé dont l'innocence était reconnue ? Croira-
t-on que des juges éclairés aient embrassé la
négative dans le moment même où ils reconnaissaient l'erreur qui avait précipité leur jugement,
les suites fatales qu'il avait entraînées, dans le
moment même où ils donnaient des larmes au
sort de celui qu'ils avaient injustement fait languir dans les fers ? Ouvrez ces archives destinées à conserver les décisions des tribunaux, et

vous y verrez cette opinion consacrée par une foule d'arrêts [1].

Comment a-t-on pu méconnaître et violer à ce point les droits que la nature donne à l'homme, ceux que lui donne encore le pacte social ? Comment a-t-on publié qu'il tenait de la première une propriété, une liberté inaliénable, dont l'autre avait juré de lui garantir la jouissance ? Comment, au mépris de ces serments, de cette garantie, leur a-t-on porté au nom même de la société, des atteintes si funestes pour elle, si cruelles pour les individus, et partout si fréquentes ?

Droits et devoirs. Voilà le double rapport qui lie le citoyen à la société, et cette chaîne est

---

[1] Je ne citerai ici que le procès de Langlade. Après sa mort, sa mémoire fut réhabilitée, sa femme et sa fille furent déchargées des condamnations prononcées contre lui ; mais on ne leur adjugea aucuns dommages et intérêts contre le comte de Montgommery. La défense de ce dernier était étrange. Il disait à ses juges : « J'ai été forcé par toutes les circonstances d'accuser Langlade. Ces mêmes circonstances vous ont forcés à le déclarer coupable. L'erreur nous est commune, et je ne suis pas plus que vous susceptible de dommages et intérêts. » Rien de plus curieux et de plus révoltant tout à la fois que les citations des jurisconsultes dont il s'appuyait, et qui décidèrent en sa faveur ses juges, peut-être trop intéressés à ne pas le condamner.

mutuelle. Si le premier doit respecter ses lois, doit s'armer pour sa défense, elle doit protéger sa propriété, sa liberté, sa sûreté. Voilà le contrat social. Partout où cette double obligation n'existe point, la société est despote, le citoyen n'est plus qu'un esclave; et si la vie civile de l'un s'évanouit dans l'amertume et le désespoir, la vie politique de l'autre éprouve le même sort. Tout se tient dans l'ordre social; tous les êtres y sont tellement enchaînés, que le coup porté à un individu rejaillit nécessairement sur la masse. La société ne peut donc manquer à ses obligations envers les individus, sans que cette infraction dérange et bouleverse la constitution; et lorsqu'elle pousse loin ses erreurs dans ce genre, elle se détruit bientôt de ses propres mains.

Puisqu'il est démontré que le bonheur général ne naît qu'au sein de l'ordre, puisque l'ordre ne consiste que dans la juste combinaison des droits des individus avec l'intérêt social, n'est-il pas évident que le pouvoir législatif ne peut violer les uns sans renverser l'autre? N'est-il pas évident que toute loi contraire aux individus est en même temps injustice privée et inconséquence politique?

Or tel est le double caractère des lois ou des usages qui règlent en France le sort provisoire des accusés, et qui leur interdisent toute espèce de réclamation contre le ministère public, lorsqu'il succombe dans son accusation.

Peut-on douter en effet que la partialité qui infecte notre instruction criminelle ne viole les droits du citoyen? Parcourez tous ses degrés, il n'en est pas un seul qui ne soit marqué par un abus. Depuis l'instant où l'accusé perd sa liberté, jusqu'à celui qui le voit sortir des prisons, tous ses jours ne sont qu'un tissu perpétuel d'affronts, d'attentats à ses droits, d'échecs à sa fortune, de maux, de douleurs pour lui, pour sa famille, pour ses amis. Flétri par l'opinion publique, humilié par ses juges, outragé par ses gardiens, ruiné dans sa fortune, que ne souffre-t-il pas? Et lorsque la justice reconnaît son innocence, loin de s'empresser à fermer les plaies qu'elle a, par ses rigueurs, ouvertes, agrandies, envenimées, elle lui refuse tout, jusqu'au léger signe d'une compassion stérile. Elle s'en était saisie avec avidité, elle le rejette au sein de la société avec indifférence, même avec une espèce de regret de voir échapper sa proie; elle étouffe ses cris et le force au silence sur ses douleurs et sur ses bourreaux... Fatale inquisition, tribunal de sang, qui fis frémir si long-temps la terre, si j'avais à te peindre, emprunterais-je d'autres traits!

En vain le préjugé s'écrie-t-il que l'erreur est le partage de l'homme, que les juges y sont sujets, que le salut de la société exige des sacrifices particuliers, que pour entretenir l'ordre on est forcé de faire des injustices particulières, que la société ne doit point les expier, etc., etc.

Principes atroces, contraires à la nature, contraires aux conditions du pacte social! Principes pernicieux, puisqu'ils favorisent la paresse, justifient l'iniquité, autorisent l'art de martyriser par anticipation les accusés, et transforment en acte nécessaire et légal l'effusion du sang innocent! Principes qui devraient faire déserter la société, et rejeter l'homme au sein des forêts! Car si l'ordre exigeait des injustices particulières, la société ne serait plus qu'un *guet-apens*, où le faible serait sans cesse la victime du fort, où le malheureux accusé serait impunément à la merci de l'iniquité, de l'ignorance! Guet-apens plus criminel, plus dangereux que tout autre; car l'assassin qui menace mes jours, tremble en levant le couteau, sent le remords lorsqu'il a frappé, ne profane pas les noms les plus sacrés pour justifier son forfait. Et le juge qui a fait périr un innocent, ne sent ni terreur ni remords, ne craint aucune peine; il le sait, il a la certitude de son injustice, et il s'en absout par un so-

phisme. Cette injustice se colore à ses yeux prévenus sous le nom d'une nécessité légale : il dort
paisiblement, lorsque sa conscience devrait être
agitée, bourrelée, déchirée!... Voilà la léthargie
où jette le poison subtil des principes judiciaires.

Juges! les vérités que j'annonce sont dures,
effrayantes; mais elles sont d'une évidence mathématique. Eh! que ne peuvent-elles arrêter
l'ignorant, ou l'homme faible et inique qui ose
monter à votre rang! Oui, malgré l'appareil fas-
tueux des citations, malgré l'autorité de la prescription, malgré tous les sophismes des docteurs,
il est d'une évidence mathématique que la société
n'a pas plus de droits que les particuliers de commettre une injustice; que lorsqu'elle en commet,
elle doit les expier; que toute doctrine contraire
à ces deux principes est destructive de tout ordre,
de toute association. Liberté, propriété, sûreté,
c'est sur la conservation de ce triple droit que
repose la société. Donc ses ministres doivent le
respecter, donc l'attaquer est un crime, donc le
réparer est une justice, une obligation, et rien
ne peut en dispenser; ou si quelque chose en
dispensait, je ne vois pas comment les *Cartouche*,
les *Raffiat* seraient coupables, comment ils ne
seraient pas aussi fondés dans leur justification
que les juges de Langlade.

SECTION II.

Moyens de rendre plus rares les accusations des innocents, et d'adoucir le sort des accusés avant leur jugement.

Dans toute administration bien raisonnée, on doit s'attacher plutôt à prévenir le mal qu'à le réparer lorsqu'il est fait. Ce n'est pas à la vérité la marche que suivent les législateurs ordinaires. Leur vue bornée par un horizon étroit n'ose ou ne peut embrasser une vaste étendue, remonter aux causes, prévoir les effets, saisir la grande chaîne qui les lie. En remédiant au mal présent, ils croient s'être acquittés envers l'État; le remède devient bientôt inutile, le fléau multiplie ses ravages, il semble s'irriter des obstacles qui l'ont arrêté pendant quelque temps. Mieux valait sans doute ne pas opposer à ses efforts une digue impuissante.

Ce serait donc ne pas remplir le but qu'on se propose dans ce Discours, si l'on se bornait à chercher les moyens de réparer les maux faits par le ministère public aux accusés innocents. Il est plus intéressant *de chercher d'abord les moyens de ne pas attaquer injustement, de ne pas martyriser cruellement l'innocence calomniée;* on n'aura point de mal à réparer. Cette recherche est possible, le remède est certain : il ne s'agit que de détruire les abus qui tous les jours exposent l'homme innocent à tomber entre les mains de la justice. Il en est une foule, dans le pouvoir trop étendu accordé au ministère public, dans la manière dont il s'exerce en France, dans l'instruction criminelle, dans l'admission des délations, dans la fausse doctrine sur les preuves, dans la manière barbare dont on traite les prisonniers, dans la longueur des procédures, dans les routes tortueuses que suivent les tribunaux, etc., etc.

Ces abus ont déjà été décrits [1]. Il serait inutile et trop long de les tracer sous leurs points de vue. En renvoyant pour les détails aux ouvrages que j'ai cités, je les envisagerai sous un seul aspect *dans leur rapport avec les accusés, je ne traiterai que ceux qu'ils ont effleurés*, et je me bornerai à prouver qu'en détruisant ces abus, rarement on accusera des innocents ; que par une conséquence nécessaire rarement la société sera forcée de les dédommager. Ce sera donner d'une

[1] Voyez BECCARIA, *Traité des Délits et des Peines* ; SERVAN, *Discours sur l'administration de la justice criminelle* : et ma *Théorie*, tom. Ier, ch. I, pag. 40 et suivantes. (*Moyens de prévenir les crimes*).

manière concluante la solution du problème.

*Ministère public. Son pouvoir trop étendu. Abus
dans son exercice. Réforme à faire.*

Dans un vaste royaume, dont la population
est immense, où mille abus tendent sans cesse
à altérer l'ordre social, l'œil du maître ne peut
embrasser tous les détails de l'administration. Il
fallait donc charger des hommes actifs, éclairés,
de prévenir ou de réprimer les désordres inté-
rieurs, dangereux surtout parce qu'il est facile
de les dérober aux regards du souverain. A Rome
et dans les anciennes républiques, cette institution eût été inutile. Tout citoyen pouvait être
accusateur public; et ce ministère exercé par
chaque individu n'en était pas moins vigilant,
moins ardent, moins salutaire que le nôtre. Le
patriotisme guidait chaque citoyen, il plaidait
pour lui quand il plaidait pour la patrie. Dans
les gouvernements modernes, ce sont deux
choses bien distinctes, si même l'une existe.

Il est dans chaque tribunal en France un ordre
de magistrats chargés de veiller à l'exécution des
lois, de dénoncer à la justice leurs infracteurs,
de les poursuivre et de les faire condamner lorsque les preuves sont constantes. Tel est le but du
ministère public. Il naquit au sein de la féodalité.

dans des temps barbares, dans ces temps où l'on mettait des impôts sur les crimes, où les chefs s'enrichissaient des désordres de la société. L'*avocat du fisc* n'était alors qu'une espèce de commis des seigneurs. Ses fonctions se sont augmentées, et ont été même ennoblies à cette époque remarquable, où les parlements ont été malheureusement fixés et autorisés à recevoir les appels des tribunaux inférieurs.

Il est aisé de voir par-là quelle est l'importance du ministère public, et combien les talents et les qualités de ceux qui l'exercent doivent influer sur le sort des accusés. C'est lui qui intente l'accusation, qui dénonce le coupable, qui fournit les preuves du crime, qui règle toute l'instruction. C'est souvent de ses conclusions que dépend le sort des accusés. Quelles lumières exige donc une place aussi importante ! Et cependant, qu'on arrête ses regards sur la voie qui conduit au ministère public, quel étonnement, je dirais presque, quelle indignation saisit l'observateur philosophe !

Car sous quels auspices les jeunes gens descendent-ils dans cette arène ? avec quelles préparations ? Dans ces siècles, où la fureur de la chevalerie dominait, que d'exercices, que de jeûnes, que d'essais d'armes, enfin quel pénible et long apprentissage il fallait faire avant d'être admis à l'accolade! L'objet est ici bien plus important, et le noviciat n'est qu'un jeu. Dans quelle école en effet le jeune athlète qui se destine au ministère public a-t-il puisé les connaissances immenses qui lui sont nécessaires? Dans quelle école a-t-il appris l'art de pénétrer dans les replis tortueux des consciences, d'en tirer la lumière, d'éclairer les esprits, d'attendrir les cœurs? Dans quelle école a-t-il puisé cette humanité désintéressée qui prête la main à l'infortune sans en exiger de salaires, cette fierté généreuse d'un cœur vertueux qui ne se propose d'autre récompense que sa propre estime et celle de ses concitoyens?... Jeune homme, la fortune, la vie de tes concitoyens vont être confiées à tes mains; tu vas porter le titre sacré de leur défenseur, et tu ne trembles pas! et tu te présentes dans cette lice, sans armes, sans avoir fait d'essais! Il est quelquefois excusable d'être ignorant, mais ce n'est jamais aux dépens de tes semblables, des infortunés. Songe donc, téméraire, que le premier que tu auras à attaquer ou défendre sera peut-être un *Calas*, un *Monbailli*. Si tu n'as pas le cœur embrasé de ce vif intérêt qui identifie l'homme sensible avec l'homme souffrant, si ta bouche n'a pas assez d'éloquence pour émou-

voir les juges par un tableau touchant de ses
douleurs, si tu n'as pas assez d'audace pour dé-
masquer l'imposture, si tu n'as pas cet œil philosophique qui fait démêler la vérité au travers
des fils embrouillés de la calomnie, l'innocent va
périr, le sang va couler sur l'échafaud, la flamme
s'élève... Ah, malheureux ! ton ignorance coûte
peut-être la vie à un homme [1].

Non, je ne conçois pas comment, d'après des
images si terribles et si vraies, les jeunes gens
s'empressent de paraître dans les tribunaux. Ils
ignorent tout, ils osent tout. A l'impéritie de la
jeunesse, ils joignent la décision tranchante de
l'homme mûr. Quelle affreuse idée pour le citoyen vertueux, qui se dit en les contemplant:
« Voilà donc les défenseurs de la société! voilà les
arbitres de mon sort! ma fortune et ma vie reposent dans ces mains, ces faibles mains qui naguère se jouaient avec les hochets de l'enfance!
Qu'un calomniateur paraisse, qu'il me noircisse

---

[1] Ce que je dis ici du ministère public, peut s'appliquer également aux rapporteurs. Que de jeunes gens
sur le rapport desquels on condamne au palais! Cette
idée fait frémir; les trois quarts de ces jeunes gens
n'ont aucune idée saine de certitude, de preuves, de
logique. Je le répète, la société est une forêt; et l'on
ne veut pas que ce soit un malheur d'exister en société!

à leurs yeux, qu'il les séduise, et le glaive de la justice va frapper à leur voix!»

Si le jeune homme qui se destine au ministère public veut éloigner ces idées décourageantes, rassurer les esprits sur sa justice; s'il prétend à l'estime, aux bénédictions de ses semblables, quelles études longues et pénibles il doit faire! quelles connaissances il doit acquérir! Elles doivent être presque universelles. Aux charmes de l'éloquence il doit joindre l'arme pressante de la dialectique, à la science du cœur humain celle des secrets de la nature. Il doit être familiarisé avec le langage des Locke, des Burlamaqui, des Buffon, des Voltaire; il doit avoir surtout gravé dans son cerveau une chaîne géométrique de principes invariables sur toutes les espèces de droits, marcher sans s'égarer dans les routes ténébreuses du système féodal, pénétrer dans les détours insidieux de la forme, apprécier l'autorité du droit canonique, concilier les variations du droit civil, et ce qui est bien plus important pour l'humanité, connaître et rejeter les atrocités du Code pénal, éclairer le nôtre par la comparaison des codes étrangers, porter enfin dans l'étude de toutes ces sciences cet amour de la vérité qui peut trouver des obstacles, mais qui n'en trouve point d'invincibles. Voilà la tâche

pénible qu'imposent à l'orateur et à celui qui
se destine au ministère public les titres respectables qu'ils portent. Ce n'est point un être de
raison que je peins ici; je pourrais citer des
modèles vivants. Cicéron d'ailleurs réalisa complétement le portrait de cet orateur encyclopé-
dique. Philosophe, politique, poëte, orateur,
amateur de tous les beaux arts, Cicéron fut
tout, brilla dans tout. Jeune orateur, si ce beau
modèle ne t'enflamme, si tu ne brûles du noble
désir de le suivre, c'est fait de toi, tu ne seras
jamais qu'un médiocre avocat !

Supposez à présent dans nos tribunaux un
membre du ministère public, orné de toutes les
connaissances que je viens d'indiquer, quelle
foule de biens en résultera! Comme le nombre
des accusés va diminuer! comme leur sort va
s'adoucir! comme l'instruction criminelle va s'é-
clairer! Avec plus de connaissance du cœur humain, le ministère public saura pénétrer dans
l'âme du délateur, y arracher le secret qui diri-
geait ses calomnies. Avec plus de dialectique, plus
de philosophie, il saura distinguer les preuves
complètes des présomptions, des indices, et il
se gardera bien de tirer de fausses conséquences
d'un concours trompeur de hasards. Avec plus
d'humanité, il veillera sur les jours de l'accusé,

il respectera son infortune, il en allégera l'insou-
tenable fardeau. Avec plus de lumières sur la
constitution sociale, il verra qu'il est le protecteur des malheureux comme le défenseur de la
société ; qu'il doit, en soutenant l'intérêt de l'une,
ne pas violer les droits de l'autre. En un mot,
sous un tel ministère public, les délations seront
moins accueillies, les emprisonnements plus
rares ; le sort de l'accusé sera plus doux, la
justice criminelle moins inconséquente, et les
échafauds seront moins souvent teints du sang
innocent.

On sera peut-être surpris de m'entendre dire
que le ministère public est le protecteur, le père
des accusés. Le préjugé général accoutume l'œil
du citoyen à ne contempler dans lui que le vengeur des crimes, toujours armé, toujours inexo-
rable. Idée fausse, idée contraire à l'institution
de cet auguste ministère, contraire au vœu même
de la société! Tout se réunirait donc pour étouffer
l'accusé! Il aurait un adversaire toujours prêt à
combattre, lorsqu'il ne pourrait emprunter le
secours d'un défenseur! Qui sera donc son appui,
si ce n'est le ministère public ? A qui dévoilera-
t-il les manœuvres de ses ennemis, les preuves
de son innocence ? Dans le sein de qui déposera-
t-il ses larmes, ses douleurs ? C'est dans le sein

vengeur de la loi, c'est à toi qu'elle ordonne de
recevoir ses épanchements, de soulager ses
peines, de lui prodiguer tous les secours que
mérite le citoyen, tant qu'il n'en a pas perdu le
titre : c'est toi qu'elle charge d'éclairer la fable
ou l'histoire du crime dont on l'accuse, de faire
valoir ses preuves, de les balancer avec celles
de l'accusateur, et de porter dans cet examen
l'impartialité la plus inviolable. Voilà tes fonctions respectables; et si, négligeant les intérêts
de l'accusé, tu n'as fixé tes regards que sur ceux
de la société, tu as forfait, ton serment est trahi.
ta partialité viole à la fois l'humanité et détruit
le but de ton institution.

En considérant cette influence du ministère
public sur le sort des citoyens que la loi livre à
sa vengeance, en voyant son pouvoir si étendu,
l'abus qu'on en peut faire si funeste, l'abus qu'on
en fait si fréquent, en voyant que lui seul dirige
l'instruction criminelle, que lui seul donne aux
preuves leur valeur, aux objets leur coloris;
en voyant que pendant tout le cours de cette
instruction il est juge et partie de l'accusé, n'est-
il pas à désirer pour le salut de ce dernier, et
pour l'honneur de la justice, que cet important
ministère ne soit jamais rempli que par des hommes justes, humains, éclairés, à l'abri des sur-

prises. de la prévention, des erreurs ? N'est-il
pas à désirer que la loi mette des bornes à ce
pouvoir, leur lie les mains pour les injustices,
et rende leur influence salutaire, lorsque jusqu'à
présent elle n'a été que nuisible aux accusés ?

Ainsi le ministère public ne sera plus une
école, un noviciat, où se formeront les jeunes
gens à l'art difficile de juger. Eh! peut-on se
jouer de la fortune et de la vie des citoyens au
point de les livrer comme des victimes à l'inexpé-
rience de la jeunesse? Ne dévouerait-on pas
à l'exécration des siècles un médecin qui ferait
les essais de son art conjectural sur des hommes
vivants, qui s'éclairerait en leur ôtant la lumière, qui servirait l'humanité en martyrisant
et étouffant les individus?

Ainsi il ne sera pas permis au ministère public
d'intenter des accusations seul, de les suivre seul
et sans conseil. Dans nos usages, c'est par ses
yeux que la loi découvre le coupable, c'est à sa
voix qu'elle lui ôte la liberté, que par provision
elle lui ravit son honneur, son état, l'estime de
ses concitoyens. tout ce qu'il a de plus cher au
monde. Or. si la loi n'a pas voulu confier la punition définitive du coupable à la décision d'un
seul homme. si pour le condamner elle exige un
certain nombre de juges. par quelle dangereuse

inconséquence abandonne-t-elle à la volonté
d'un seul homme la décision du sort provisoire
de l'accusé, lorsque surtout cette décision emporte souvent une peine anticipée? L'erreur se
rencontre-t-elle donc moins dans les jugements
provisoires? Les conséquences en sont-elles donc
moins funestes? Les droits du citoyen sont-ils
moins énergiques, moins respectables alors,
qu'à ce moment terrible où l'oracle de la justice
va prononcer définitivement sur son sort?

Réforme dans l'instruction criminelle.

Je ne le cacherai point, tout est à refaire dans
notre procédure criminelle, si l'on veut enfin
prendre pour sa base le droit des individus comme
l'intérèt de la société. Tous ses articles sont évidemment dirigés contre l'accusé [1]. Il semble que
les premiers législateurs aient pris plaisir à trouver des coupables; tant ils ont embarrassé de
difficulté la justification de l'accusé, tant ils ont
au contraire multiplié les facilités pour les accusateurs et même pour les délateurs. Ce qu'on ne
croira pas, ce qui est de la plus grande vérité,
c'est que Justinien, d'après le droit romain dicté

[1] Je ne parlerai ici que des abus de cette instruction,
qui n'ont pas été suffisamment approfondis dans ma
Théorie des lois criminelles.

par le délire despotique de ses prédécesseurs. avait ordonné que les accusations et les preuves seraient admises avec d'autant plus de facilité que les crimes seraient plus atroces. L'inquisition a suivi ce principe affreux ; et les législateurs modernes, copiant imprudemment les folies et les erreurs des siècles passés, paraissent avoir adopté le même esprit de prévention, de sévérité. de rigueur, contre le citoyen accusé.

J'en excepte cependant le Code pénal de l'Angleterre. Nul n'a plus respecté les droits de l'homme ; et le coupable qui y périt sur l'échafaud est moins martyrisé, plus respecté, mieux traité, qu'ailleurs l'innocent disculpé, lavé, relaxé par les tribunaux. Aussi l'innocence se voit-elle rarement. dans cet asile de la liberté. poursuivie et condamnée. Et lorsque la fragilité humaine fait commettre une pareille erreur aux tribunaux, la société ne refuse point, comme ailleurs, d'en réparer les suites cruelles, et d'expier sa faute involontaire. Qui produit ces heureux effets, sinon l'accord de l'intérêt général avec le respect dû aux droits des particuliers ? Qui produit chez nous tant de scènes affreuses, sinon l'oubli de ces derniers. et le sacrifice perpétuel qu'en fait la loi à des principes erronés ?

Proscrire les délations secrètes.

N'est-il pas évident qu'elle attente à ces droits sacrés, en autorisant les délations secrètes. en les admettant avec tant de facilité, en dérobant les délateurs aux regards de la justice, en les mettant hors du glaive de la loi, hors de la recherche de ceux qu'ils dénoncent, en un mot, en ne prononçant aucune peine contre eux lorsque leur dénonciation n'est pas fondée ? N'est-ce pas ouvrir une porte à la vengeance secrète qui demande une victime et qui veut la frapper sûrement, à la séduction qui cherche des instruments faciles pour réussir dans ses abominables projets, à mille manœuvres obscures, à mille conséquences dangereuses ? Ces avantages sont précieux pour le despote : aussi les Tibère, les Néron accueillirent, honorèrent les délateurs; mais dans tout état où l'homme n'est point un vil mouton que le pasteur égorge quand il lui plaît, ces êtres infâmes doivent être proscrits. Le dénonciateur doit être un citoyen honnête; il doit se nommer; ou, s'il le refuse, c'est un fourbe, un scélérat qui craint le jour. La vérité ne s'enveloppe point du mystère; son voile ne sert qu'au mensonge ou au crime.

Donnez-moi des espions, des délateurs hon-

nétes, disait un ministre, et je n'emploierai pas
des coquins. Mot affreux! secret plein d'horreur!
secret qu'il faudrait peut-être, pour la tranquillité
des citoyens. ensevelir à jamais! Car dans quel
état de dégradation est donc la société, si l'on ne
guérit son mal que par un autre mal, si pour
connaître et punir le crime il faut autoriser et
soudoyer le crime! Tous les citoyens sont donc
à la merci d'une foule de mercenaires qui vivent
de la recherche des coupables, dont la joie ne
naît que de la douleur et des larmes qu'ils font
couler! Ainsi. quand ils ne seraient pas stimulés
par la vengeance et les autres passions, leur intérêt seul les porte à fabriquer, à exagérer au
moins les délits; et l'impunité, qu'un serment affreux leur assure, se joint encore pour encourager leurs calomnies, leur bassesse, leurs atrocités. Ah! quand il n'y aurait pas d'autres moyens
de découvrir le crime secret. le remède n'est-il
pas ici pire que le mal? et ne faudrait-il pas le
proscrire à jamais?

Eh quoi! pour ne pas armer contre la sûreté,
l'honneur des citoyens. un essaim de scélérats
soudoyés, l'Angleterre voit-elle plus de crimes
souiller son enceinte? Rome, qui dans ses beaux
jours et avant les orages du despotisme ne connut jamais les délateurs secrets. Rome était-

elle plus livrée au désordre, à l'audace des voleurs, au fer des assassins? Ce fut au contraire
dans ce vertige, où la tyrannie autorisa les délations, que les crimes se multiplièrent. En
comparant ces deux époques, et les effets de
l'accueil ou de la proscription des délateurs, on
a la clef de notre situation, et les législateurs
ne doivent pas balancer à imiter Rome dans son
premier état.

Si, dans ce temps heureux, les crimes secrets
n'en étaient pas moins punis, quoiqu'il n'y eût
point de délateurs, c'est que tout citoyen était
intéressé à la chose publique; c'est que tout
citoyen pouvait sans crainte, sans déshonneur,
dénoncer le crime et le poursuivre; c'est qu'il
paraissait publiquement; c'est qu'il trouvait dans
cette publicité, sa sûreté, de l'honneur même.
Le secret et l'argent, voilà ce qui depuis éleva un
grand intervalle entre l'accusateur et le délateur.
Le secret enhardit le calomniateur, l'argent fit de
la dénonciation un vil métier, le titre de dénonciateur fut un titre infâme, et tout citoyen honnète refusa de le porter. Voilà pourquoi, dans
nos gouvernements, les coquins, les scélérats
seuls se mèlent de ce métier : comme s'il appar-
tenait à des membres gangrenés de veiller à la
sûreté de la société qui les méprise! Proscrivez

les délateurs, honorez les accusateurs publics sans les soudoyer, et nul crime secret n'échappera à l'œil du ministère public, et la vengeance de la loi ne frappera plus si souvent des têtes innocentes.

Instruction.

A ce coup d'œil sur les délations si l'on fait succéder le tableau de la procédure criminelle qui le suit, on verra que le même esprit de prévention contre l'accusé règne dans ses dispositions et contrarie partout ses droits. On y verra que la loi prive trop légèrement les citoyens de leur liberté, qu'elle les en prive trop long-temps, que leur détention est accompagnée d'une foule de maux qui devraient être seulement réservés pour le coupable convaincu; on y verra la qualité seule du crime déterminer le sort de l'accusé, la durée de son emprisonnement, l'étendue des maux dont on doit l'accabler provisoirement, tandis que les juges ne devraient avoir égard qu'à de fortes preuves. Car enfin, prendre une règle aussi fautive que le titre du crime, c'est mettre la vie et la liberté des citoyens vertueux à la merci des méchants, des calomniateurs. Croit-on donc qu'ils ne chargeront pas leurs couleurs, lorsque leur énergie seule détermine la loi? Croit-on qu'ils ménageront leur poison, lorsque le poison le plus concentré peut seul servir à leur vengeance? Si la loi n'écoutait que les preuves, deviendrait-elle un instrument aussi funeste dans la main des scélérats adroits? appesantirait-elle si souvent son bras sur l'innocent? Pourquoi donc, dès les premiers pas de l'instruction, abandonne-t-elle la voie de la discussion, de l'examen, la seule voie qui puisse mener à la vérité, la seule qui doive nécessairement précéder tout jugement, toute peine? Pourquoi laisse-t-elle à ses ministres la faculté de dépouiller par provision un citoyen de sa liberté, de son état, de son honneur? Pourquoi les autorise-t-elle à recourir à de vils artifices, pour tromper un citoyen qui se présente dans son temple sur la foi de sa sauvegarde [1]?

Emprisonnement. Ses abus.

A cette violation de la bonne foi, reconnaîtra-t-on la loi, le soutien des mœurs, la base de

[1] Ce qui a perpétuellement égaré les rédacteurs de l'ordonnance de 1670, c'est le principe faux qu'ils ont constamment suivi, de faire toujours dépendre le sort réel de l'accusé de la forme de la procédure, et jamais des preuves qui s'élèvent contre lui. S'il est accusé d'un crime capital, on le met en prison : s'il y a décret de prise de corps, on lui fait garder la prison pendant

l'Etat, la protectrice de tous les citoyens ? La
reconnaîtra-t-on encore dans cette affectation à
éloigner le temps de l'élargissement de l'accusé,
dans toutes les horreurs qui précèdent, accompagnent, suivent l'emprisonnement, et qui transforment nos prisons dans un tartare affreux ?
Je ne les décrirai point ici, quoique ce soit surtout dans les prisons que les maux des accusés
se multiplient et s'accroissent, quoique ce soit
surtout la somme des maux qu'ils y endurent
qui doive mesurer la somme des réparations. Le
tableau de ces prisons est peint avec les couleurs les plus effrayantes et les plus vraies dans
l'ouvrage que j'ai cité [1].

Mais en considérant le triste sort des victimes
de notre instruction criminelle, qui ne versera
pas des larmes amères ? Qui ne frémira pas, ne
tremblera pas pour sa sûreté, sa liberté, sa vie,
en voyant la justice, un bandeau sur les yeux,
frapper indistinctement tous les citoyens, ne
suivre que des soupçons, des indices, ou se lais-

la confrontation et l'instruction : s'il est accusé d'un
crime tendant à peine afflictive, on l'interroge sur la
sellette. Toutes ces dispositions sont autant de peines
réelles, qui ne devraient être infligées que d'après des
preuves, et non point d'après les formes qui n'ont aucun rapport avec le fondement de l'accusation.

[1] Voyez ma *Théorie des lois criminelles*, t. Ier, p. 175.

ser diriger par des délateurs obscurs? L'homme
vertueux est donc exposé comme le scélérat à
sa vengeance; et si le souffle impur de la calomnie ternit ses vertus, c'en est fait, il est
trainé au pied des tribunaux avec le même
scandale, le même opprobre, que le dernier des
criminels.

Malheur à celui que cette image ne fait pas
frissonner d'horreur! Il est né pour les fers, et
non pas pour la liberté. Liberté! bien le plus
précieux, ò toi sans qui la vie n'est qu'un fardeau insupportable, les honneurs que le prix in-
fàme de la bassesse et de la honte, toi dont je
fais le vœu solennel d'être le partisan et le défenseur! liberté, que tu comptes peu de tes enfants parmi les hommes! Ils prononcent souvent
ton nom, ils le profanent; on ne peut être à
la fois ton adorateur et l'esclave muet des abus
réfléchis que la société croit compenser par des
plaisirs frivoles. Aussi ne m'entendront-ils pas;
et je serai mal jugé par eux, si l'on n'est bien
jugé que par ses pairs. Ils ne sentent pas combien il est douloureux pour un homme libre de
se voir, sans examen, privé de sa liberté; pour
une àme vertueuse d'être soupçonnée de crime.
Ils entrent avec indifférence dans les prisons, ils
y vivent avec une stupide tranquillité : il faut

l'avouer, notre Code pénal est bien proportionné à leur bassesse ; à des êtres dégradés, il
faut une législation sévère et peut-être même
cruelle.

Aussi n'est-ce que pour les amis de la liberté,
des mœurs, pour les citoyens vertueux, que
j'ose réclamer ici les droits inviolables que leur
donne la nature, que leur a garantis le pacte
social. C'est pour eux seuls que j'ose m'élever
contre les abus juridiques qui les en dépouil-
lent, que j'ose poser ces droits de l'individu
accusé, comme base principale de l'instruction
criminelle.

En les consultant, on verra que dans le combat judiciaire entre le ministère public et l'accusé, entre l'attaque et la défense, il doit régner
une égalité parfaite. Otez cette égalité, l'injustice
tient la place de l'équité, les erreurs s'accumulent dans les preuves, dans les calculs, et l'accusé doit presque toujours succomber sous l'accusateur.

Or cette balance d'égalité n'est-elle pas rompue à chaque degré de notre procédure ? Elle
est rompue lorsque vous mettez aux prises avec
un magistrat exercé, de sang-froid, un homme
dont les esprits sont troublés, dont la fermeté
est ébranlée à l'aspect d'un juge sévère déjà pré-

venu, lorsqu'à la vérité, à la simplicité qui règnent dans la défense, le juge n'oppose que le
langage de l'artifice : elle est rompue, lorsque
vous fournissez dans cette arène obscure mille
avantages à l'accusateur, tandis que vous mul-
tipliez les obstacles sous les pas de l'accusé; lorsque vous aidez l'un à porter ses coups, tandis
que liant les mains et fermant les yeux de l'autre, vous lui faites encore un crime de ne pas
savoir repousser l'arme de son adversaire : elle
est rompue lorsque, laissant à l'accusateur le
temps de rassembler, d'accumuler ses preuves,
de les offrir aux juges sous l'aspect le plus frappant, de les prévenir, de les séduire par des
exposés adroits, vous avez la cruauté d'interdire
la défense à la victime qu'il veut égorger; lorsque l'accusé ne peut ouvrir la bouche qu'au moment où sa voix ne peut plus ramener les esprits
prévenus, où ses témoins ont disparu, où ses
preuves sont anéanties; lorsque vous bornez le
temps de sa preuve, le nombre de ses témoins,
le nombre des faits qu'il veut justifier; enfin
cette balance d'égalité est rompue, lorsque vous
défendez à l'accusé d'emprunter la plume et
l'organe d'un avocat de son choix pour rendre
sa justification publique.

Je glisse rapidement sur ces objets. Tant

d'écrivains philosophes les ont développés avec énergie, qu'il faut espérer qu'enfin on révoquera toutes ces dispositions barbares, et que les accusés pourront d'ailleurs employer le ministère des avocats de leur choix, quels que soient les crimes dont on les charge [1].

Publicité de la procédure.

Il faut espérer surtout que la publicité la plus grande succèdera à l'obscurité dangereuse qui voile l'instruction criminelle. C'est à l'ombre de ce mystère qu'on doit cette foule d'iniquités qui déshonorent nos tribunaux. C'est elle qui favorise la hardiesse des dénonciateurs, l'atrocité des suborneurs, la bassesse des témoins qui vendent leurs dépositions, l'infidélité qui les altère, la prévention qui les interprète mal, l'ignorance qui condamne sur de faux aperçus; c'est elle, en un mot, qui favorise toutes les iniquités que la vengeance et la calomnie peuvent enfanter et

[1] Il est bien étrange que ce soit précisément dans le moment où l'accusé court de plus grands risques, qu'on lui refuse le ministère d'un avocat : il peut s'en servir lorsque ses biens seuls sont exposés; tout conseil lui est interdit lorsqu'il est question de sa vie. Cet article est évidemment fait en faveur des riches; car ce n'est pas un journalier, un artisan, qui peut être concussionnaire

perpétuer. Quel puissant intérêt ont donc les accusés à la destruction de cette procédure secrète, créée par la tyrannie seule, rejetée dans tous les pays où les droits du citoyen sont respectés! N'en doutons pas, moins d'innocents alors succomberaient sous les accusations; car moins de délateurs surprendraient les tribunaux, s'ils étaient obligés de paraître au grand jour, d'exposer leurs preuves à la vue du public impartial, à la vue de leur ennemi même; moins de citoyens avilis et subornés sacrifieraient la vérité à un vil salaire, si le public pouvait apprécier lui-même leurs témoignages; ils craindraient que son œil pénétrant ne découvrît leur infamie; en un mot, les accusateurs seraient obligés d'être honnêtes, les témoins d'être vrais, les juges d'être éclairés et humains; le crime seul redouterait l'aspect des tribunaux; le triomphe de l'innocence serait imprimé d'une manière éclatante dans tous les esprits. Aurait-elle besoin alors de plus grands dédommagements?

Je ne finirais pas si je voulais parcourir toutes les dispositions de notre instruction criminelle, qui violent les droits des accusés. Je terminerai cette section par quelques considérations sur la méthode que l'on suit dans les tribunaux pour apprécier les preuves. En l'examinant avec un œil impartial, paraîtra-t-il surprenant que les juges tombent si souvent dans l'erreur, et que tant d'innocents aient été les malheureuses victimes de leurs faux principes?

Preuves judiciaires.

D'abord, la loi garde un profond silence sur le genre de preuves qu'il faut admettre. Elle règle jusqu'à la moindre difficulté sur la compétence des juges, jusqu'à la forme de l'acte le plus minutieux, jusqu'aux détails dégoûtants des supplices; c'est-à-dire, qu'effrayante pour l'accusé toutes les fois qu'elle élève la voix, son silence est encore plus terrible pour lui.

Car alors il est à la merci de ses juges [1]. Eux seuls déterminent la valeur des preuves qui dé-

---

[1] Cela est si vrai, les juges, les greffiers et tous les officiers subalternes sont si bien convaincus de leur pouvoir sur leurs prisonniers, qu'un greffier d'une cour supérieure disait un jour à un auteur qui, sortant des prisons où l'avait confiné une accusation ridicule, croyait pouvoir lui parler librement : «Savez-vous bien, monsieur, que je puis vous faire rester en prison, si je veux?» Tyran, lui aurais-je dit, si tu as ce pouvoir, la loi est donc muette ici, et le caprice seul d'un officier subalterne peut faire loi. Qu'est donc alors la justice? Si elle existait, sur ce seul mot tu devrais être dénoncé, interdit : tu devrais descendre dans ce cachot dont tu me menaces!

cident de son innocence ou de son crime ; et s'ils
sont ignorants ou prévenus, si même étant instruits ils voient mal, s'ils calculent mal, si leurs
cœurs sont pénétrés d'une certaine dureté qu'en-
traînent ordinairement l'aspect et l'examen des
criminels et l'esprit de corps, que n'a-t-il pas à
craindre ? quel sera son sort ? N'y a-t-il pas à
parier dix contre un qu'il succombera dans l'accusation ?

Et que dira-t-on encore, quand, outre ces
motifs de découragement, de désespoir, on con-
sidèrera l'instrument qui sert aux juges pour mesurer le crime, et leur méthode d'estimation de
preuves ? Que dira-t-on quand on saura qu'ils
érigent en preuve la confession de l'accusé ?
Qu'elle soit libre ou forcée, naturelle ou extor-
quée, entière ou tronquée, ces circonstances
sont indifférentes, pourvu que l'accusé ait avoué
quelque chose. On devine, on suppose, s'il ne
se décèle pas ; on interprète, si les aveux qu'il
fait ne cadrent pas assez bien avec les préjugés
qu'on a.

Ainsi son silence ou ses paroles tournent également contre sa sûreté, hâtent également le moment de sa condamnation. Son silence est aveu
de son crime, son aveu est preuve complète ; sa
constance à nier n'est que constance dans le men-

songe, n'est qu'un parjure ajouté au premier crime. Et voilà la dialectique judiciaire d'un peuple policé, éclairé, doux, humain! Voilà comme, pour la sûreté de la société, la loi sacrifie sans pitié les individus! Avec une logique aussi monstrueuse, combien d'innocents elle doit égorger!

Qui le croirait cependant? cette loi naguère était encore plus barbare. Non content d'abuser des aveux échappés à l'accusé, de les interpréter, de l'environner sans cesse de piéges imperceptibles pour le faire tomber dans des contradictions; non content de recourir à l'artifice et au paralogisme, on invoquait la main d'un bourreau quand ces moyens ne réussissaient pas; et en livrant à des douleurs affreuses le malheureux accusé, on le forçait de s'égorger de ses propres mains. Rendons grâces au souverain dont l'humanité réfléchie a détruit cette preuve atroce de la torture, et faisons des vœux pour l'entière proscription de celles tirées de la confession de l'accusé, et pour la réforme de toutes les autres.

Il en est de deux espèces surtout, qui ont conduit au supplice une foule d'innocents; je parle de la preuve testimoniale, et des indices, et des présomptions.

Je pourrais citer l'histoire de cent procès où

l'on vit sur le même fait dix, vingt, cent témoins varier, se contredire, se donner des démentis formels. Je pourrais citer cent procès où, sur des dépositions qui paraissaient revêtues de tous les caractères de l'authenticité, où sur un amas, un ensemble de circonstances, de présomptions, d'indices, des innocents ont perdu la vie sous le glaive de la loi. Qu'on vienne donc à présent nous vanter l'infaillibilité des sens, l'évidence résultant du témoignage uniforme et constant de plusieurs personnes. Si ce témoignage précipite quelquefois dans l'erreur, qui peut être sûr, en l'invoquant, d'arriver à la vérité?

Il en est des procès criminels comme de la plupart des sciences. L'homme qui pèse mûrement la certitude, ne trouve partout que des raisons de douter. L'ignorant affirme où le sage balance, et il balance surtout quand de sa décision dépend le bonheur de son semblable.

Que ces juges qui tranchent si hardiment sur les matières les plus délicates et les plus épineuses, tremblent donc en voyant qu'avec des témoignages constants, qu'avec un ensemble de circonstances bien liées, leurs prédécesseurs ont commis des méprises si funestes à l'innocence.

Si ces tragédies sanglantes se renouvellent

souvent, n'en accusons pas seulement l'imperfection de la raison humaine. Le mal a d'autres causes : ne craignons point de les dévoiler ; une double inconséquence de nos lois, et la fausseté des règles fondamentales sur lesquelles pose l'art d'estimer les preuves, doivent perpétuer ces fatales erreurs.

Dans les procès civils, autrefois. la loi rejetait la voie du témoignage quand il s'agissait d'une somme de cent livres. Cette loi était une grande preuve de la dégradation des mœurs et du caractère national ; mais au moins elle prouvait que les rédacteurs de l'ordonnance connaissaient leur siècle et sa turpitude. Pourquoi donc furent-ils moins sévères, moins réservés sur l'admission de cette preuve en matière criminelle ? La vie d'un citoyen était-elle donc à leurs yeux moins importante qu'une modique somme d'argent ? ou pensaient-ils assez bien de leurs semblables pour espérer qu'il n'existerait point de subornation de témoins lorsqu'elle entraînerait la perte d'un citoyen ? Dans le premier cas, c'était un calcul bien étrange. L'autre motif supposerait une profonde ignorance du cœur humain et de la bassesse dont il est susceptible.

La loi a cru peut-être, en condamnant les témoins qui se rétracteraient. diminuer le nombre des faux témoins; mais cette condamnation qui paraît juste au premier coup d'œil, est terrible dans ses effets relativement aux accusés. Elle ne réprime pas les faux témoins; mais elle les rend constants et invariables dans leurs mensonges; mais elle les force, par la crainte d'une condamnation, à s'acharner sur l'innocent dont ils n'avaient peut-être pas projeté la perte entière; mais elle les force à être tout-à-fait criminels lorsqu'ils voulaient ne l'être qu'à demi, lorsque peut-être un remords utile eût expié leurs fautes. Cet article est donc entièrement contre les accusés, dont il paraît défendre les intérêts.

Ce n'était pas assez d'ouvrir une carrière si vaste à la vengeance et aux passions des accusateurs. Ce n'était pas assez de leur offrir tant de facilités pour la destruction de l'innocence. Les jurisconsultes, armés de leurs interminables commentaires, ont étendu le désordre et doublé les malheurs des accusés, en multipliant les moyens de les perdre légalement. Sous prétexte que le crime s'enveloppait toujours du mystère, et qu'il était difficile, pour le convaincre, de rassembler des preuves positives, ils ont enseigné que les preuves les plus légères et les plus éloignées pourraient être regardées comme concluantes. Ainsi, lorsqu'il n'y avait qu'une déposition for-

melle et précise, lorsque des nuages s'élevaient
sur les autres, lorsque les caractères n'en étaient
pas bien prononcés, la déposition précise communiquait, suivant eux, son caractère aux autres, et formait une démonstration complète.
Denis le Tyran avait-il une autre jurisprudence,
une autre méthode, pour faire égorger ceux qui
lui déplaisaient et légitimer ses assassinats ?

Quelle est encore leur doctrine sur les indices
et les présomptions ! Avec quel art ces écrivains
ont épuisé tous les sophismes du droit romain
pour armer les juges contre les accusés ! Avec
quel art ils ont su donner aux actions les plus
pures, l'apparence du crime ! L'accusé pâlit-il,
tremble-t-il ? C'est que le remords le poursuit,
le décèle. Se contredit-il ? C'est que le mensonge
ne se soutient pas toujours. Fuit-il ? C'est qu'il
craint le supplice, dont l'image le tourmente sans
cesse.

Non, barbares ! s'il fuit, ce n'est pas qu'il soit
souillé du crime dont vous le croyez coupable,
ce n'est pas qu'il soit agité par les remords ; mais
c'est qu'il connaît, c'est qu'il redoute votre célérité à dépouiller sur le moindre soupçon un citoyen de sa liberté, à le précipiter sans l'entendre
dans des cachots, c'est qu'il connaît les tourments que vous y faites endurer par provision

'aux innocents comme aux coupables; c'est qu'il connaît les obstacles qui ferment sur tous l'entrée de ces gouffres; c'est qu'il connaît votre méthode non moins fausse, non moins ridicule que celle des anciens augures, de deviner le crime dans les traits, dans la démarche, dans mille circonstances insignifiantes; c'est qu'il connaît votre art meurtrier de calculer par fractions de preuves la certitude d'un fait; c'est qu'il connaît les faux principes, les fausses distinctions, les faux calculs qui précipitent les juges dans l'erreur, les innocents dans les supplices, en ôtant aux uns tout remords, aux autres tout espoir. Voilà ce qui doit faire craindre au plus vertueux citoyen de paraître comme accusé devant les tribunaux [1]. Voilà ce qui peut l'intimider, le faire trembler, hésiter, balbutier. Le crime a si souvent copié l'intrépidité, le calme de l'innocence! Est-il plus étonnant que l'innocent ait quelquefois l'apparence timide du coupable, quand il sait surtout que son jugement ne dépend pas de la loi, mais de l'organisation, de l'éducation, de la manière de voir de son juge, de son asser-

---

[1] Le premier président de Harlay disait que, si on l'accusait d'avoir volé les tours de Notre-Dame, il commencerait par prendre la fuite. C'était faire une satire cruelle de vos lois, et malheureusement elle était fondée.

vissement plus ou moins grand à la raison ou
au droit romain, de sa foi aux citations, aux
commentateurs; quand il sait surtout que l'art
d'estimer les preuves est la partie la plus obscure
de la jurisprudence criminelle ? C'est de cet art
que dépend le sort de mille citoyens qui gémissent dans les fers. Son incertitude coûte chaque
année l'honneur, les biens, la vie à une foule
d'entre eux; ils meurent, nous faisons des sys-
tèmes, nous vantons les plaisirs de l'Athènes
moderne, et le seul objet important pour chaque
individu ne fixe pas nos regards.

N'étais-je pas fondé à avancer, au commence-
ment de cette section, que, si tant d'innocents
sont confondus avec les coupables et partagent
leurs peines, il n'en faut point chercher la cause
hors du cercle vicieux de notre jurisprudence criminelle ? Elle fourmille d'abus : supprimez-les,
la vérité luira dans tout son jour, et les juges ne
commettront plus si fréquemment des erreurs.
Bannissez les délateurs, et la calomnie n'outragera
pas si souvent l'innocence. Forcez le dénonciateur à paraître en public, et le crime seul sera
dénoncé. Ne lancez pas si légèrement des décrets
contre le citoyen libre, ayez des preuves avant
de le dépouiller de ses droits, et vous ne regret-
terez pas si souvent d'avoir commis une injus-

tice; que l'homme privé de sa liberté soit mieux nourri, plus soigné, plus respecté ; qu'il ne soit pas si cruellement outragé par ses gardiens ; qu'on ne multiplie pas inutilement les vexations, les mutilations; et lorsque l'oracle de la justice aura effacé la tache dont on voulait le couvrir, il n'aura pas tant de réclamations à faire, pas tant de dommages à prétendre. Enfin, que la science arbitraire aujourd'hui d'estimer les preuves repose sur des fondements solides et invariables, qu'elle soit assujettie à des règles certaines, et la justice n'aura plus à rougir d'assassinats commis en son nom.

J'ai montré l'abus, son origine, les moyens de le prévenir et d'adoucir le sort de ceux qui en sont les victimes. Je vais discuter à présent les moyens de les dédommager.

SECTION III.

Moyens de dédommager l'accusé reconnu innocent.

Pour fixer dans une exacte proportion les dédommagements dus à l'accusé reconnu innocent, il faut porter ses regards sur les maux qu'il a soufferts, mesurer leur étendue et leur réparation sur ses droits, son état, et celui de ses adversaires.

Ces maux sont de différente nature. Ils attaquent ou sa personne ou ses biens : parmi les premiers on peut ranger la perte de la vie, des membres, de la liberté, de l'honneur; parmi les autres, la ruine de son commerce, de ses propriétés, les frais qu'a entraînés sa justification : il faut encore joindre à tous ces maux ceux que sa femme et ses enfants ont essuyés pendant sa captivité. Tel est le tableau des malheurs qui s'accumulent sur la tête d'un accusé. Une réparation proportionnelle doit correspondre à chacun d'eux; on m'accuserait sans doute d'être l'apologiste du crime et du vice, si je ne faisais pas une distinction nécessaire parmi ceux qui sont dans les liens de l'accusation, et si je ne mettais pas une différence dans le sort qu'ils doivent éprouver. Sans cette distinction, le projet que je propose serait ou impraticable ou dangereux pour la société. En effet, par un vice nécessaire de leur constitution, les États modernes sont inondés d'une foule de membres parasites, sans propriété, et, ce qui est bien plus terrible, sans art ou travail qui la supplée. Ils portent le nom de citoyens, et ils n'en remplissent pas les devoirs; la société se dit leur mère commune, lorsqu'ils n'ont aucune part à ses bienfaits; et c'est ici que se fait sentir la vérité de cet axiome si rebattu : *point de droits, point de devoirs.* Il n'est plus de liens pour cette espèce d'êtres, parce qu'ils n'ont plus d'intérêt à en avoir : or c'est de cette classe de membres, livrée à l'oisiveté et conséquemment à la corruption, que sortent la plupart de ces grands criminels dont on a cent fois objecté l'incurable scélératesse pour justifier la rigueur excessive de nos lois pénales. Elle les justifierait dans ce cas unique, ce que je suis loin d'accorder, qu'il y aurait toujours une injustice manifeste à les étendre à des accusés dont l'état est certain, dont l'honneur est intact, dont le titre de citoyen est incontestable.

Ces deux classes d'accusés doivent être séparées par une ligne de démarcation ineffaçable, puisque chacune offre des différences bien articulées. En effet, les uns ont des propriétés ou un état, les autres ne doivent leur subsistance qu'au hasard et souvent au crime ; les uns ont constamment respecté les lois de la société, les autres les ont presque toujours violées ; la vie des uns est remplie par des devoirs successifs, la vie des autres n'est qu'un crime perpétuel ; les uns croient aux vertus et en ont, les autres n'y croient point et n'en ont point ; l'honneur dirige les premiers, il n'est point d'honneur pour les

autres, puisqu'ils n'ont point d'existence civile ;
le bien-être des uns tient au bien-être général,
le bien-être des autres ne s'achète que par le
malheur de leurs semblables. En un mot, par les
soins des uns la société fleurit et le bonheur public existe : par les vices et la scélératesse des
autres, le désordre et les horreurs se multiplient
dans son sein.

De ce parallèle ne résulte-t-il pas qu'assimiler
le sort de deux individus tirés de chacune de ces
classes, lorsque le ministère public les accuse,
c'est commettre une injustice révoltante? Et
cependant cette injustice existe, et se perpétue
sous mille formes dans notre jurisprudence ;
c'est à la faire sentir que je me suis attaché jusqu'ici. En plaidant la cause des accusés, je n'ai
voulu défendre que les citoyens jouissant des
droits de la société, puisqu'ils en remplissent les
devoirs.

Non cependant que je prétende autoriser les
humiliations, les tourments qu'on fait éprouver
aux misérables ex-citoyens dont j'ai peint l'infortune et les forfaits. S'ils traînent une existence
si onéreuse à la société, la faute en est peut-être
dans ses principes constitutifs. Lorsqu'ils cherchent à éviter la faim et la douleur, elle les
punit par la faim et la douleur. N'est-ce pas une

atrocité? « Quand les pauvres ont bien voulu
« qu'il y ait des riches, dit Jean-Jacques, les ri-
« ches ont promis de nourrir tous ceux qui n'au-
« raient pas de quoi vivre, ni par leur bien ni
« par leur travail; » et l'on punit les pauvres de
ce que les riches ne tiennent pas leurs pro-
messes. Il est sans doute possible de revivifier ces
plantes stériles et de les rendre salutaires; et
c'est nécessité pour les chefs des États de s'en
occuper : mais pour les tribunaux qui ne jugent
que sur le mal existant, qui ne peuvent extirper
sa racine, parce qu'ils outre-passeraient leurs
pouvoirs, ils doivent des larmes à la proscription
universelle de cette classe d'individus. Mais ils
doivent plus à l'autre classe de citoyens; ils doivent respecter leurs droits, même lorsqu'ils sont
accusés, même lorsque le soupçon du crime semble les abaisser au triste niveau des autres. Eux
seuls peuvent exiger les dédommagements de
la société lorsqu'elle succombe dans son accusation, parce qu'eux seuls ont une liberté, une
propriété, et un honneur civil. Il n'est rien de
tout cela pour le membre stérile, pour l'ex-
citoyen; pourquoi donc la société serait-elle
obligée de le dédommager, lorsqu'il n'a rien
perdu que la liberté de lui nuire?

Après avoir établi cette juste distinction,

j'entre dans le détail des pertes qu'un accusé peut essuyer, et des réparations qu'il a droit d'exiger.

Perte de la vie.

Lorsque la loi, trompée par les apparences, a fait tomber la tête d'un innocent sous son glaive, l'injustice est irréparable; et s'il est des remèdes propres à l'expier, ils ne peuvent s'appliquer qu'à la famille de la malheureuse victime. Cette considération aurait dû sans doute faire proscrire partout la peine de mort, puisqu'il est si facile à l'homme le plus éclairé de tomber dans l'erreur, au juge le plus humain de n'être qu'un assassin légal. Puisqu'il n'est pas d'années où ces injustices ne se renouvellent, pourquoi s'obstiner à conserver un genre de peine dont les effets peuvent entraîner un mal irréparable, s'il est mal à propos prononcé? Pourquoi ne pas lui substituer d'autres supplices aussi actifs, aussi efficaces, aussi propres à effrayer les coupables et à maintenir l'ordre, mais qui, n'effaçant pas un accusé du nombre des vivants, mettraient les juges à portée de réparer leurs erreurs, lorsque la suite des événements les leur ferait connaître?

Des écrivains éloquents se sont élevés avec

force contre cet absurde supplice de la mort. Aux motifs qu'ils ont développés je joins celui-ci : dans le système actuel l'erreur est fréquente, et le mal est irréparable ; dans le système que j'offre, de concert avec ces écrivains, l'erreur est très rare, et le mal est réparable, on doit donc préférer ce dernier, à moins qu'on ne veuille continuer à regarder la vie des hommes comme un meuble que la justice peut briser quand il lui plaît.

C'est par une suite de cet esprit bizarre que les États les mieux policés ont conservé dans leurs tribunaux criminels une foule de mutilations. Toute peine qui tend à priver un accusé du libre exercice de ses organes, ou de quelque membre, est une atrocité, comme je l'ai prouvé. Je dis plus, c'est une atrocité irréparable quand l'accusé est innocent, et c'est une raison décisive pour rejeter des tribunaux ces supplices qui forcent un citoyen à être scélérat lorsqu'il ne l'était pas. On ne doit parmi les peines corporelles conserver que celles qui ne laissent point de vestiges ; ainsi la marque doit être à jamais bannie, parce qu'en laissant une trace ineffaçable, elle exclut à jamais le coupable de la société, qui peut voir à chaque instant découvrir son opprobre. Il est donc forcé de conspirer contre elle, puisqu'il ne peut plus se compter au nombre de ses enfants, de retomber ainsi dans le crime dont on avait voulu l'écarter.

Mais comment réparer les peines corporelles qui ne laissent point de trace, et qu'on a fait injustement endurer à un accusé?

Chacune offre un double point de vue; douleur physique, douleur morale; pour celles produites par l'infamie que la loi attache à ces peines, elle retombe dans les peines infamantes dont nous parlerons. La douleur physique ne peut être mesurée que sur sa durée et son étendue, et cette étendue sur la sensibilité du patient; c'est dire qu'elle est inappréciable. Pour le dédommager exactement, il faudrait lui donner un plaisir égal, circonscrit dans un intervalle de temps égal. Or cette espèce de réparation est impraticable. On la supplée dans le fait par des dédommagements pécuniaires, et c'est encore l'adoucissement que l'on procure aux infortunés qui languissent pendant de longues années dans nos prisons. La réforme des administrations de ces prisons vaudra les dédommagements les plus étendus, et les rendra inutiles, comme je l'ai prouvé.

Perte de la liberté.

La perte de la liberté est de même nature que
les précédentes; c'est-à-dire qu'elle est inappréciable et irréparable dans une exacte proportion. Qu'offrir en effet en réparation à un innocent qui a langui plusieurs années dans les fers?
De l'argent? Paie-t-on avec ce vil métal la privation du droit le plus précieux de l'homme?
Lui offrira-t-on une absolution honorable? Elle
est due à l'innocence, elle efface sa flétrissure;
mais elle ne tombe point sur la liberté dont il a
été privé. De cette difficulté à réparer les peines
de cette espèce, les jurisconsultes concluent que
la justice ne doit aucune réparation, et les tribunaux sont assez portés à le croire. Moi, j'en
conclus que la justice ne doit pas causer un mal
irréparable; j'en conclus qu'étant d'un côté fort
sujette à l'erreur, que de l'autre étant certaine
de l'impossibilité du remède, quand elle se
trompe, elle doit pour toujours renoncer à ces
peines funestes; j'en conclus enfin que, pour les
prononcer, il faut être ou infaillible ou tyran.
J'avais donc encore une raison de recommander
aux tribunaux de ne pas prodiguer si aisément
les décrets de prise de corps, de ne pas retenir

si long-temps dans les prisons ceux qui y sont renfermés.

Ce que la justice humaine ne peut encore réparer, c'est l'effet de l'humiliation qui a suivi les pas de l'accusé dans tous les degrés de l'instruction. Humiliation! mot inconnu dans ce siècle dégradé, dans ce siècle où l'ignominie perd sa tache quand elle ouvre une voie à la fortune, où les âmes n'ont plus de nerf, où l'homme est l'esclave de son supérieur, ou le tyran de ses inférieurs! Parler à cette espèce d'êtres dégénérés de dédommager un accusé des humiliations qu'on lui fait éprouver, c'est leur parler une langue étrangère, inintelligible.

Eh quoi! comptez-vous donc pour rien la douleur qu'ont causée à cet innocent l'éclat scandaleux de son emprisonnement, le soupçon dont l'a flétri l'opinion publique? Ses parents ont peut-être rougi du lien qui les unissait, ses amis l'ont peut-être fui; sur cette apparence il a peut-être perdu leur estime, il a été réduit à se justifier.... Se justifier quand on est innocent! Se justifier dans un siècle où tout est en faveur du calomniateur, tout contre l'apologiste! et vous comptez pour rien ces humiliations! Des satellites, des geôliers, rebut de l'humanité, ont porté sur lui leurs mains mercenaires et vendues à la bassesse; ils l'ont traité durement; descendu dans les prisons, il a essuyé de nouveaux outrages, il s'est trouvé associé avec des scélérats, il a été forcé de prêter l'oreille à leurs horreurs! et vous comptez pour rien l'humiliation de vivre avec des scélérats qui marchent vos égaux! Nouvelle scène, nouveaux affronts! Garrotté, enchaîné comme s'il était coupable, il a paru devant ses juges, ses juges dont le front terrible, les regards sévères ont paru lui annoncer qu'on désirait le trouver coupable. L'innocent a pâli, il a peut-être été réduit à trembler devant eux; et vous comptez pour rien cet affront! Ah! si l'on savait ce qu'il en coûte à un homme vraiment homme, d'être forcé de répondre à des interrogations; si l'âme d'un sage accusé pouvait jamais être dégradée, jetée hors de son assiette par cette foule d'humiliations, qui pourrait jamais expier l'outrage fait à la philosophie et à l'humanité? Mais non : au milieu de ce supplice moral, son âme se repliant sur elle-même, reprenant une nouvelle force, est restée inébranlable; il s'estime encore, malgré ces humiliations; voilà ce qui peut seul l'en dédommager, voilà ce qui le met au-dessus de tous ses juges, ce qui les rend plus à plaindre que lui. Oui, entre Socrate et les tyranniques

Aréopagites, entre Socrate le poison à la main, et l'infâme Anitus la couronne sur la tête, entre le malheureux Langlade traîné aux galères avec une foule d'autres scélérats, et son adversaire repaissant ses yeux, son cœur barbare, de ce douloureux spectacle, je n'aurais pas balancé. Qu'on me surcharge de fers, qu'on m'abreuve d'humiliations : que m'importe, pourvu que je sois innocent, pourvu que descendant dans mon âme, je puisse m'y contempler avec plaisir? Que m'importent les jugemens erronés, les clameurs du public? Je suis heureux si je suis innocent; le calme suit toujours la vertu ; tôt ou tard je ferai rougir mes juges et regretter ses sarcasmes au public.

Perte de l'honneur.

Si le peuple n'était composé que de philosophes, je ne réclamerais pas, pour les accusés reconnus innocents, une inutile réparation d'honneur; car le philosophe n'ôtant son estime à un citoyen que lorsqu'il s'est couvert d'infamie par un crime, et ne croyant à ce crime que lorsqu'il est prouvé avec une certitude rigoureuse, il en résulterait que, dans une telle action, un homme pour être accusé n'en serait pas plus déshonoré: sa réputation serait intacte jusqu'au

moment du jugement ; et ce jugement venant
encore à l'appui de sa réputation, elle n'aurait
pas besoin d'être justifiée dans les esprits, puisqu'elle n'aurait été couverte d'aucune tache.
Mais il n'en est pas ainsi dans l'état actuel de la
société. Soit amour-propre, soit envie, la malignité y joue le plus grand rôle : aisément on croit
au mal qui semble consoler de celui que l'on
fait, et le penchant le plus universel est celui
qui porte les hommes civilisés à humilier leurs
semblables. De là cette facilité à fabriquer les
calomnies, cette légèreté pour les accueillir,
cette inconséquence à les croire, cette cruauté à
les répandre ; de là cette rapidité incroyable
avec laquelle, dans le plus petit intervalle de
temps, un citoyen honnête se trouve soupçonné,
déféré, condamné, diffamé, lorsque la malignité
élève le moindre nuage sur son caractère, lorsque
l'opinion publique le grossit et l'étend, lorsque
l'instruction criminelle provisoirement réalise
les soupçons imaginaires. De là conséquemment
l'obligation imposée à la justice, comme repré-
sentant la société, comme chargée de protéger
les droits de chaque individu ; de là l'obligation
de détruire ces soupçons, d'effacer la note d'infamie, de rétablir dans tout son lustre cette réputation perdue par une imprudence rigou-

reuse. Sans doute il vaudrait mieux, si ce moyen était praticable, s'attacher à réformer les esprits, à bannir l'absurde méthode de condamner un homme sur de simples préjugés, sur des ouï-dire, et sans aucun examen; mais croyons l'expérience des siècles passés, et renonçons à cette belle chimère : le peuple sera toujours peuple; et dans la classe de ces automates qui se laissent entraîner aveuglément par le torrent de l'opinion publique, j'ose ranger ces superbes individus qui s'intitulent *gens de bonne compagnie, gens comme il faut.* Comme le peuple, ils végètent sans réfléchir : le tourbillon dans lequel ils circulent est plus étendu, plus brillant peut-être; mais, comme le peuple, ils sont mus et entraînés par sa rapidité; ils ont plus d'idées que lui, c'est dire qu'ils ont plus de préjugés, plus d'erreurs. Aussi prompts que le peuple à adopter la satire de la malignité, à ôter leur estime à un citoyen accusé, ils sont moins prompts à la lui rendre, lorsqu'un jugement le justifie, parce qu'ils sont moins bons. Le mal que le peuple fait est le fruit de l'ignorance, celui qu'ils font est le fruit de la réflexion; ce sont des monstres qu'il faut bannir de la société [1];

[1] *Monstres :* on a trouvé le mot *dur, outré.* Dur, j'en conviens; outré, je ne le crois pas. Il faut n'avoir vécu

le peuple est un sauvage qu'il faut éclairer.

Une double cause se réunit donc ici pour rendre plus difficile la justification publique de l'accusé innocent : la méchanceté d'une partie du public, la stupidité de l'autre, et l'impossibilité de rendre à l'accusé tout son honneur, de dissiper le préjugé général élevé sur lui. Cette impossibilité devrait rendre les juges plus circonspects à accueillir les délations, à commencer une procédure criminelle contre lui, à le déshonorer par des décrets provisoires, par une incarcération précipitée. Je ne puis trop le répéter, tout mal irréparable fait à un individu par la société est un véritable crime, et ce crime est plus énorme que la plupart de ceux qu'elle punit cruellement, puisque souvent ceux-ci peuvent se réparer, et que le sien est irréparable. Un accusé dont l'innocence est reconnue ne peut donc jamais rétablir son honneur complétement ; et, sans recourir à mille spéculations chimériques, dont l'*impraticabilité* [1] est démon-

que peu de temps dans les grandes villes, dans les grandes sociétés, pour connaître toutes les horreurs dont sont capables de très grand sang-froid ces *gens comme il faut.* Pour les peindre, il faut le pinceau dur et énergique de Juvénal.

[1] Un journaliste a blâmé ce mot. Il n'est pas à la vérité dans le Dictionnaire de l'Académie; mais qu'on

trée, la société doit se borner à lui offrir tous les dédommagements qui sont en son pouvoir: elle doit donner à sa justification et au jugement qui lave sa réputation la publicité la plus éclatante; elle doit, dans la distribution de ses faveurs, faire tomber principalement son choix sur le citoyen dont elle a injustement soupçonné la vertu. Ainsi l'outrage fait à l'innocence serait un titre pour monter plus rapidement aux charges honorables. Un sage aurait l'orgueil de dédaigner ce dédommagement, puisque jamais il ne perd son estime; mais pour le vulgaire, dont l'existence morale est imparfaite s'il n'a l'appui de l'estime publique, dont le sentiment est nul si ses sens ne sont frappés, la satisfaction serait incomplète, s'il ne joignait à sa conscience l'attache de l'opinion générale et l'éclat des distinctions. Il faut donc les multiplier, pour réparer à ses yeux son honneur.

Dédommagement pécuniaire.

Nous touchons à l'article le plus délicat, celui des dédommagements pécuniaires. Dans presque

m'en donne un autre aussi court, aussi expressif, et je rejetterai celui-là. Que les Anglais sont heureux et sages, de ne pas s'asservir à notre délicatesse ridicule

tous les cas, ils devraient être immenses; car les
pertes qu'un accusé essuie, les frais qu'il est
obligé de faire, sont immenses; c'est ici que se
fait sentir la nécessité de cette réforme que j'ai
proposée, soit dans la coutume de retenir si
long-temps un citoyen dans les prisons, soit
dans les frais qu'entraîne l'instruction criminelle. Élargissez le prisonnier, et il pourra toujours, quoique dans les liens de l'accusation,
cultiver sa propriété, faire fleurir son commerce,
soutenir ses affaires et sa famille. Il ne sera pas
forcé de recourir à des emprunts ruineux pour
vivre dans les prisons, corrompre les geôliers,
et suppléer l'état que la justice lui ôte provisoirement. D'un autre côté, quels frais exige sa
justification au milieu du chaos de notre procédure! Je ne citerai qu'un seul article, et c'est le
plus criant. Pour se défendre, il faut connaître
les dépositions des témoins, que la loi ensevelit
dans le plus profond mystère; pour les connaître, on séduit les ministres de la justice; ils
sacrifient leur secret à l'appât de l'or : ainsi la loi
est violée, et l'accusé est souvent ruiné avant de
pouvoir se justifier. N'est-il pas évident que,

qui proscrit tant de mots nouveaux, mais nécessaires!
La liberté n'est pourtant pas bien dangereuse sur cet
article.

si une sage réforme s'introduisait dans les frais de l'instruction, les accusés reconnus innocents auraient moins de dédommagements à prétendre ?

Mais qui les paiera, lorsque le ministère public succombe dans son accusation ? L'État, comme nous l'avons prouvé. Comment les paiera-t-il ? Voilà ce qui reste à examiner. Le prince est le gardien de la société ; les impôts qu'on lui paie sont destinés à sa conservation ; ils peuvent donc être employés à réparer ses torts, comme à maintenir son ordre. Mais il est un genre d'impôts très étendu, qui peut être spécialement affecté à indemniser les innocents : je parle de ceux que l'État retire de l'exercice même de la justice. Est-ce une bonne opération en politique ? Il n'est point de mon sujet de discuter cette question ; mais en finance elle paraît bonne, puisqu'elle produit beaucoup. Or, c'est cette branche d'impôts qu'il me paraît utile, nécessaire et de toute justice, d'affecter à l'indemnité due à l'innocence. Je prévois que quelquefois elle pourra monter à une somme très forte ; mais cet inconvénient même produira un bien. Il rendra les juges plus circonspects, les accusations moins fréquentes, les frais moins prodigieux ; et quand l'État sentira ce qu'il lui en

coûte pour commettre tant d'injustices particulières, peut-être violera-t-il moins les droits du
citoyen. Il serait encore une autre manière de
dédommager les accusés innocents, ce serait de
les exempter pendant un temps limité de la con-
tribution aux charges publiques; ils gagneraient
à cette exemption, l'État n'y perdrait rien, la
masse étant toujours la même. Le vide serait
rempli par les autres citoyens propriétaires; et
ce ne serait point une injustice, car c'était pour
la sûreté de ces citoyens que l'innocent languis-
sait injustement dans les fers.

On pourrait proposer mille autres moyens;
ceux-ci me paraissent les plus praticables et les
plus conformes à la justice, à la raison et surtout au but qu'on se propose. Mais si le système
de réforme que j'ai proposé ici et ailleurs s'exé-
cute, la société aura peu de dédommagements
à payer, parce qu'il se commettra peu d'injustices légales.

CONCLUSION.

Un célèbre écrivain a dit : « Élevez des gibets,
« des roues; donnez des lois, des édits; multi-
« pliez les espions, les soldats, les bourreaux, les
« prisons, les chaînes : pauvres petits hommes,

« de quoi vous sert tout cela? Vous n'en serez
« ni mieux servis, ni moins volés, ni moins
« trompés, ni plus absolus. Vous direz toujours,
« nous voulons, et vous ferez toujours ce que
« voudront les autres [1]. »

Rousseau voulait prouver aux despotes leur
impuissance à réprimer les maux dont la société
est inondée, et surtout à les empêcher de re-
jaillir sur eux. Il valait mieux, ce semble, leur
prouver qu'ils pouvaient faire le bien; qu'ils y
étaient les premiers intéressés, puisque leur
vraie puissance est toujours en raison du bonheur général.

Eh! que deviendrait la pauvre espèce humaine, si ses maux devaient être éternels? Pourquoi les philosophes s'obstineraient-ils à faire
briller la lumière, si la lumière ne devait jamais dissiper les ténèbres? Le désordre serait
donc essentiel à la machine sociale! La tyrannie
serait son état naturel, et il serait impie ou au
moins inutile de réclamer contre elle! S'il était
vrai que le cercle politique dût toujours être un
cercle perpétuel de maux, l'erreur serait donc
à jamais notre partage! Il serait donc dans l'es-
sence de l'ordre que les prisons fussent tou-

[1] Rousseau, dans son *Émile*.

jours remplies d'innocents, que leur sang coulàt
sur l'échafaud! On pourrait les plaindre; mais
tout effort pour détourner ce mal serait vain,
tout projet serait un rève.... Ah! loin de nous ce
système décourageant, ce système qui produit la
cruauté dans les despotes, l'inertie dans les bons
rois, l'engourdissement dans toutes les âmes!
Croyons au contraire qu'il est possible d'amé-
liorer l'état actuel de la société, qu'il est possible d'en extirper une foule d'abus, que les
écrivains ne doivent cesser d'éclairer les ministres, de tenter les réformes, d'essayer les
projets. Croyons que le concours des uns et des
autres achèvera ce grand œuvre.

J'ai donc rempli le devoir d'un bon citoyen,
en offrant les moyens de prévenir et de réparer
les maux que la justice fait aux accusés; et si ce
qu'on fait avec plaisir, avec intérêt, est toujours
bien fait, quel succès ne dois-je pas espérer au-
près des amis de l'humanité! Eux seuls accueille-
ront mon projet avec indulgence, lorsque les
autres, comme des fous qui ne connaissent pas
le danger de leur situation, riront peut-être de
la crédulité d'un auteur qui prêche contre les
abus, qui croit à la possibilité du mieux. Mais
ma crédulité m'honorera, et le rire sur des matières aussi sacrées n'annonce que délire, que

dépravation, que nullité totale. Aussi n'est-ce pas pour cette espèce que j'écris. Je suivrais plutôt cette voix qui criait au philosophe que j'ai cité : *Tais-toi, Jean-Jacques, ils ne t'entendront pas.*

C'est à ceux qui guident ces automates, qui par leur état sont à portée de voir les abus, qui par leur autorité peuvent les extirper, qui joignent au pouvoir les lumières, aux lumières le patriotisme, c'est à eux seuls que j'adresse ce discours. Je leur ai montré l'abîme, craindraient-ils de ne pouvoir le combler? Il serait donc un terme dans le désordre, que nul ne saurait franchir! Mais qui osera marquer ce terme? Espérons mieux de nous, de nos facultés [1]; et s'il est des obstacles, quelle est l'âme un peu élevée qui ne se sentira pas pressée par un

[1] Des gens qui croient que les livres ne sont bons à rien, m'ont demandé si nos lois n'étaient pas toujours les mêmes depuis la publication de cet ouvrage. Ils ne veulent pas voir que le remède à ces lois ne peut venir que de l'opinion publique; que cette opinion ne peut être changée que lentement. Ce n'est pas de la génération présente qu'il faut attendre une réforme complète, à moins qu'elle ne soit dirigée par un génie actif, humain, qui joigne au pouvoir l'amour et la connaissance du bien. Hors ce cas, il faut attendre que la génération qui se forme, éclairée par nos livres, ait remplacé la génération présente, abjuré ses préjugés, aboli sa méthode.

noble orgueil, pressée par le devoir de les vaincre? Je dis le devoir; car si les grands jouissent d'un pouvoir étendu, si les savants ont des lumières, ce n'est que pour rendre heureux leurs semblables. Otez ce but, le pouvoir est tyrannie, la science n'est qu'un hochet propre à amuser de grands enfants. *Être utile est sans doute le seul moyen de consoler, et les autres et soi-même, du malheur d'exister, et d'exister en société* [1].

[1] Un journaliste helvétique, m'a reproché cette phrase sentencieuse, comme fausse dans le fonds et décourageante. Cette vérité est triste, j'en conviens; mais elle n'en est pas moins vérité. Quand on voit l'homme environné de tant de maux physiques, de tant de vices moraux, ne doit-on pas regarder son existence comme un mal? et ne s'affermit-on pas dans son opinion, quand on jette la vue sur la société, dont les désordres sont si multipliés, les abus presque incurables, les forfaits, oui les forfaits si nombreux et si tristement impunis? Comme ce bon Suisse, je bénirai cependant le ciel de mon existence. J'en jouis avec délices, parce que je fais le moins de mal, le plus de bien que je puis, parce que je goûte le plaisir doux d'être aimé, le plaisir plus grand d'aimer. Un siècle de douleurs n'est-il pas effacé par les larmes de l'amitié?

FIN.

TABLE

DU SECOND VOLUME.

CHAPITRE IV.

PROCÉDURE CRIMINELLE.

APPENDICE.

LE SANG INNOCENT VENGÉ,

OU